as Suítes para Violoncelo

Impresso no Brasil, março de 2014

Copyright © 2009 Eric Siblin
Publicado em acordo com House of Anansi Press, Toronto, Canadá.
Título original: *The Cello Suites - J. S. Bach, Pablo Casals and the Search for a Baroque Masterpiece*

Os direitos desta edição pertencem a
É Realizações Editora, Livraria e Distribuidora Ltda.
Caixa Postal 45321 – Cep 04010-970 – São Paulo - SP
Telefax (5511) 5572- 5363
e@erealizacoes.com.br / www.erealizacoes.com.br

Editor | Edson Manoel de Oliveira Filho

Gerente editorial | Sonnini Ruiz

Produção editorial | Liliana Cruz

Preparação | Nelson Barbosa

Revisão | Isabel Junqueira

Capa | Mauricio Nisi Gonçalves

Projeto gráfico e diagramação | André Cavalcante Gimenez

Pré-impressão e impressão | Edições Loyola

Imagem da capa | *Abstract view of smoke on black background*
Latinstock/© Sung-Il Kim/Corbis/Corbis (DC)

Reservados todos os direitos desta obra.
Proibida toda e qualquer reprodução desta edição por qualquer meio ou forma, seja ela eletrônica ou mecânica, fotocópia, gravação ou qualquer outro meio de reprodução, sem permissão expressa do editor.

eric siblin

as Suítes para Violoncelo

J. S. BACH, PABLO CASALS e a busca por UMA OBRA-PRIMA BARROCA

Tradução: Pedro Sette-Câmara

Realizações Editora

A meus pais, Herbert e Jacqueline Siblin

Sumário

Suíte nº 1 9
    (Sol Maior)

Suíte nº 2 63
    (Ré Menor)

Suíte nº 3 109
    (Dó Maior)

Suíte nº 4 149
    (Mi Bemol Maior)

Suíte nº 5 193
    (Dó Menor)

Suíte nº 6 247
    (Ré Maior)

Notas 301
Bibliografia 332
Para ouvir 340
Agradecimentos 342
Índice 344

Suite nº 1
(Sol Maior)

Suitte 5me

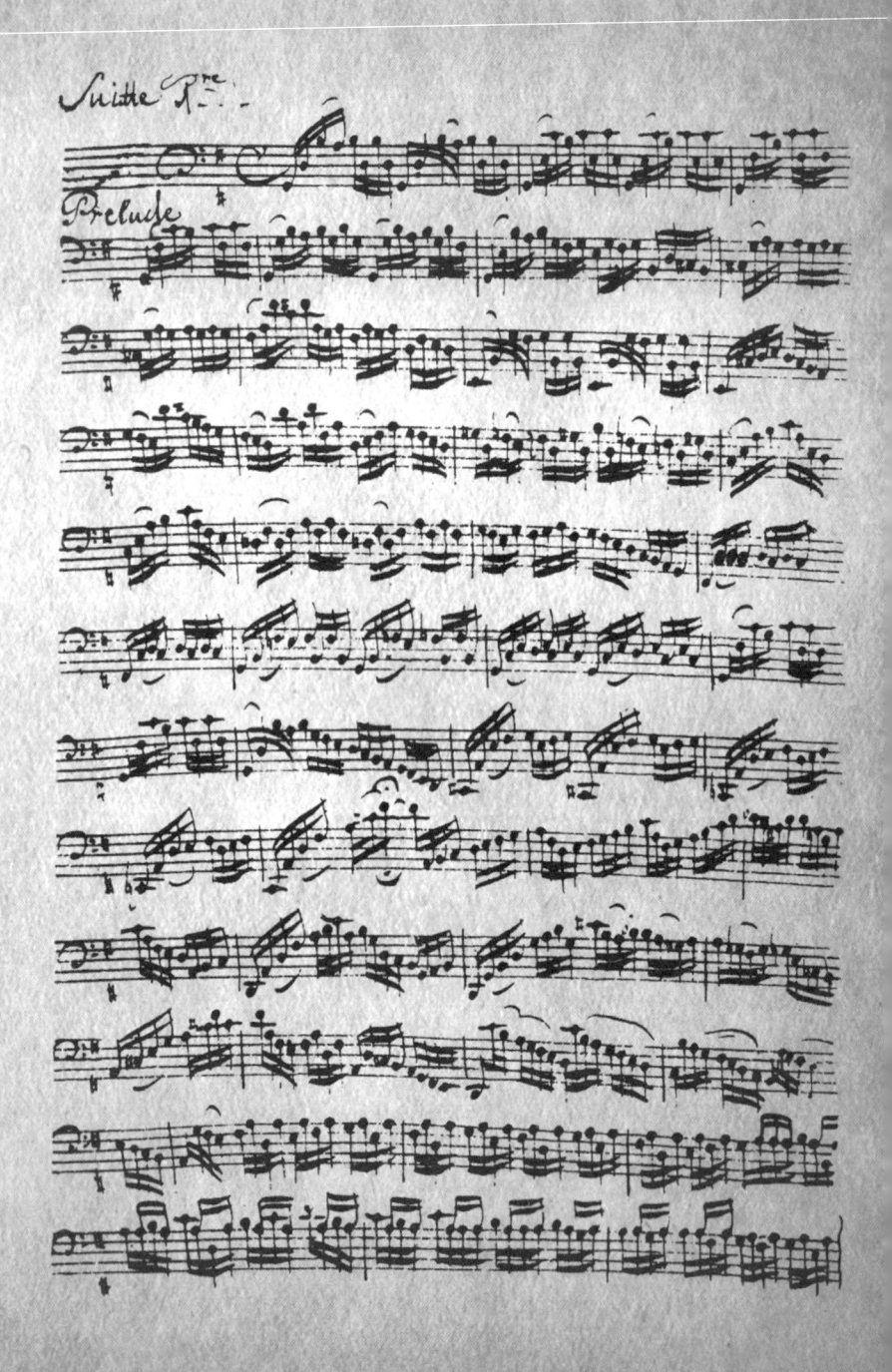

Prelude

Prelúdio

> *Descobrimos um universo de emoções e de ideias criado só com os materiais mais simples.*
>
> Laurence Lesser

Os primeiros compassos se desenvolvem com a força narrativa de um mestre do improviso. Começa uma jornada, mas parece que a composição está acontecendo ali na hora. Os profundos timbres das cordas nos remetem ao século XVIII. O mundo sonoro é feliz. A descontração, jovial. O ar está pleno de descobertas.

Após uma pausa que contempla o futuro, o violoncelo recomeça, com pungente nobreza. Não será com facilidade que as coisas virão. As notas são murmuradas, pronunciadas com uma determinação cortês, e jorradas em êxtase. Alçamos um novo patamar. Abre-se um novo panorama, temos uma resolução rapsódica, e a descida é um pouso suave.

Era assim que as primeiras notas das *Suítes para Violoncelo* de Bach soavam aos meus ouvidos enquanto eu estava sentado no pátio de uma casa à beira-mar na Espanha que pertencera a Pablo Casals, o violoncelista catalão que descobriu a obra quando menino, numa tarde de 1890. Enquanto eu ouvia a música nos *headphones*, à sombra das palmeiras e dos pinheiros de um suntuoso jardim, o vai e vem das ondas do Mediterrâneo parecia acompanhar perfeitamente o prelúdio da primeira suíte para violoncelo.

Não havia lugar mais adequado para apreciar aquela música. Ainda que as *Suítes para Violoncelo* tenham brotado da pena do compositor em algum momento do começo do século XVIII, foi Casals quem, dois séculos depois, deu-lhes fama.

Minha descoberta pessoal das *Suítes para Violoncelo* aconteceu numa noite de outono em 2000, um "Ano Bach" que marcava 250 anos da morte do compositor. Eu estava na plateia do Conservatório Real de Música de Toronto para ouvir um violoncelista de quem eu nunca tinha ouvido falar tocar músicas que eu desconhecia absolutamente.

As únicas razões de eu estar ali eram um anúncio do concerto no jornal da cidade, a mera curiosidade e o fato de que eu estava num hotel bem próximo. Mas talvez eu estivesse procurando alguma coisa sem saber. Há algum tempo eu havia encerrado uma breve carreira de crítico de música pop em *The Gazette*, um jornal diário de Montreal, trabalho esse que havia enchido minha cabeça de vastas quantidades de música, e eu preferia que a maior parte não tivesse ido parar lá. A Parada das 40 Mais Tocadas havia abusado de meu córtex auditivo, seu anfitrião, e a cultura em torno do rock já se desgastara. Eu ainda queria que a música ocupasse um lugar central na minha vida, mas de um jeito diferente. As *Suítes para Violoncelo* no fim acabaram mostrando a saída daquela bagunça.

O programa do recital de Laurence Lesser, reconhecido violoncelista de Boston, explicava que "impressionava que por tanto tempo" as *Suítes para Violoncelo* tivessem sido consideradas apenas uma coletânea de exercícios. Todavia, desde que Casals começara a tocá-las, no início do século XX, "agora sabemos a

Suíte nº 1   Sol Maior

sorte que temos de possuir essas obras-primas extraordinárias. O que a maioria dos amantes da música desconhece, porém, é que não existe um manuscrito reconhecido do compositor para essas obras [...] Não existe uma fonte confiável para as *Suítes*". Isso fez as engrenagens da minha cabeça de jornalista começarem a girar: o que havia acontecido com o manuscrito de Bach?

Diz-se que foi na cidadezinha alemã de Cöthen, em 1720, que as *Suítes para Violoncelo* teriam sido compostas e inscritas pela negra pena de Bach. Contudo, sem seu manuscrito original, como se pode ter certeza? Por que uma obra tão monumental foi escrita para o violoncelo, à época um reles instrumento normalmente relegado ao fundo? E, considerando que Bach tinha o hábito de reescrever suas composições para instrumentos diferentes, como podemos ter certeza de que as *Suítes* foram mesmo escritas para o violoncelo?

Do meu assento na sala de concertos no Conservatório Real, a solitária figura que produzia aquela massa sonora com recursos tão escassos parecia ir contra as probabilidades musicais. Um instrumento apenas, instrumento esse ancorado a um registro baixíssimo, o violoncelo parecia não estar à altura da tarefa, como se um compositor supremo tivesse concebido uma partitura excessivamente ambiciosa, um texto ideal, pouco se importando com o rude veículo que seria seu transporte.

Vendo a destreza com que Laurence Lesser tocava as suítes, fiquei perplexo com o tamanho do instrumento – também chamado simplesmente de cello –, que me fez pensar num arrastado camponês de um reino medieval de cordas, rude e primitivo, de modo algum sofisticado o bastante para a refinada música que tocava. Mas, vendo mais de perto, consegui enxergar a voluta de madeira e as curvilíneas aberturas sonoras, que tinham a forma de uma requintada clave barroca. E a música que saía daquelas aberturas sonoras era mais telúrica e arrebatadora do que qualquer coisa que eu já tinha ouvido. Deixei minha mente divagar. Como aquilo teria soado em 1720? Era fácil imaginar o violoncelo em companhia aristocrática, a seduzir pessoas de peruca branca.

Mas se aquela música cativava de um jeito tão particular, por que as *Suítes para Violoncelo* praticamente não eram ouvidas até Casals descobri-las? Por quase dois séculos após a composição dessa obra-prima barítona, apenas um pequeno círculo de músicos profissionais e de estudiosos de Bach conheciam essa música grandiosa. E aqueles que a conheciam achavam que ela era mais um exercício técnico do que algo que merecia estar nas salas de concerto.

A história das seis suítes é mais do que musical. A política enformou a música, do militarismo prussiano do século XVIII ao patriotismo alemão que impulsionou a fama de Bach um século depois. Quando as ditaduras europeias se ergueram no século XX, as notas tornaram-se balas no violoncelo antifascista de Casals. Décadas depois, Mstislav Rostropovich tocou as *Suítes para Violoncelo* tendo como pano de fundo a queda do Muro de Berlim.

Após Casals ter popularizado a obra – o que aconteceu muito depois de tê-la descoberto –, ficou impossível contê-la. Hoje existem mais de 50 gravações em catálogo, e mais de 75 edições para violoncelistas. Outros instrumentistas viram que podiam transcrever e enfrentar as *Suítes para Violoncelo*: a flauta, o piano, o violão, o trompete, a tuba, o saxofone, o banjo, e outros já se arriscaram na obra com surpreendente sucesso. Mas, para os violoncelistas, as seis suítes rapidamente tornaram-se seu alfa e seu ômega, um rito de passagem, o Monte Everest de seu repertório. (Ou o Monte Fuji: em 2007, o violoncelista italiano Mario Brunello subiu ao topo, quase 3.750 metros acima do nível do mar, e ali tocou trechos das *Suítes para Violoncelo*, dizendo que "a música de Bach é o que mais se aproxima do absoluto e da perfeição".)

Suíte nº 1 🎼 Sol Maior

Não mais se considera que a música seja difícil demais para o ouvinte médio. Novas gravações das suítes regularmente recebem prêmios de "disco do ano". E a velha gravação mono de Casals, com todos os seus chiados, continua a ser uma das mais vendidas entre os títulos históricos.

Mas não se trata de música levinha. Uma rápida olhada na lista das últimas *performances* mostra que as suítes foram tocadas em duas grandes homenagens na Inglaterra às vítimas do 11 de Setembro, em outra grande homenagem às vítimas do genocídio de Ruanda, e em vários funerais de personalidades, incluindo o imenso funeral de Katharine Graham, ex-editora do *Washington Post*. No funeral do senador Edward Kennedy, em agosto de 2009, a sarabanda da sexta *Suíte para Violoncelo* foi executada de maneira pungentemente bela por Yo-Yo Ma.

Se essa obra tantas vezes foi usada em ocasiões tristes, isso em parte é explicado pelos timbres sombrios e sorumbáticos do violoncelo, e também porque as suítes de Bach demandam apenas um só instrumento solitário. O violoncelo, porém, é o instrumento que mais se assemelha à voz humana; ele é capaz de mais do que tristeza e pessimismo. As suítes de Bach, das quais a maioria está escrita em tom maior, têm sua dose de pândega risonha, de total descontração e de abandono no êxtase. As raízes da obra estão na dança – a maioria dos movimentos são na verdade antigas danças europeias – e não demorou para que bailarinos coreografassem as suítes. Mikhail Baryshnikov, Rudolf Nureyev, Mark Morris e o Cloud Gate Dance Theatre de Taiwan, entre outros, dançaram todos impelidos por seus ritmos.

A obra circula. Yo-Yo Ma produziu seis curtas-metragens que usavam a jardinagem, a arquitetura, a patinação artística no gelo e o kabuki para ilustrar as suítes. O roqueiro Sting fez um curta em que ele mesmo tocava o primeiro prelúdio num violão enquanto um bailarino italiano representava a melodia.

As Suítes para Violoncelo 🎵 Eric Siblin

E as suítes foram ouvidas em diversos filmes, particularmente (e, que pena, melancolicamente) em muitos de Ingmar Bergman, assim como em *Mestre dos Mares*, *O Pianista* e na série de TV *The West Wing*. A música aparece em discos tão variados quanto *Classic FM Music for Studying* [Música Clássica em FM para Estudar], *Bach for Babies* [Bach para Bebês] e *Tune Your Brain on Bach* [Sintonize Seu Cérebro com Bach], sem falar de *Bach for Barbecue* [Bach para Churrasco]. Uma cantora de ópera disse que as suítes de Bach eram sua música favorita para cozinhar. É facílimo achar trechinhos da obra como toques de celular.

Mas as *Suítes para Violoncelo* não ficaram tão *mainstream* assim. No fim das contas, elas continuam a ser música "clássica", e têm o refinado aroma de música para entendidos. Elas foram julgadas exatamente assim pelos críticos – "um item para entendidos" – quando as gravações pioneiras de Casals foram lançadas no começo da década de 1940. "Elas são serenas, puras e sublimes", escreveu o crítico do *The New York Times*, "apresentadas com a simplicidade que distingue a arte profunda". Elas ainda têm o *status* de sérias, alimentado por resenhas elitistas que sugerem que as suítes representam "algo como o ápice da criatividade musical do Ocidente", ou que a obra "tem uma pureza e uma intensidade que se aproximam do japonês, ainda que permaneçam mais acessíveis a ouvidos ocidentais".

A ideia de escrever um livro sobre as suítes de Bach que não fosse dirigido a entendidos de música clássica me veio quando ouvi três das *Suítes para Violoncelo* naquele recital de Laurence Lesser em Toronto. A ideia era vaga, mas eu tinha a forte sensação de que havia uma história ali em algum lugar, e decidi seguir o rastro das notas.

Desde então ouvi as suítes executadas na Costa Dorada espanhola, na antiga casa de Casals, que hoje é um belo museu dedicado ao violoncelista. Ouvi um jovem violoncelista alemão

Suíte nº 1 — Sol Maior

tocar as suítes num armazém de Leipzig, não muito longe do local onde Bach está enterrado. Matt Haimovitz, ex-garoto prodígio, apresentou uma versão exuberante da obra num bar de beira de estrada nas colinas Gatineau, ao norte de Ottawa. Presenciei uma *master class* sobre as suítes dada pelo grande violoncelista holandês Anner Bylsma num acampamento musical às margens do rio St. Lawernce. Estive no Lincoln Center para a maratona com todas as seis suítes tocadas por Pieter Wispelwey, e numa conferência em Manhattan sobre Bach no século XXI, em que as suítes foram maravilhosamente executadas na marimba (marimBach!). Num arranha-céu residencial em Bruxelas, ouvi um violinista russo tocar as suítes numa intrigante rabeca de cinco cordas que ele havia construído, convencido de que esse é o misterioso instrumento perdido para o qual Bach realmente compôs as suítes.

A pilha de CDs só aumentava – das gravações ancestrais de Casals da década de 1930 até as gravações superficiais mais recentes, passando por abordagens "autênticas" de música antiga e por versões das suítes para diversos instrumentos, em formato de jazz, ou misturadas com música tradicional sul-africana. Em 2007, três séculos após sua composição, as *Suítes para Violoncelo* chegaram ao primeiro lugar na parada de música clássica da loja iTunes com a gravação de Rostropovich. (Bach parecia próximo da geração iPod naquele mês: outra versão das *Suítes para Violoncelo* estava entre os vinte primeiros lugares, sem falar de outras três obras do compositor.)

Àquela altura, a obra já tinha se tornado para mim uma história. E parecia perfeitamente natural que essa história fosse estruturada segundo a obra. As seis *Suítes para Violoncelo* contêm, cada uma, seis movimentos, começando com um prelúdio e terminam com uma giga. Entre eles ficam antigas danças da corte – uma alemanda, uma corrente e uma sarabanda – após as quais Bach inseriu uma dança mais "moderna", ou um minueto, uma *bourrée* ou uma gavota. Nas páginas seguintes, Bach ocupará os primeiros dois ou três movimentos de cada suíte. As danças que vêm depois ficam reservadas para Pablo Casals. E as gigas que fecham cada suíte serão destinadas a uma história mais recente, a da minha investigação.

Se estou no rastro da obra há tanto tempo, é porque há muito para ouvir nas *Suítes para Violoncelo*. O gênero pode ser barroco, mas há múltiplas personalidades e mudanças de humor nas suítes. Consigo ouvir melodias de festas camponesas e minimalismo pós-moderno, lamentos espirituais e *riffs* de heavy metal, gigas medievais e trilhas sonoras de filmes de espionagem. A experiência ideal para a maior parte dos ouvintes pode ser igual à minha quando ouvi a obra pela primeira vez – sem preconceitos. Mas basta conectar as notas e surge uma história.

Alemanda

> As elegantes *alemandas* das Suítes para Violoncelo, todas precedidas por um dramático movimento de abertura, são descritas como peças lentas e meditativas de grande beleza.
>
> Oxford Composer Companions: J. S. Bach

Reunir a história das *Suítes para Violoncelo* é ficar conhecendo o compositor da obra. E, para qualquer pessoa nascida nos últimos cinquenta anos, conhecer Johann Sebastian Bach – conhecer de verdade – significa adentrar outra forma de arte, outra época, outra maneira de pensar. Para entender o barroco, ouvi vastas quantidades de música de Bach, procurei discos em sebos até montar uma coleção respeitável, li tudo que encontrei a respeito de Bach, de descrições do século XVIII a revistas de música clássica de papel brilhoso, e fui a concertos ovacionados por plateias maduras, muito distantes do circuito de rock.

Também me associei à American Bach Society [Sociedade Americana de Bach] (ABS). A maior vantagem de ser membro era o boletim ocasional da ABS, que vinha com o brasão pessoal de Bach, com suas iniciais estilosamente entrelaçadas, com uma coroa por cima. Examinei com atenção as páginas que anunciavam as pesquisas acadêmicas mais recentes que buscavam pistas sobre as *Suítes para Violoncelo*. A minha sensação era de ter entrado para uma sociedade secreta. Tendo feito o segundo grau na década de 1970, quando a escolha musical parecia dividir-se entre as forças inimigas da discoteca e o rock lisérgico cheio de sintetizadores, ser fã dos Rolling Stones era vagamente esotérico. Em algum momento desde então eles viraram a banda eleita por pessoas praticamente na faixa etária da minha mãe, mas naquela época não havia muitos fãs de Rolling Stones. Duas décadas depois, encontrar entusiastas de Bach em meus círculos sociais era mais ou menos impossível.

Assim, quando fiquei sabendo que a American Bach Society realizava conferências a cada dois anos, e que a próxima aconteceria num lugar não muito distante, na Rutgers University no Estado de Nova Jersey, rapidamente me inscrevi. Tendo feito o dever de casa sobre as *Suítes para Violoncelo*, eu meio que já podia me considerar um bachiano legítimo e trocar figurinhas com meus pares.

Assim, em abril de 2004, vi-me andando pelos gramados esmeralda da Princeton University com um bando de devotos de Bach, quase todos estudiosos. A quantidade de barbas e de blazers escuros era um pouco perturbadora. Tínhamos acabado de ouvir uma densa palestra sobre Bach e emergíamos de um prédio universitário, ofuscados pela luz do sol, enquanto acontecia um ruidoso evento estudantil chamado "Farra da Primavera". Havia rostos pintados, jogos de *footbag* e de futebol americano, um churrasco e uma banda de garagem disparando o hino "It's the End of the World as We Know It (And I Feel Fine)", do R.E.M.

Aquilo não passava de um ruído de fundo indistinto para aqueles estudiosos de Bach, que estavam em Princeton numa missão musicológica, uma colorida expedição de campo no

Suíte nº 1   Sol Maior

mundo habitualmente sóbrio da pesquisa bachiana. O melhor retrato de Bach do mundo, quase nunca acessível ao público, estava sendo disponibilizado aos delegados da conferência de 2004 da American Bach Society. Só há notícia de dois retratos autênticos de Bach, ambos feitos pelo mesmo artista, Elias Gottlob Hausmann, pintor cortês saxão. São quase idênticos, ambos em óleo, e mostram o compositor na mesma pose séria. Apesar de sua similaridade, considera-se que foram pintados em ocasiões distintas. Um dos retratos hoje fica no museu municipal de Leipzig, cidade em que foi pintado em 1746. Ele não está muito bom porque foi repintado por cima diversas vezes, e também por já ter sido usado como alvo de bolinhas de papel por estudantes entediados.

O outro retrato, pintado dois anos depois, está em perfeitas condições. Foi ele que cinquenta anos atrás chegou às mãos de William H. Scheide, rico entusiasta de Bach, que tinha o hábito de estudar, tocar e colecionar as obras de seu compositor favorito. Normalmente o retrato fica na casa de Scheide em Princeton, mas ele concordou em exibir o retrato para aqueles que participavam do 14º encontro bienal da American Bach Society.

O retrato feito por Hausmann, mais do que qualquer coisa, criou a imagem popular de Bach – a de um burguês alemão um tanto corpulento, de peruca e com a expressão severa. É essa a imagem que aparece em incontáveis capas de CD, programas de concerto e pôsteres de festivais, e que já ajudou bastante os ouvintes a imaginar um compositor sobre cuja biografia sabe-se tão pouco.

Por isso, era sensível a empolgação que os estudiosos de Bach sentiam enquanto caminhavam pelo campus de Princeton. O retrato de Bach e William H. Scheide os aguardavam na sala de coleções especiais da Biblioteca John Foster Dulles de História Diplomática. Os bachianos, 85 no total, adentraram a sala com painéis de madeira e aglomeraram-se em torno do retrato.

– Oh!

– Impressionante.

– Parece a *Mona Lisa*.

– Tão sério.

– É como se eu recebesse um soco no estômago, bem aqui, caramba!

– Parece que tem uma energia.

– Será que a gente deveria fazer três mesuras ou algo assim?

O retrato tinha mesmo uma persuasiva intensidade. Os botões do casaco do compositor cintilavam, as mangas de sua camisa branca irradiavam vivacidade, a peruca parecia leve e macia, e seu rosto estava corado, como se o compositor tivesse sorvido algumas taças do vinho da Renânia, que era seu favorito. De dentro da moldura dourada, Bach parecia lançar um olhar onisciente e circunspecto sobre os procedimentos.

William H. Scheide, aos noventa anos, usando um paletó azul-claro e uma gravata vermelha com notas musicais bordadas (notas que talvez fossem de uma cantata de Bach), falou brevemente sobre os outros itens de sua coleção bachiana – manuscritos originais do compositor e uma rara carta. Então alguém fez a pergunta que estava na cabeça de todos: como ele tinha adquirido o retrato? "Foi há tanto tempo", respondeu, apoiando-se numa bengala cuja alça parecia vir de um bastão de esqui. "Não consigo nem lembrar direito."

O desfecho é que Scheide, cuja família fizera fortuna com petróleo, ouviu falar do retrato algum tempo depois da Segunda Guerra Mundial, e pediu a um *marchand* de Londres que o comprasse para ele de seu proprietário, um músico alemão chamado Walter Jenke. O proprietário havia deixado a Alemanha no fim da década de 1920, estabelecendo-se em Dorset, na Inglaterra; voltou à Alemanha nazista uma década depois para recuperar o retrato, que aparentemente estava com sua família desde o século XIX.

Suíte nº 1 　Sol Maior

O retrato de Hausmann ajudou a cultivar uma imagem de Bach que é muito mais séria e severa do que ele mesmo provavelmente foi. Como já observou Miles Hoffman, comentarista de música da National Public Radio [Rádio Nacional Canadense], "Em parte, as pessoas acham que Bach é um velhote ranzinza porque só existe um retrato plenamente reconhecido dele, que mostra um velho com uma peruca branca, todo pedante e sem vida". Hoffman fez questão de dizer que Bach na verdade era um homem apaixonado, o tipo de homem que duelou com espadas com um fagotista, foi jogado na prisão do duque e deixou nada menos do que vinte filhos.

A contemplação do retrato combinou bem com o tema da conferência bienal, cujo título era "Imagens de Bach". Além dos concertos e dos coquetéis, foram apresentados estudos acadêmicos com títulos que iam de "Quando uma Ária Não É uma Ária" a "'Sou Obrigado a Viver em Meio a Aborrecimentos, Inveja e Perseguições Quase Ininterruptas': Uma Leitura Psicológica da Relação de J. S. Bach com o Poder". A palestra de abertura foi dada por Christoph Wolff, musicólogo teuto-americano e professor de Harvard, que é o maior especialista em Bach do mundo. Em sua palestra, Wolff sugeriu que o célebre retrato de Bach não fosse visto como uma espécie de retrato casual. "Trata-se de uma pose oficial", disse. "É provável que o modelo quisesse ser pintado desse modo. Podemos presumir que Bach queria criar essa imagem."

No retrato, Bach está segurando uma partitura: uma obra altamente complexa, de sua própria composição, conhecida como "Canon Triplex". Ao fazê-lo, disse Wolff, "Bach queria fugir de sua fama de virtuose, minimizando seu cargo (profissional) [...] e dar um passo atrás, como ser humano [...] tudo em deferência à sua obra".

Ao dizer que Bach mandou pintar seu retrato pensando na posteridade, controlando sua imagem póstuma para que ela correspondesse à sua vontade, Wolff estava questionando uma impressão comum de Bach. A imagem convencional do mestre barroco é de alguém que costumava trabalhar sem dar a menor importância à posteridade, produzindo suas obras-primas como algo natural, e sem se preocupar demais com sua fama ou com a longevidade de sua música. Na visão de Wolff, Bach na verdade ativamente "promoveu sua vida após a morte". Ele fez o que podia para proteger exemplos de sua arte e para garantir seu lugar na história. Mesmo no retrato de Hausmann, ao segurar uma obra musical extremamente complexa (um "cânon quebra-cabeças" semelhante a uma charada matemática), "o homem de sorriso contido queria que o espectador se sentisse desafiado. Funcionou em 1748 – e funciona ainda hoje".

Wolff então respondeu a perguntas da plateia. Um de seus membros, um homem robusto que usava rabo de cavalo, gravata borboleta e imensos óculos de tartaruga, levou os comentários de Wolff a um novo patamar, acusando Bach de estar por trás de "uma campanha planejada para controlar tudo que a posteridade pensava a seu respeito".

Aquele era Teri Noel Towe, especialista amador de Bach, bastante conhecido em círculos bachianos e que, apesar de descrever a si mesmo como "excêntrico apaixonado e obcecado", tinha o respeito dos estudiosos em tempo integral. Advogado de Nova York, especializado em propriedade intelectual, Towe declarou-se indignado porque Johann Nikolaus Forkel, o primeiro biógrafo de Bach, não conseguiu mais detalhes pessoais do compositor. Ainda que Forkel tivesse escrito décadas depois da morte de Bach em 1750, ele teve contato com os filhos de Bach, especialmente Carl Philipp Emanuel (C. P. E.). "Eu adoraria colocar C. P. E. Bach no banco das testemunhas", disse Towe. Ele reclamou que, na biografia de Forkel, publicada em 1802, não havia nada sobre a aparência de Bach, sua altura, seu peso, ou qual teria sido sua sobremesa favorita.

"Por outro lado", respondeu Wolff, "os biógrafos do século XVIII não estavam preocupados com sobremesas".

"Não sabemos o que ele comia", soltou um musicólogo da plateia, "mas sabemos o que ele bebia"!

"E fumava!", acrescentou outro estudioso.

Wolff, grisalho e charmoso, concordou, observando que quando Bach viajava, ficava nos melhores hotéis e consumia a cerveja e o tabaco da melhor qualidade. "Está bem claro que ele bebia. Ele gostava das boas coisas da vida."

Mas todos os estudiosos de Bach reclamam da ausência de informações históricas rigorosas sobre ele. Tirando Shakespeare, provavelmente não há outra imensa figura da arte moderna sobre quem tão pouco se sabe. Não ficou nada como as cartas carinhosas que Mozart escreveu a sua esposa, ou os cadernos de fluxo de consciência deixados por Beethoven. Quando, ocasionalmente, aparecem sinais de vida documentais de Bach – e eles aparecem – a busca pela personalidade fugidia fica ainda mais atraente. Mas os biógrafos de Bach têm uma difícil tarefa pela frente.

"É difícil", disse Wolff, "enxergar o homem atrás do retrato".

Corrente

> *[Luís XIV] dançava-a melhor do que qualquer membro de sua Corte, e com graça extraordinária.*
>
> Pierre Rameau, 1729

O homem por trás do retrato nasceu em 21 de março de 1685 na cidadezinha alemã de Eisenach. Nada se sabe dos primeiros anos de Bach, ainda que se possa presumir com segurança que ele foi criado para ser músico. Seu pai, Ambrosius Bach, era músico e filho de músico, o qual por sua vez era também filho de músico, numa linhagem que remontava ao século XVI. O patriarca da família, um certo Veit Bach, era um "padeiro de pão branco" que fugiu da Hungria para a Alemanha para escapar da perseguição religiosa contra os protestantes. Veit era conhecido por tocar seu cistre, um instrumento parecido com o violão, enquanto a mó, movendo-se em ritmo constante, transformava grãos em farinha. À medida que o tempo passou, o clã Bach – firmemente luterano, com suas raízes na Turíngia, região central da Alemanha – produziu uma distinta linhagem de músicos profissionais, semelhante à dos Couperin na França, dos Purcell na Inglaterra e dos Scarlatti na Itália.

Suíte nº 1 🎼 Sol Maior

A Alemanha tal como hoje ainda não existia. A única autoridade central que respondia pela Alemanha era o Sacro Império Romano, uma casca imperial vazia que datava da época de Carlos Magno, que não possuía praticamente nenhum exército, nenhuma renda e nenhuma burocracia governamental a funcionar. Para citar Voltaire, ele não era nem sacro, nem romano, nem império. O império fantasma abarcava diversos Estados importantes, como a Áustria e a Prússia, que ganharam bastante poder após 1700. Mas o Sacro Império Romano mesmo era um quebra-cabeças de cerca de trezentas entidades: ducados, principados, cidades imperiais livres, das quais algumas não tinham mais do que alguns acres – um mosaico formado pelos altos e baixos das mudanças dinásticas e das fortunas da guerra.

Não havia, contudo, no mapa pontinho que fosse pequeno demais para o absolutismo alemão. A maior parte da Alemanha era governada por príncipes de pouca importância, e a maioria deles não tinha força suficiente para seguir uma política externa independente ou manter um exército permanente. Mas eles construíram palácios pomposos e ornaram suas pequenas cortes com guardas cerimoniais, dançarinos, mestres de esgrima e músicos, imitando o grande poder absolutista da época – Luís XIV da França, o Rei Sol. Os pequenos governantes das terras alemãs tomavam Versalhes por modelo, conjugando seus verbos e esbranquiçando suas perucas de acordo com as modas dali.[1]

Em Eisenach, cidade nativa de Bach, 6 mil pessoas viviam à sombra de um duque menor, que tinha, entre os funcionários

---

[1] Quando, por exemplo, o Sacro Imperador Romano respondeu a uma invasão francesa da Renânia na década de 1670 declarando guerra contra a França, havia cerca de 20 mil tropas alemãs no exército francês, e seis dos oito príncipes "eleitores" do Império Alemão continuaram clientes de Luís XIV. "Nem mesmo um cachorro late na Europa", gabava-se um diplomata francês, "a menos que nosso rei lhe dê permissão".

de seu palácio, um mestre de elocução francês, diversos pajens comandados por um pajem-mestre, um bando de damas de companhia, e um mestre de caça que cuidava de 82 cavalos e carruagens. O pai de Bach, Ambrosius, era um renomado músico da cidade que havia se tornado diretor da orquestra municipal de Eisenach e membro da orquestra do duque. Ele era antes de tudo violinista, mas tocava diversos outros instrumentos, como o trompete, que ele havia tocado num conjunto de metais que se apresentava duas vezes por dia na varanda da prefeitura, com vista para a praça do mercado.

Um vívido retrato de Ambrosius, hoje na Biblioteca Estadual de Berlim, mostra-o posando num quimono japonês, um verdadeiro *fashion statement* ao fim do século XVII. Seu cabelo, escuro, ia até os ombros; seu bigode é levemente exuberante, e sua expressão, apesar de orgulhosa, é descontraída e afável.

Sabe-se menos sobre Elisabetha, a mãe de Bach. O que se sabe é que o pai dela era um rico peleiro, além de membro do conselho municipal de Erfurt, uma cidade próxima, e que ela tinha 24 anos quando se casou com Ambrosius em 1668. Eles tiveram oito filhos, dos quais sete receberam como primeiro nome Johann, Johanne ou Johanna. Quatro morreram cedo.

Johann Sebastian era o mais novo, e, como todos os demais membros da família, cresceu cercado de música. Presume-se que tenha aprendido com Ambrosius o violino, a viola e provavelmente o violoncelo. E ele teria acompanhado seu pai quando ele tocava na igreja, no castelo e na prefeitura, tocando diversos instrumentos assim que conseguia.

Na Escola de Latim de São Jorge, onde Sebastian (assim como Martinho Lutero, dois séculos antes) estudou, a perfeição da vontade de Deus nunca era posta em dúvida. Contudo, a criação era uma moeda jogada para o alto, sempre podendo cair sobre seu lado escuro. Com seis anos, Sebastian estava aos pés do

Suíte nº 1 — Sol Maior

túmulo de Balthasar, seu irmão mais novo. Dois anos depois, o irmão gêmeo de seu pai morrera. Depois, quando o garoto tinha nove anos, sua mãe morreu. Ambrosius casou-se de novo, com uma mulher viúva duas vezes, mas três meses depois ele também morreu, deixando Sebastian órfão antes de completar dez anos.

A unidade familiar foi quebrada, e os parentes cataram os pedaços. Marie Salome, irmã de dezessete anos de Bach, foi para Erfurt, para ficar com a família de sua mãe, enquanto Sebastian e Jacob, seu irmão mais velho, foram morar com Christoph, seu irmão recém-casado de 23 anos, organista em Ohrdruf, uma cidadezinha na margem norte da Floresta Turíngia. Com os cuidados e as aulas de música de Christoph, Sebastian recuperou seu apoio emocional e canalizou sua tristeza para o aprendizado do teclado.

Mais velho, Bach contou que lhe era negada certa coleção das partituras de Christoph, que era trancada toda noite num armário. Sebastian aparentemente conseguiu passar as mãos pela grade do armário, enrolar as partituras e tirá-las. Segundo a história, ele copiava as partituras à luz da lua, até que Christoph percebeu e confiscou seu tesouro. A história do "manuscrito do luar", verdadeira ou não, era repetida por Bach, mais velho, para dar a impressão de um jovem músico que venceria qualquer limite para educar a si mesmo. Esse pedaço é verdade.

Após cinco anos, Sebastian era o melhor aluno, e já tinha idade suficiente para tentar a própria sorte. Em março de 1700, algumas semanas antes de seu aniversário de quinze anos, ele partiu numa viagem de mais de 300 quilômetros, aparentemente a pé, talvez carregando um violino herdado de Ambrosius. Ele teve a companhia de um colega mais velho, chamado Georg Erdmann (que, num futuro distante, daria preciosas informações sobre seu companheiro de viagem). Seu destino era a cidade de Lüneburg, ao norte da Alemanha, onde bolsas para o segundo grau oferecidas a meninos com talento para o canto os aguardavam.

Em Lüneburg, Sebastian sorveu todas as influências musicais das redondezas, de uma orquestra francesa mantida pelo duque local em sua corte de imitação de Versalhes, até Hamburgo, a maior cidade da Alemanha, aonde ele viajava para ouvir o famoso organista Johann Adam Reinken. Ele também teve acesso à biblioteca da escola, que continha mais de mil partituras. Após dois anos ele havia completado o equivalente ao segundo grau e, ou por não querer ir para a universidade ou por não ter dinheiro, estava disposto a começar sua carreira de músico profissional.

O primeiro emprego de Bach levou-o à corte menor de Weimar em 1703, onde foi empregado como violinista e "lacaio da corte". Apesar da baixa condição de seu emprego (o trabalho incluía tarefas não musicais e serviços de criado), o talento de Bach devia ser óbvio. O adolescente logo foi contratado para avaliar um órgão na cidade de Arnstadt, e quando foi fazê-lo impressionou tanto as autoridades com sua execução que na hora mesmo recebeu uma proposta para trabalhar como organista da igreja.

Seu novo empregador era o conde Anton Günther II, governador da principal cidade no território de Schwarzburg–Arnstadt. Um certificado da nomeação é o primeiro documento histórico a lançar alguma luz sobre a vida profissional de Bach:

> Tendo o Nobre e Graciosíssimo Conde e Mestre Anton Günther, um dos Quatro Condes do Império, feito com que o senhor, Johann Sebastian Bach, fosse aceito e nomeado organista da Nova Igreja, agora, portanto, deverás ser leal, fiel e obediente a ele, Sua Nobre Graça mencionada acima, o Conde, e especialmente mostrar-se industrioso e confiável no ofício, na vocação e na prática da arte e da ciência que lhe são atribuídas; não interferir em outras questões e funções; estar presente aos domingos, dias de festa e em outros dias de culto público na referida Nova Igreja, no órgão que lhe foi confiado; a tocar esse órgão como se deve; a vigiá-lo e a cuidar dele fielmente.

Suíte nº 1   Sol Maior

O contrato de trabalho continuava, numa nota de moralidade, dizendo que também se esperava que o organista "... cultivasse, em sua vida cotidiana, o temor de Deus, a sobriedade e o amor da paz; que evitasse integralmente as más companhias e qualquer distração de sua vocação; e que, de modo geral, se comportasse em todas as coisas relativas a Deus, às Altas Autoridades, e a seus superiores, de maneira própria a um servo e organista amante da honra...". Isso seria um desafio para o mais exemplar dos adolescentes, e o desafio logo chegou para o organista de dezoito anos. Numa noite de agosto de 1705, Bach supostamente desembainhou sua adaga e brigou com um estudante do fagote chamado Johann Heinrich Geyersbach.

Com tantos fatos isolados e pontos de interrogação em torno da vida de Bach, todo fiapo de prova documental que existe, direta ou indireta, é devassado pelos estudiosos, desesperados por alguma revelação. As histórias pitorescas a respeito de sua vida que sobreviveram aos séculos, como são poucas e raras, são causa de empolgação biográfica.

Um desses relatos, registrado nas minutas do consistório de Arnstadt, o corpo que governa a igreja, começa resumindo a reclamação de Bach de que, tendo passado pela prefeitura tarde da noite, Geyersbach (que, apesar de ser estudante, era na verdade três anos mais velho do que Bach) seguiu-o até a praça do mercado, brandiu um grande bastão, e quis saber por que Bach havia feito uma observação "abusiva" a seu respeito. A observação pejorativa em questão, "Zippel Fagottist", costuma ser traduzida pelos estudiosos de Bach como "cabra fagotista". Contudo, nos últimos anos, surgiram traduções alternativas consideradas mais precisas, como "papalvo fagotista", "patife fagotista", "pentelho fagotista" e "fagotista que peida depois de comer cebolinha".

Como era de se esperar, o fagotista se ofendeu. Segundo o testemunho de Bach, Geyersbach foi atacá-lo, obrigando Bach a puxar da adaga para defender-se, mas Geyersbach partiu para cima dele e os dois brigaram até finalmente serem separados por outros estudantes. Bach pediu que o conselho municipal punisse seu agressor, e que ele "fosse tratado com respeito pelos outros, que a partir de então deixariam-no passar sem xingamentos nem ataques". O conselho municipal depois ouviu o testemunho de Geyersbach, que

> nega ter atacado Bach, o autor. Na verdade [...] Bach, cachimbo de tabaco à boca, cruzava a rua, momento em que Geyersbach perguntou ao mesmo se admitia tê-lo chamado de papalvo fagotista. Na medida em que não podia negar, ele, Bach, procedeu ao desembainhamento da adaga, e ele, Geyersbach, foi obrigado a defender-se; do contrário, teria sofrido algum mal.

Após ouvir o testemunho de Geyersbach e de convocar outras testemunhas da briga, o conselho municipal censurou Bach: "Ele poderia perfeitamente ter evitado chamar Geyersbach de papalvo fagotista; essas zombarias no final levam a incidentes desagradáveis como esse, sobretudo porque ele tinha fama de não se dar bem com os estudantes". Num veio mais filosófico, as autoridades deram um conselho a Bach: "O homem deve viver entre os *imperfecta*".

Dois meses depois, Bach pediu um mês de licença para visitar o grande organista Dietrich Buxtehude, tendo andado aparentemente mais de 400 quilômetros até Lübeck. Passaram-se quatro meses – três mais do que ele recebera – até que Bach finalmente voltasse a Arnstadt, levando a reprimendas do conselho municipal. Convocado diante do corpo que governava a igreja para explicar suas transgressões, Bach demonstrou uma presunção extraordinária para um rapaz de vinte anos que corria o risco de perder seu primeiro emprego de verdade. Ele justificou sua longa ausência dizendo que fizera uma viagem "para entender diversas coisas de sua arte". Quando lhe recordaram de que ele havia se ausentado por um tempo três ou quatro vezes maior do que a licença concedida, ele desdenhosamente respondeu que havia delegado o trabalho a outra pessoa.

Vieram outras reclamações. O mestre do coro testemunhou que, após Bach ter sido repreendido por tocar o órgão por tempo demais durante os cultos da igreja, ele começou a tocar peças exageradamente curtas. Ele também recebeu um tapinha por ter inserido "notas estranhas" nos hinos da igreja. E ganhou uma bronca por ter permitido que uma "donzela estranha" entrasse na galeria do órgão na igreja.

Bach finalmente conseguiu sair de Arnstadt e de seus *imperfecta*, graças a uma oferta de emprego de organista de igreja na "cidade imperial livre" de Mühlhausen. Consigo levou as notas estranhas e a donzela estranha.

Bach se casou após mudar-se para Mühlhausen. Alguns biógrafos afirmam que sua noiva era a donzela estranha da galeria do órgão de Arnstadt. Maria Barbara Bach era uma prima de segundo grau, filha de um organista de igreja de Gehren, e cinco meses mais velha do que o noivo. Após a morte de sua mãe, ela foi morar com o tio, o prefeito de Mühlhausen, em cuja casa de hóspedes Bach estava morando.

Não houve aumento de salário para o organista recém-casado em Mühlhausen, mas a cidade era melhor do que Arnstadt.[2] A pitoresca cidade era a segunda maior da Turíngia, com nada menos do que treze igrejas dentro de suas muralhas torreadas. E, numa daquelas curiosas anomalias do Sacro Império Romano,

---

[2] Bach negociou manter seu salário no nível anterior de 85 gulden, e seu novo empregador lhe deu alguns benefícios: 7,2 estéreos de lenha, seis maços de acendalhas, 432 galões de grãos e uma carroça para transportar seus pertences.

ela estava livre do governo dos príncipes desde o século XIII, respondendo diretamente ao imperador em Viena.

Bach muito rapidamente viu que suas possibilidades musicais eram restritas. Philipp Spitta, seu biógrafo do século XIX, observou que o conselho municipal e as autoridades eclesiásticas de Mühlhausen

> agarravam-se a antigas modas e costumes, nem conseguiam nem queriam seguir os audaciosos voos de Bach, e até olharam de soslaio o estranho que agia de maneira tão despótica naquela posição que, até onde ia a memória humana, sempre fora preenchida por um nativo da cidade, e exclusivamente para sua honra e glória.

No começo do século XVIII, um músico na Alemanha poderia trabalhar para três tipos de empregadores: uma cidade, uma igreja ou uma corte aristocrática. Considerando a condição política fraturada da Alemanha, com inúmeros príncipes de miniatura competindo por prestígio, era forte a demanda por músicos da corte. O salário geralmente era bom, e proporcionava a oportunidade de trabalhar com músicos de alto calibre. E, numa época em que o concerto público ainda não existia, elaboradas apresentações na corte eram os entretenimentos luxuosos da época.

O emprego seguinte de Bach foi na corte ducal de Weimar. Weimar era onde ele havia começado sua carreira alguns anos antes, como lacaio da corte. Dessa vez, Bach tornou-se organista e membro da banda da corte de Weimar, tocando violino com roupa obrigatória de hussardo nas *performances* do rigidamente piedoso duque Wilhelm Ernst. Por quase uma década, começando em 1708, Bach trabalhou em Weimar, polindo suas habilidades de compositor e estudando sobretudo o estilo de concerto rítmico de Vivaldi, que estava influenciando músicos por toda a Europa. E ele começou a brincar com ideias ambiciosas.

Suíte nº 1 — Sol Maior

É mais do que provável que Bach tenha pensado na ideia de uma composição para violoncelo solo pela primeira vez em Weimar. A inspiração provavelmente foram as obras para violino solo de Johann Paul Westhoff, um violinista virtuose e linguista da corte de Weimar. Suas obras para violino, publicadas em 1696, são as primeiras composições multimovimentos para violino solo. Bach teria encontrado Westhoff quando este esteve brevemente empregado em Weimar em 1703. Cinco anos depois, Westhoff já havia morrido, mas suas obras para violino solo provavelmente circulavam na corte.

Bach progrediu na carreira em Weimar, recebendo duas promoções e finalmente tornando-se mestre de concerto. Em 1717, gozando de reputação de virtuose do órgão na cidade, teve seu primeiro contato com o glamoroso mundo da música numa grande corte. Louis Marchand, principal organista e tecladista francês, visitou Dresden, quartel-general de Augusto, o Forte, para tocar para o rei saxão. Ocorreu a um membro da orquestra da corte de Dresden, que talvez quisesse roubar as atenções de um francês famoso e insuportável, que Bach talvez pudesse fazer uma disputa de teclado com Marchand – um duelo musical era um expediente comum para jogar grandes virtuosos um contra o outro. Bach viajou a Dresden, onde teria ficado espantado com a impressionante estrutura de entretenimento da corte, a mais faustosa de todo o Sacro Império Romano. Gastavam-se somas imensas numa companhia de ópera italiana e num balé francês, enquanto os pares de Bach na orquestra da corte ganhavam um salário três vezes maior.

Bach enviou uma delicada nota a Marchand, convidando-o a uma "prova de habilidade musical", oferecendo-se para improvisar na hora a partir de qualquer obra que o francês propusesse, e pedindo que Marchand se preparasse para fazer o mesmo. O desafio foi aceito, e o rei Augusto, o Forte, deu sua real aprovação. O duelo aconteceria na mansão do conde Fleming, onde "um grande grupo de ambos os sexos e de alta posição reuniu-se". Mas se Bach achava que, após uma carreira nas sombras da província, a hora do destino havia chegado, ele iria desapontar-se. Um conhecido seu, Johann Abraham Birnbaum, escrevendo muitos anos depois do ocorrido, resumiu a história:

> Chegara a hora em que os dois grandes virtuoses mediriam suas forças. O Honorável Compositor da Corte [Bach], junto daqueles que seriam os juízes dessa disputa musical, aguardaram o outro oponente ansiosamente, mas em vão. Enfim se soube que ele havia sumido de Dresden no começo do dia pela diligência expressa. Sem dúvida, o famoso francês achou que seus talentos eram parcos demais para suportar os fortes golpes de seu bravo e hábil oponente.

Ainda que o triunfo formal – e aparentemente o prêmio em dinheiro – tenha fugido às mãos de Bach, sua reputação de mestre do teclado cresceu bastante, assim como seu desejo de trabalhar onde seus talentos pudessem ser mais bem apreciados.

Naquele mesmo ano, o mestre de capela da banda da corte de Weimar morreu e foi sucedido por seu filho, um lance que desapontou Bach (a essa altura pai de quatro filhos), que desejava o emprego. A situação fez que ele considerasse suas opções profissionais. Veio do príncipe de Cöthen uma oferta para tornar-se mestre de capela de uma pequena corte. O príncipe havia ouvido a música de Bach e estava impressionado. Bach ficou entusiasmado, mas não seu empregador. Quando Bach pediu ao duque Wilhelm Ernst permissão para ir embora e assumir o emprego em Cöthen – aparentemente fazendo pressões a respeito – ele foi jogado na cadeia do castelo sem a menor cerimônia.

Um antigo relato, transmitido por um dos alunos de Bach, diz que o compositor começou a escrever *O Cravo Bem Temperado*,

Suíte nº 1 Sol Maior

obra monumental para teclado solo, durante sua prisão em Weimar, época em que ele tinha recursos limitados e muito tempo livre. O começo de *O Cravo Bem Temperado*, com seu desenvolvimento simples de cordas, soa inequivocamente como os primeiros compassos do prelúdio da primeira suíte para violoncelo.[3] É bem possível que Bach, forçado a usar apenas seus instrumentos criativos mais básicos e ansiando pela liberdade desde o confinamento de uma estrutura rígida, tenha começado a escrever a primeira suíte para violoncelo na cadeia. Mas será que a música tinha sido pensada para o violoncelo? Privado de tudo exceto de pena e de papel na prisão, ele poderia ter concebido a composição para algum outro instrumento. Ou para o ideal da música pura.

Como o manuscrito original de Bach das *Suítes para Violoncelo* desapareceu, a datação de sua criação é um jogo de estimativas. Tradicionalmente se supõe que ele tenha composto a obra nos anos que se seguiram à sua prisão, em algum momento em torno de 1720, época em que se concentrou na música instrumental. Mas algumas das suítes parecem ter sido compostas em separado, e só depois combinadas, formando o conjunto. A gestação pode ter acontecido ao longo de bastante tempo.

Quando quer que tenha sido que Bach sonhou pela primeira vez com a novidade de música para violoncelo solo, sua concepção era altamente simétrica. Ela teria a forma de uma suíte, uma das estruturas mais populares da música instrumental na Europa. Uma coleção vagamente estruturada de movimentos de dança, a suíte padrão na Alemanha reunia uma alemanda, uma corrente, uma sarabanda e uma giga. Mas a disposição da suíte

---

[3] Uma gravação intrigante, intitulada *Gamba Sonatas, Riddle Preludes, Baroque Perpetua*, do violoncelista holandês Pieter Wispelwey, ilustra o quanto o começo da primeira suíte para violoncelo se assemelha ao de *O Cravo Bem Temperado*.

variava, e um prelúdio improvisacional às vezes servia de introdução à obra, e outras danças eram lançadas na mistura.

Bach decidiu iniciar cada suíte com um *prélude* (o nome vem do francês), uma introdução dramática que tem o improviso em sua essência. Os prelúdios de Bach preparam o cenário de maneira virtuosística, dando personalidade a cada suíte. São fantasias que operam fora dos tempos rígidos que governam os outros movimentos; eles param, começam, vagueiam, elevam-se a alturas alucinantes, prendem o fôlego, e desabam. A essência da história contada em cada suíte está concentrada no prelúdio.

A alemanda, que ocupa a segunda posição em cada suíte para violoncelo, era uma dança popular que apareceu na Alemanha no começo do século XVI. Na época de Bach, ela já tinha ultrapassado sua função de música efetivamente dançada, tornando-se mais séria e solene. Nas *Suítes para Violoncelo*, as alemandas tendem a ser lentas e elegantes. Johann Mattheson, contemporâneo de Bach, descreveu a alemanda como "a imagem de uma alma contente e satisfeita, que aprecia a boa ordem e a calma".

A versão francesa da *courante* (*courir* significa "correr") era uma dança aristocrática associada com a corte de Luís XIV, que aparentemente a dançava com grande destreza. Mas a maioria das correntes usadas por Bach como terceiros movimentos nas *Suítes para Violoncelo* são na verdade herdadas de compositores italianos. Repleta de saltos e de pulos, a corrente era dançada em várias partes da Europa ao fim do século XVI e no começo do século XVII. O efeito é alegre e animado.

Após a corrente vem a sarabanda, o centro espiritual de cada suíte para violoncelo. A sarabanda já foi uma dança ibérica *caliente*, veloz no tempo e na paixão. Nas palavras do musicologista Peter Eliot Stone, ela começou sua carreira como uma "dança rápida, lasciva, acompanhada de cantos de letra obscena, em que os dançarinos faziam poses indecentes e os homens e as

Suíte nº 1 Sol Maior

mulheres dançavam a 'última realização do amor'". Mas, à época de Bach, a sarabanda havia sido estilizada pela corte francesa, e abrandada até tornar-se o mais lânguido dos movimentos, obra mais de pungente melancolia do que de luxuriante catarse.

O quinto movimento varia de suíte para suíte – Bach usa o minueto, a *bourrée* e a gavota, todas danças comuns nas cortes francesas. Na época de Bach, elas eram consideradas danças "modernas", ao contrário das danças dos outros movimentos das suítes, que, em 1717, em grande parte não eram mais dançadas. O minueto, por outro lado, que simbolizaria os ideais de elegância e de nobreza de Versalhes, foi dançado em grande parte do século XVIII.

Os ditos movimentos das galantarias – o minueto (nas suítes um e dois), e também a *bourrée* (nas suítes três e quatro) e a gavota (suítes cinco e seis) – são menos intensos do que os outros movimentos, mas nem por isso menos densos. Há uma melodiosidade nessas danças que frequentemente faz que elas sejam as partes mais memoráveis do todo. E há uma energia em seu passo, uma vitalidade alegre, ainda mais porque elas vêm no encalço da pensativa sarabanda.

Toda suíte termina com uma giga. Ela é o som de pontos de exclamação descontraídos, uma cantiga para cordas. A giga francesa toma seu nome da *jig* inglesa, que por sua vez foi emprestada do francês antigo *giguer*, "dançar", ou do alemão *geige*, "rabeca". Seu andamento é mais rápido do que o de todos os outros movimentos. É possível ouvir a folia despreocupada de um músico de taverna: eis aí a música; dancem-na, que talvez amanhã tenhamos outra Guerra dos Trinta Anos.

Um mês depois de ter sido jogado na cadeia do duque por ter "forçado a questão da demissão com excessiva insistência", Bach finalmente foi libertado. Um relatório do secretário da corte de

Weimar observou que, em 2 de dezembro de 1717, ele foi "libertado da prisão e notificado de sua desonrosa demissão". Bach agora estava livre para mudar de emprego, e sacudiu o pó de Weimar de suas botas, indo para a cidade de Cöthen, a pequenina capital de um território alemão governado por um jovem príncipe.

Seu novo empregador era o príncipe Leopoldo, um solteiro de 23 anos, bastante viajado e músico amador. Ainda que Cöthen fosse um pontinho no universo aristocrático, Leopoldo havia ornado sua pequenina corte com uma banda de primeira categoria, com a qual poucas se comparavam. Bach foi contratado como mestre de capela – líder da Capelle, a orquestra do príncipe.

Talvez parecesse que a ida para aquela cidade remota depois de Weimar não valesse a mudança, muito menos arriscar a própria liberdade. Cercada por uma muralha medieval e dominada pelo castelo do príncipe, Cöthen era uma corte marginal que ficava nas profundezas de uma área rural; seus detratores gozavam dela chamando-a de "Cöthen-Vaca". Mas nessa nova posição de mestre de capela, Bach havia atingido o mais alto grau na hierarquia musical cortês. Seu único superior era o príncipe Leopoldo, que ansiosamente aguardava as criações de seu valioso mestre de capela.

O próprio Leopoldo tinha estudado música na Itália e não fazia feio como cantor baixo e na viola da gamba. Ele não usava a música superficialmente, para exibir sua grandeza; ele "entendia e amava a arte", como Bach viria a escrever numa rara carta, anos depois. O príncipe, por sua vez, estava claramente enfeitiçado pelo talento de Bach.

Não demorou para que a música de Bach ecoasse dos salões iluminados por velas, com suas exuberantes harmonias vagando pelo fosso e pelos jardins minuciosamente cuidados. Aparentemente desenvolveu-se um laço de amizade incomum entre Sua Sereníssima Alteza e o mestre de música dez anos mais velho.

Leopoldo e seu mestre de capela eram provavelmente vistos na sala de música do primeiro andar, com o príncipe tocando a viola da gamba e Bach liderando num cravo em forma de asa, seus espíritos revigorados pelo estoque de conhaque e de tabaco do castelo.

A tranquilidade e o contentamento governaram a vida de Bach durante seus primeiros anos em Cöthen. O príncipe foi padrinho de Leopold Bach, sétimo filho de Maria Barbara, batizado na austera capela do palácio. Bach era um membro muito prezado da corte de Cöthen; ganhava 400 tálers, mais bônus, e dispunha de um generoso orçamento para novos instrumentos, papel de música, cópias, encadernações e para a compra de partituras. Eram convidados músicos para eventos especiais, entre os quais o famoso baixo Johann Gottfried Riemschneider; trompetistas, para tocar aquilo que ficou conhecido como *Concertos de Brandenburgo*, um alaudista e um músico estrangeiro que tocava um misterioso instrumento em forma de guitarra, que pode ter dado a Bach alguma ideia do quão longe ele poderia levar as notas em simples cordas.

A força criativa de Bach beneficiou-se da atmosfera aristocrática de menor escala de Cöthen. Com o apoio e os incentivos de seu patrono, libertado das pressões dos prazos e das demandas da igreja, muito distante das intrigas das cortes mais importantes ou das distrações das cidades maiores, o novo mestre de capela pôde voar em direções de tirar o fôlego. Mas, se parte da maior música instrumental do mundo foi resultado dos anos de Bach em Cöthen, incluindo as *Suítes para Violoncelo*, o mundo não ouviria um único compasso delas por muito tempo ainda.

Sarabanda

> *Seu movimento é sereno e solene, sugerindo a altivez espanhola, e seu timbre é grave e calmo.*
> Philipp Spitta, 1873

Na costa de Barcelona, numa praia repleta de banhistas em férias, é possível ouvir as austeras notas de um violoncelo solo. O som de Pablo Casals tocando Bach parece estranhamente fora de lugar em meio ao frescobol, aos castelos de areia e aos corpos expostos ao sol aqui no balneário espanhol de Costa Dorada. Contudo, a gravação de uma *performance* sua ao violoncelo tem mais relação com esse lugar do que com qualquer outro, a Villa Casals, um museu à beira-mar que um dia foi a casa do maior violoncelista do século XX.

Procurar o homem por trás das *Suítes para Violoncelo* significava procurar não apenas J. S. Bach, mas também o violoncelista que descobrira a música e a entregara ao mundo. No começo de minhas pesquisas, fui passar as férias de verão na Europa, a fim de aprender tudo que podia sobre Casals. O museu em San Salvador parecia o lugar natural para começar.

A Villa Casals, cercada por um muro cor de pêssego com um portão de ferro, destaca-se no desvalorizado bairro praiano de

Suíte nº 1 — Sol Maior

San Salvador. Sua fachada caiada, enfeitada com caprichosos quadrados azuis, é coberta por um telhado vermelho. Esculturas clássicas observam o Mediterrâneo de cima da balaustrada do segundo andar, atrás da casa. O pátio à beira-mar, repleto de calma meditativa, contém um jardim formal sombreado por pinheiros e palmeiras, uma piscina e uma coleção de estátuas de mármore, incluindo uma de Apolo, deus da luz, da inspiração e da música – todas abundantemente presentes na casa.

O Museu Pablo Casals tem uma estética refinada, que contrasta com o turismo de balneário que hoje o circunda. Contudo, os esforços musicais e os prazeres praianos misturavam-se com a maior facilidade para Casals. Ele gostava da areia e do mar de San Salvador, que não fica longe da aldeia catalã onde ele nasceu.

O museu é um espaço sedutor. Pode-se ver a praia e o Mediterrâneo de suas amplas janelas, mas há algo mórbido em boa parte dos conteúdos: cachimbos que ele fumava, cinzeiros que ele enchia, óculos que ele usava, a cama em que ele dormia. As relíquias colecionadas pelo próprio Casals incluem uma máscara mortuária de Beethoven talhada em pedra bruta que foi tirada do aposento em que o compositor morreu; uma folha de papel contendo alguns compassos de música rabiscados por Brahms; e, numa moldura dourada, uma madeixa dos cabelos de Mendelssohn.

Enquanto eu vagava pela casa, subitamente uma cortina levantou-se eletronicamente do outro lado da sala de jantar, abrindo o caminho para um salão pouco iluminado. O salão estava arrumado para concertos, com diversas cadeiras de estofamento escarlate, um violoncelo em exibição e um sinistro busto de Casals. Sem qualquer aviso, materializou-se um filme numa grande tela e me sentei. Casals surgiu como que do túmulo, em preto e branco, sério, sombrio, absolutamente concentrado na música a que servia de canal. Estava tocando a alemanda da primeira suíte, parecendo ao mesmo tempo um mestre zen e um advogado vitoriano: óculos redondos, olhar inamovível, a mão esquerda cartografando perigosos arquipélagos na escala, a mão direita movendo o arco como um navio, perfeitamente calmo num mar tempestuoso de notas.

Cerca de quatro quilômetros na direção do interior a partir do museu fica a pequena e empoeirada cidade catalã de Vendrell, onde Casals nasceu em 1876. Carlos, seu pai, era músico e político, qualidades facilmente absorvidas pelo filho. Musicalmente, Carlos era organista da paróquia. Politicamente, era patriota catalão, e ardente republicano.

Ser republicano na Espanha significava antes de tudo opor-se à monarquia dos Bourbon, cujo sangue azul vinha de Luís XIV, da França. Madri havia aprendido suas lições de realeza diretamente com a corte de Versalhes. Mais ou menos na mesma época em que Bach estava compondo as suítes para violoncelo, Filipe de Anjou, o primeiro rei espanhol da casa de Bourbon, neto de Luís XIV, abolia a autonomia catalã. Uma província inflexivelmente individualista como a Catalunha só tinha a perder com o governo centralizador da Coroa espanhola. Madri havia criminalizado o direito penal catalão, a cunhagem de moedas e os tribunais, e até o direito de falar catalão nas escolas.

Para um patriota catalão como Carlos Casals, o republicanismo fazia todo sentido. Ele sonhava com uma república que não existia: uma Espanha federalista composta de estados semi-independentes. A Espanha já havia conhecido uma república – a Primeira República –, mas ela só durou alguns meses em 1873, antes da irrupção de uma revolta pró-monarquia. Carlos Casals fugiu para as montanhas com um pequeno bando de republicanos para proteger sua aldeia da ameaça real. Mas seus esforços foram em vão. Ele havia arriscado sua vida por uma causa que foi derrotada, e os generais espanhóis colocaram a monarquia de volta no poder. Dois anos depois, nascia Pablo.

Suíte nº 1   Sol Maior

Quando Pablo veio ao mundo, em 29 de dezembro – perigosamente, com o cordão umbilical enroscado no pescoço – a República era coisa do passado. O jovem Alfonso XII estava no trono e a autonomia catalã estava condenada. O nacionalismo catalão veio para Pablo tão naturalmente quanto seu talento musical.

O primeiro professor de música de Pablo foi seu pai, que o ensinou a tocar piano, violino, flauta e – assim que seus pés conseguiam alcançar os pedais – órgão. Ele aprendeu os instrumentos rapidamente, e conseguia tocar uma melodia antes de formar uma frase. Quando, aos oito anos, ouviu alguns músicos itinerantes numa apresentação de rua, ficou boquiaberto com um instrumento de uma única corda, feito com um cabo de vassoura torcido. Carlos, com a ajuda de um barbeiro local, fez um agrado a Pablo construindo um instrumento a partir de uma cabaça escavada, acrescentando-lhe uma corda, uma voluta e uma escala. Foi nesse rude instrumento que Pablo tocou na festa de um santo, uma noite, num claustro em ruínas do século XII, de algum modo tirando música da cabaça ao luar.

Alguns anos depois, Pablo deparou com seu primeiro violoncelo de verdade quando um trio de câmara de Barcelona tocou no centro católico da aldeia. A partir do momento em que ele ouviu as primeiras notas, o futuro virtuose teve uma sensação avassaladora, e mal conseguia respirar por causa da terna beleza de seu som. "Pai, o senhor está vendo aquele instrumento?", disse. "Eu gostaria de tocá-lo." Carlos conseguiu achar um violoncelo de tamanho adequado para Pablo, mas ele realmente preferia que seu filho virasse carpinteiro.

Se foi do pai que Pablo recebeu seu talento para a música, o ímpeto para ter sucesso como músico veio de sua mãe, Doña Pilar, que decidiu levar o talentoso menino para além dos horizontes provincianos de Vendrell. A própria Doña Pilar não se sentia muito bem na aldeia, e talvez estivesse louca para mudar de paisagem. Os pais dela haviam trocado Barcelona na década de 1840 por Cuba e Porto Rico, onde ela nascera. Mas, após o pai e o irmão de sua mãe cometerem suicídio, a mãe de Pilar voltou para a Catalunha com seus dois filhos.

Pilar era uma mulher claramente independente, de porte majestoso e cabelo longo e escuro amarrado elegantemente em duas tranças em volta da cabeça. Quando suas aulas de música com o belo organista da igreja passaram por uma reviravolta romântica, ela se casou com Carlos. Mas ela viria a enfrentar muita dor física e emocional, perdendo oito filhos por morte prematura. Pablo era o mais velho, intensamente querido a seu coração.

Contra as objeções de seu marido, Pilar conseguiu que o garoto de onze anos fosse matriculado na Escola Municipal de Música de Barcelona. Em 1888, ela se mudou para Barcelona com Pablo. Carlos, infeliz com esse arranjo, ficou para trás para ganhar a vida em Vendrell. Pablo desenvolveu-se em Barcelona, tirando as melhores notas e progredindo rapidamente no violoncelo. Logo ele arrumou um emprego num café como parte de um trio para ajudar a pagar seus estudos. E em poucos anos ele descobriria algo que tomaria seu coração e alteraria o curso da história da música.

Minueto

> *Essa imponente dança andante foi a dança social mais comum e difundida nas cortes europeias até o fim do século XVIII.*
>
> The Cello Suites (Bärenreiter Edition, 2000)

Foi uma caminhada sem compromisso pelas ruas de Barcelona, passando pelos monumentos heroicos e pelos quiosques de flores, pelos arcos góticos e pelos cafés elegantes, que tirou da obscuridade a maior obra para violoncelo do mundo. Para conceber a cena, que aconteceu numa tarde de 1890, temos de imaginar Pablo e seu pai andando pela Rambla, a avenida mais celebrada da cidade, sombreada por plátanos, com fileiras de mansões neoclássicas, e repleta de mercados que vendem flores, produtos da região e pássaros em gaiolas.

Aos treze anos, Pablo era baixinho para a idade, menor até do que o violoncelo que carregava, tinha um cabelo preto cortado bem rente, penetrantes olhos azuis e uma expressão séria que não combinava com sua juventude. Seu pai, vindo de Vendrell visitá-lo, tinha poucas horas para passar com o jovem violoncelista, que estava ganhando fama na cidade grande – ele era chamado de *el nen*, "o garoto". Pablo, que preferia o nome catalão de Pau, trabalhava sete noites por semana num trio no Café Tost, bastante conhecido por seu café e por seus espessos chocolates quentes. Mais cedo naquele dia Carlos havia comprado para Pablo seu primeiro violoncelo de tamanho adulto, e ambos estavam de olho em partituras que o garoto pudesse usar em seus recitais no Café.

Eles caminhavam nas redondezas do monumento a Colombo, que chegava a 62 metros de altura acima dos 8 leões de bronze em sua base. Tratava-se de um Colombo intensamente orgulhoso, que agarrava um pergaminho com uma mão e apontava para o Mediterrâneo com a outra, como que sugerindo futuras descobertas. Em algum momento Pablo e seu pai deixariam os pássaros cantores da Rambla e entrariam no labirinto de ruas recurvadas e estreitas perto do mar. As varandas de ferro estavam ornadas com roupas lavadas e flores. Aqui e ali uma gárgula de pedra soltava um grito mudo. Era possível sentir o suave aroma do mar.

Pai e filho andaram pelas ruas abarrotadas passando por um sebo atrás do outro, à caça de música para violoncelo. No Carrer Ample, eles entraram em outra loja de música. Fuçando os bolorentos maços de partituras, apareceram algumas sonatas de Beethoven para violoncelo. Mas o que é isso? Uma capa cor de tabaco com uma inscrição em luxuosas letras pretas: *Seis Sonatas ou Suítes para Violoncelo Solo por Johann Sebastian Bach*. Será que aquilo era o que parecia ser? O imortal Bach havia composto uma obra só para o violoncelo?[4]

A partitura foi comprada. Pablo não conseguia tirar os olhos das páginas, a começar pelo primeiro movimento, o prelúdio de tudo. No caminho para casa, ele passava pelas ruas tortuosas ao

---

[4] A edição que Casals encontrou trazia o título em francês: *Six Sonates ou Suites pour Violoncello Seul*.

Suíte nº 1   Sol Maior

ritmo de uma música que ia tomando forma em sua imaginação, e a sensual matemática da partitura o preenchia dos pés à cabeça.

Ele ouvia aquele primeiro prelúdio como uma consideração de abertura, uma improvisação, um passeio descontraído que se encerra num momento feliz. O cenário é preparado para tudo que se segue: estrutura, personagem, narrativa. A cadência confortável ondeia até passagens mais intricadas. O solilóquio barítono cresce em intensidade, solidificando-se, ganhando forças, subindo a grandes alturas, de onde um vasto panorama se revela. Pausa para um compasso. Aumenta a aposta. É preciso fazer força. No devido tempo, uma conclusão satisfatória.

Pablo olhou outra vez para a partitura. Ele a praticaria todos os dias por doze anos antes de ter coragem de tocar as suítes em público.

Pablo Casals foi descoberto não muito depois de ter encontrado as suítes de Bach. O grande pianista espanhol Isaac Albéniz ouviu por acaso o jovem violoncelista tocar em La Pajarera, uma boate da moda de Barcelona, cuja decoração lembrava uma gaiola. Albéniz, fumando o longo charuto que era sua marca registrada, tentou convencer Doña Pilar a deixá-lo cuidar do adolescente e levá-lo para Londres, onde ele teria aulas de verdade. Mas Doña Pilar, que naquela época ia a todas as apresentações de Pablo, sentada em sua mesa de sempre com uma xícara de café, não ia mandar assim o garoto sozinho embora para o mundo. Ela recusou. Mas aceitou a oferta de Albéniz de escrever uma carta de apresentação ao conde Guillermo de Morphy, principal conselheiro da rainha regente da Espanha.

Dois anos depois, após Pablo ter concluído seus estudos na Escola Municipal de Música e de ter vencido grandes prêmios, a carta finalmente foi usada. Àquela altura, Carlos tinha se mudado para Barcelona para ficar com a família, que já incluía outros dois garotos. Ele continuava contrário à carreira de músico de Pablo e, como sempre, foi voto vencido. Carlos voltou para Vendrell, e o resto de sua família fez a viagem para a distante Madri num frio vagão de terceira classe.

Imediatamente após sua chegada, a família Casals foi à casa do conde de Morphy e apresentou a carta ao mordomo. Pablo e sua família foram levados a uma elegante sala de estar, onde foram calorosamente recebidos pelo conde. Após ler a carta de apresentação de Albéniz, o conde pediu a Pablo que tocasse seu violoncelo. Foi conquistado imediatamente. Logo Pablo estava recebendo instruções sobre como portar-se na presença da realeza. Primeiro ele impressionou a cunhada da rainha ("Você tinha razão. Ele é maravilhoso"). Depois foi convocado ao palácio para tocar para a rainha María Cristina, e, assim que tirou o arco das cordas, o músico de Café de dezesseis anos recebeu o maior patrocínio do país. A pequena família recebeu uma mesada para ajudar na educação de Pablo. Houve aulas de música, mas, àquela altura, não havia ninguém em Madri que pudesse ensinar a Pablo alguma coisa sobre o violoncelo.

Pablo virou atração fixa no palácio. Havia sessões semanais com a rainha regente em seus aposentos privados. Ele tocava o violoncelo, arriscando suas composições; ambos juntavam forças para duetos ao piano, quase sempre Mozart a quatro mãos; e Pablo brincava de soldadinhos de chumbo com Alfonso, o futuro rei de sete anos. "Sua Alteza Real gosta de música?", perguntou Pablo uma vez ao garoto. "Gosto", foi a resposta, "gosto sim. Mas o que eu quero mesmo é ganhar algumas armas".

Dezoito meses se passaram, e Pablo, agora com dezessete anos, estava plenamente formado como violoncelista virtuose. No outono de 1894 ele fez alguns concertos nas províncias com um conjunto de câmara. Em Santiago de Compostela, uma resenha

Suíte nº 1 Sol Maior

elogiava ao máximo "um violoncelista de tanto mérito que, ao ouvi-lo tocar, tem-se a vontade de examinar o instrumento para ver se há nele algum ninho de espíritos encarregados de produzir aquele jorro artístico". Não menos efusivo era o redator de outro jornal, *El Alcance*:

> Seu arco, às vezes doce como uma voz celestial, às vezes vibrante e robusto, produz uma combinação tão sonorosa de vozes e de timbres que parece que o corpo de seu violoncelo é o segredo mágico de harmonias sublimes caprichosamente transformadas pelo contato daquela mão [...] a musa mais inspirada, a intuição mais artística [...] seu violoncelo parece falar, gemer, sussurrar [...] exalar suspiros e cantar [...]

Àquela altura, Pablo era reconhecido como o mais impressionante talento musical de toda a Espanha. Mas ele não se impressionava com aquilo que considerava as "aparências e pretensões" da corte. E a política, não pela última vez, entrou em conflito com seu violoncelo. O conde de Morphy queria transformar Pablo no compositor que libertaria as plateias espanholas da febre da ópera italiana. Havia projetos da realeza para que seu violoncelo fosse patrioticamente alistado para criar uma grande ópera espanhola. A rainha queria que ele se juntasse à *chapelle* real (ou Capelle, como Bach a teria chamado). Mas Pablo e sua mãe seguiram seus próprios interesses. Ele não se tornaria um compositor da corte; em vez disso, ele se concentraria em tocar o violoncelo.

Assim que Pablo e sua mãe decidiram que seu futuro era como violoncelista, e não como instrumento patriótico da corte espanhola, a família deixou Madri e nunca mais voltou. Em 1895, após terem passado o verão à beira-mar em San Salvador, Pablo, Doña Pilar e seus dois outros filhos, Enrique e Luis (sem Carlos, que, como sempre, preferiu ficar), foram para Bruxelas. O conde de Morphy, sequioso de manter o máximo de controle real possível sobre o jovem violoncelista, conseguiu que Pablo entrasse no Conservatório de Bruxelas em troca de uma mesada real de 250 pesetas.

Doña Pilar alugou uma *pension* barata e Pablo logo saiu para o prédio rococó do conservatório. O primeiro dia de aulas não foi muito bem. Numa turma repleta de alunos francófonos, que usavam seus cabelos na altura dos ombros, como era moda, e trajavam jaquetas de veludo e echarpes de seda, Pablo parecia dolorosamente deslocado. Ele não tinha muito mais do que um metro e meio, cabelo curto, usava um paletó liso, e seu francês era fraco. Após o professor, o estimado violoncelista Edouard Jacobs, tê-lo ignorado a maior parte do dia, finalmente foram feitas algumas observações sobre "o pequeno espanhol" em seu meio. Jacobs perguntou-lhe o que ele gostaria de tocar. "Qualquer coisa que o senhor quiser", respondeu Pablo, sem a intenção de ser arrogante. Mas sua resposta provocou risadinhas dos colegas, e o sarcasmo de Jacobs.

Jacobs então pediu que Pablo tocasse *Souvenir de Spa*, uma peça repleta de difíceis pirotecnias. Ele a conhecia bem, pois a tinha tocado na Espanha no ano anterior. Despejou toda a sua fúria na música, e, quando tudo acabou, houve silêncio total. Jacobs rapidamente inverteu sua atitude, derramando-se em elogios ao "pequeno espanhol", pedindo que ele o acompanhasse a um escritório ao lado, e prometendo-lhe o primeiro prêmio na competição anual. Mas era tarde demais. Pablo, zangado com a maneira como fora tratado, recusou a oferta e foi embora.

Em poucos dias a família Casals estava num trem rumo a Paris. A capital francesa parecia ser mais promissora do que uma sala de aula naquele momento da carreira de Pablo. Ele foi contratado por uma sala de concertos de segunda categoria na Champs-Élysées. Doña Pilar começou a costurar enquanto cuidava dos dois garotos em seu casebre alugado. Mas Pablo foi obrigado a deixar o emprego após adoecer com disenteria e gastroenterite. Sua mãe um dia voltou para casa sem cabelo após tê-lo vendido por alguns francos para um fabricante de perucas. Deixar Bruxelas significava que Pablo ficava sem o dinheiro da Coroa espanhola, e a família estava à beira do desespero. Doña Pilar mandou um telegrama para Carlos, que mandou dinheiro para que a família voltasse para casa.

De volta à Espanha, as coisas melhoraram rapidamente. Após um necessário período de férias em San Salvador, Pablo acabou se beneficiando de um escândalo envolvendo seu antigo professor de violoncelo e uma mulher casada. O professor fugiu de Barcelona e Pablo assumiu seu cargo na melhor escola de música da cidade. Ele rapidamente se adaptou à rotina de um violoncelista profissional, tornando-se o principal violoncelista do Grande Teatro Liceo, membro de conjuntos nacionais de câmara, e solista estrela em concertos pelo país todo – uma "glória nacional", nas palavras de um jornal.

Houve também viagens a Madri para um comovente reencontro com o conde de Morphy, que não guardava rancores. Também não os guardava a rainha regente, que deu a Casals uma pequena safira para que fosse lembrada, assim como os fundos para comprar seu primeiro violoncelo sério, um Gagliano. Ele deixou crescer um bigode, deixou o cabelo ficar mais comprido e mandou incrustar a safira em seu arco.

A Barcelona do fim do século, com seus cafés animados, sua arquitetura modernista e sua animada vida de rua, sem dúvida tinha seus encantos para um jovem músico. "Os barcelonenses", observava um antigo guia *Baedeker* da Espanha, "combinam a vivacidade do gaulês com a dignidade do castelhano, enquanto sua apreciação da música recorda o teutônico. Em cidade nenhuma da Península Ibérica corre uma maré de vida mais alegre e vigorosa; e nenhuma deixa uma impressão tão cosmopolita".

As Suítes para Violoncelo ♪ Eric Siblin

A atmosfera política e econômica na Catalunha, porém, piorou muito durante a década de 1890. Barcelona mesma sofria as convulsões da violência política. Havia divisões sociais, novas ideologias, as bombas dos anarquistas, como aquela famosa, que explodiu no Grande Teatro Liceo e matou 24 pessoas. A situação piorou ainda mais após a patética derrota das forças armadas espanholas na guerra hispano-americana de 1898, que custou ao país seus resquícios imperiais: Cuba, as Filipinas e Porto Rico. Casals nunca esqueceria o espectro dos soldados espanhóis, magros e famintos, cujos equipamentos e alimentos haviam sido vendidos por oficiais corruptos durante a guerra, desembarcando no porto de Barcelona como fantasmas.

É difícil exagerar o atraso da Espanha ao final do século XIX, quando um rapaz de dezesseis anos estava prestes a se tornar rei. A corrupção política e econômica era endêmica. A expectativa de vida era de 35 anos, a mesma da época em que Cristóvão Colombo partiu para os mares. A taxa de analfabetismo estava em cerca de 64%. Na primeira década do novo século, mais de meio milhão de espanhóis, de uma população de 18,5 milhões, emigraria para o Novo Mundo.

Em 1899, aos 22 anos, Casals não via futuro na Espanha. Partiu novamente para Paris, mas sem sua mãe e sem o apoio da Coroa espanhola – e dessa vez em busca de uma carreira internacional. Ele era um solista do violoncelo, já o melhor violoncelista da Europa, ainda que ninguém soubesse disso por enquanto.

Após chegar a Paris, Casals entrou em contato com a soprano norte-americana Emma Nevada, que ele conhecia de suas frequentes apresentações em Madri. Nevada estava a caminho de Londres, onde faria dois recitais, e convidou Casals para ir junto. Ela conseguiu que sua estreia em Londres fosse num concerto no Palácio de Cristal, que rendeu resenhas positivas e convites para tocar em recitais privados nas casas de ricos amantes da música.

Suíte nº 1 🎵 Sol Maior

Um desses contatos levou ao degrau mais alto da escada social: um convite para tocar para a rainha Vitória. Regente do império britânico desde 1837, Vitória apreciava a música, e numa famosa ocasião, cinquenta anos antes, havia cantado como contralto acompanhada por Felix Mendelssohn, em visita. No recital real de Casals, que aconteceu na Ilha de Wight, um servo indiano, de turbante, colocou um banquinho sob os pés da monarca de oitenta anos, que então ergueu a roliça mão para marcar que a música devia começar. Vitória escreveu em seu diário naquela noite: "um rapaz muito modesto, educado pela rainha da Espanha [...] Ele tem um timbre esplêndido, e toca com grande destreza e emoção".

Após voltar a Paris, Casals procurou Charles Lamoureux, o maior maestro da França. Ele levava consigo uma carta de recomendação do conde de Morphy, mas o maestro francês, famoso por seu mau humor e sofrendo de reumatismo, limitou-se a ficar irritado com a intrusão. Contudo, Lamoureux, contrariado, leu a carta do conde e pediu a Casals que voltasse no dia seguinte para uma audição.

No dia seguinte, Casals tocou o primeiro movimento do *Concerto para Violoncelo em Ré Menor* de Édouard Lalo. O desinteresse de Lamoureux desfez-se após alguns compassos; o maestro enfermo levantou-se enquanto Casals ainda estava tocando, e caminhou com dificuldade até o violoncelista. Quando o primeiro movimento acabou, ele abraçou Pablo, com lágrimas nos olhos, dizendo: "*Mon petit*, és um dos predestinados".[5]

Em poucas semanas Lamoureux havia preparado a estreia de Casals em Paris. Ele se juntou à orquestra de Lamoureux para sua *performance* de *Tristan*, e depois ganhou o centro das atenções

---

[5] Não foi por acidente que Lamoureux usou a mesma palavra francesa (*predestiné*) que Schumann celebremente usou para descrever o jovem Brahms.

no concerto de Lalo. *Le Temps* elogiou o violoncelista por "um som encantador e um belo virtuosismo". Um mês depois, Casals tocou o concerto para violoncelo de Saint-Saëns. A plateia irrompeu em aplausos, e Lamoureux abraçou o violoncelista. Para Casals, foi o começo de uma carreira internacional. "Quase do dia para a noite, após meus concertos com Lamoureux, fui amplamente reconhecido", recordaria ele depois. "Fui assaltado por convites para tocar em concertos e em recitais. Subitamente todas as portas estavam abertas para mim."

Giga

Conclui a suíte numa atmosfera de otimismo e de alegria.

Dimitri Markevitch

Chovia e estava escuro do lado de fora do restaurante em Montreal quando pedi a conta à garçonete, explicando a minha pressa para chegar a uma apresentação às vinte horas. "U2?", perguntou ela. Praticamente todo mundo com menos de cinquenta anos sabia que a banda de rock irlandesa ia tocar no Bell Centre naquela noite. Poucos estavam cientes de que o primeiro Festival de Bach anual também estava acontecendo. Um concerto de gala iria acontecer numa igreja presbiteriana no centro. O programa parecia uma lista de grandes sucessos: uma suíte para violoncelo, um concerto de Brandenburgo, um trecho da *Paixão segundo São Mateus*, suíte orquestral, incluindo a *Ária na Corda Sol*, algumas cantatas, e uma "nova" ária de Bach, recentemente descoberta numa caixa de sapatos.

O U2, que toca desde 1976, estava mostrando seu novo material e alguns clássicos. Mas será que a obra da banda de rock será tocada daqui a alguns séculos? E será que os estudiosos da música vão vasculhar antigas caixas de sapato em busca de composições perdidas do U2? É bastante possível. Também se imagina que Bach vá permanecer uma das principais figuras da música, mas há um limite para o tempo que a posteridade vai poder dar à música.

O concerto do U2 atraiu mais de 20 mil fãs nas duas noites, e provavelmente a banda atrairia multidões se houvesse mais shows. Dentro da Igreja de Santo André e São Paulo, local do concerto de Bach, não mais do que 250 pessoas estavam sentadas em silêncio nos bancos. A plateia, como de costume na música clássica, era composta basicamente de pessoas mais velhas e de estudantes de música. As pessoas estudavam os programas como se estivessem se preparando para uma prova.

Há uma cortina de pomposidade em torno dos concertos de música clássica. Ninguém acha que tem o direito de falar; limpar a garganta, só entre os movimentos, quando, aliás, não se deve nem aplaudir – somos forçados a ficar sentadinhos sobre as mãos até a obra inteira terminar. Nem sempre as coisas foram assim tão reguladas. Até mais ou menos cinquenta anos atrás as plateias aplaudiam depois de cada movimento. E por que a plateia não poderia soltar seus bravos! ou recompensar um solo instrumental fantástico em tempo real? À época de Bach não havia essa reverência toda. A plateia – talvez não numa igreja, mas certamente em lugares como o Café Zimmerman em Leipzig, onde ele tocou muitas de suas obras – bebia, fumava, circulava, conversava e, às vezes, reclamava porque Bach estava perdido em mais uma de suas convolutas fugas tangentes, ou irrompia em aplausos ao ver seus dedos velocíssimos num solo.

A única maneira de tirar a música clássica do museu é parar de tocá-la num museu. Foi isso que disse recentemente Matt Haimovitz, violoncelista aventureiro, que fez uma turnê por bares, pizzarias e estabelecimentos de beira de estrada com as *Suítes para Violoncelo*. "As pessoas iam reagindo à música enquanto eu tocava", disse Haimovitz à rádio CBC,

> e se elas realmente gostassem de alguma coisa, ou ficassem impressionadas, elas gritavam, assoviavam ou suspiravam, e mesmo assim a atenção delas estava completamente fixa na música. No começo eu ficava meio desnorteado, porque estou acostumado a esperar até o fim da obra por alguma reação, mas ter reações imediatas como aquelas era extraordinário, e na minha opinião isso combina com aquelas obras – o certo é elas fazerem você rir, chorar e tudo mais.

A organização dos concertos clássicos terá de seguir o programa do século XXI – tirar a cabeça dos ouvintes dos programas e trazer alguma descontração a um rígido ritual auditivo – para que os fãs mais jovens de música algum dia misturem Bach com Bono, Beck e Björk em suas *playlists* digitais.

Nesse ínterim, dentro da igreja presbiteriana, o concerto de gala do Festival de Bach começou com um solo de violoncelo. Phoebe Carrai, uma famosa violoncelista moradora de Boston, com um ninho de cabelos frisados, iniciou a Suíte nº 3 em alta velocidade. A grande escala descendente do prelúdio foi um borrão bachiano que merecia uma multa por excesso de velocidade. Houve alguns detalhes interessantes – as gordas paradas duplas da sarabanda, a descontração da *bourrée*, e os *riffs* de guitarra *à la* Led Zeppelin da giga – mas, a 23 filas de distância, o violoncelo soava um tanto abafado. A maior parte do crédito cabia ao compositor.

Em seguida, um conjunto barroco tomou seus lugares para dar apoio ao contratenor Daniel Taylor, ali da cidade. A obra foi a famosa área "Erbarme Dich", da *Paixão segundo São Mateus*. Foi de causar arrepios, uma joia de melodia coberta por uma camada aveludada de órgão e de cordas. Para apreciá-la não era preciso pensar em Jesus, ainda que o vitral acima dos músicos retratasse um Cristo benevolente de braços abertos. Em vez disso, contemplei o funeral do príncipe Leopoldo, e como Bach retrabalhou essa música tão espiritual para homenagear seu príncipe falecido e oferecê-la como hino fúnebre a uma corte em luto. As bandeiras que ladeavam as paredes de pedra da igreja pareciam castigadas pelo clima, como estandartes medievais que haviam sido levados para a batalha.

Em outra parte da cidade, Bono talvez estivesse cantando "Sunday, Bloody Sunday", talvez balançando alguma bandeira irlandesa jogada no palco. Foi isso que aconteceu quando resenhei o show deles em 1997 para a *Gazette*. Foi uma das primeiras resenhas de shows que escrevi para aquele jornal diário, o que significava sair do show na metade e digitar furiosamente num *laptop* em alguma sala de imprensa no alto do cavernoso Estádio Olímpico. Começava assim minha resenha:

> Tirando a parafernália *hi-tech*, o som abafado e as duvidosas canções novas, um show de rock da melhor estirpe lutava para ser ouvido na superprodução do U2 no Estádio Olímpico noite passada. Ignore o imenso arco McDonaldesco, tente não olhar a maior TV de alta definição do mundo despejando animações computadorizadas, e fuja da gigantesca azeitona em cima de um palito de trinta metros... Mas quem conseguiria? Por baixo disso tudo, em algum lugar, estava o U2. Para aqueles entre os 52 mil fãs que queriam ver mais do que quatro músicos liliputianos fazendo imensos ruídos no Estádio Olímpico domingo à noite, a tecnologia tornou tudo exagerado demais. (As cartas dos fãs raivosos começaram a chegar logo após a publicação.)

Pouco há de parafernália ou de tecnologia no recital de Bach mais comum. O interior da igreja no Festival de Bach era

Suíte nº 1 　 Sol Maior

austero. Em meio às pesadas paredes de pedra e à escura madeira dos bancos, os músicos trocaram de posição no palco para uma das obras. Os homens estavam de *smoking*, as mulheres, de vestido preto formal. Os instrumentistas tomaram seus lugares, conferiram suas partituras e emitiram um zumbir de notas, passando primeiro dos registros graves do violoncelo e do baixo para os violinos e depois para os sopros, como num jogo de pega-pega sonoro, até que todos os instrumentos estivessem em sintonia. (Os guinchos do afinamento sempre me cativam.) Depois os cantores postaram-se formalmente no palco, costas eretas, segurando livros escuros que continham o texto alemão, cujo conteúdo normalmente é mais fácil de apreciar quando não se conhece o idioma.

O concerto também teve a *première* de "Alles mit Gott", a ária na grafia de Bach que havia sido descoberta poucos meses antes numa caixa de sapatos. A encantadora música para soprano e cravo foi composta em Weimar para o duque Wilhelm Ernst, o mesmo duque que o jogou na cadeia alguns anos depois. O manuscrito, escrito na tortuosa caligrafia de Bach, estava guardado na caixa de sapatos com outros poemas e cartas escritos para celebrar os 52 anos do duque em 1713. A biblioteca de Weimar, onde a música ficou guardada por três séculos, havia sido recentemente destruída por um incêndio; por sorte, a caixa que continha a ária foi removida antes.

A ária soou imediatamente familiar e doce na apresentação. A soprano Dominique Labelle fez jus à contagiante melodia vocal. Após cada estrofe do poema, as cordas cresciam com entusiasmo, lideradas pela violinista Cynthia Roberts, balançando de um jeito sinuoso e *sexy* que materializava o ritmo de Bach. Enquanto isso, a violoncelista Phoebe Carrai, com óculos de vovó empoleirados no nariz, concentrava-se atentamente na partitura enquanto provia o suporte grave da obra. Era como se ela estivesse outra vez tocando a suíte para violoncelo, mas apenas algumas frases, estendidas *ad infinitum* para sustentar essa bela cantiga. A ária não é uma das grandes obras. Esticada ao máximo, dura apenas cerca de dez minutos. Não há nada da sofisticada complexidade de contrapontos que virou a marca registrada de Bach; no lugar disso há algo de escala mais humana e mais íntima. Uma bela melodia que ficou presa numa caixa de sapatos por quase três séculos havia sido libertada novamente no mundo. Era difícil não imaginar que outros tesouros de Bach não estariam definhando guardados por aí.

Suite nº 2
(Ré Menor)

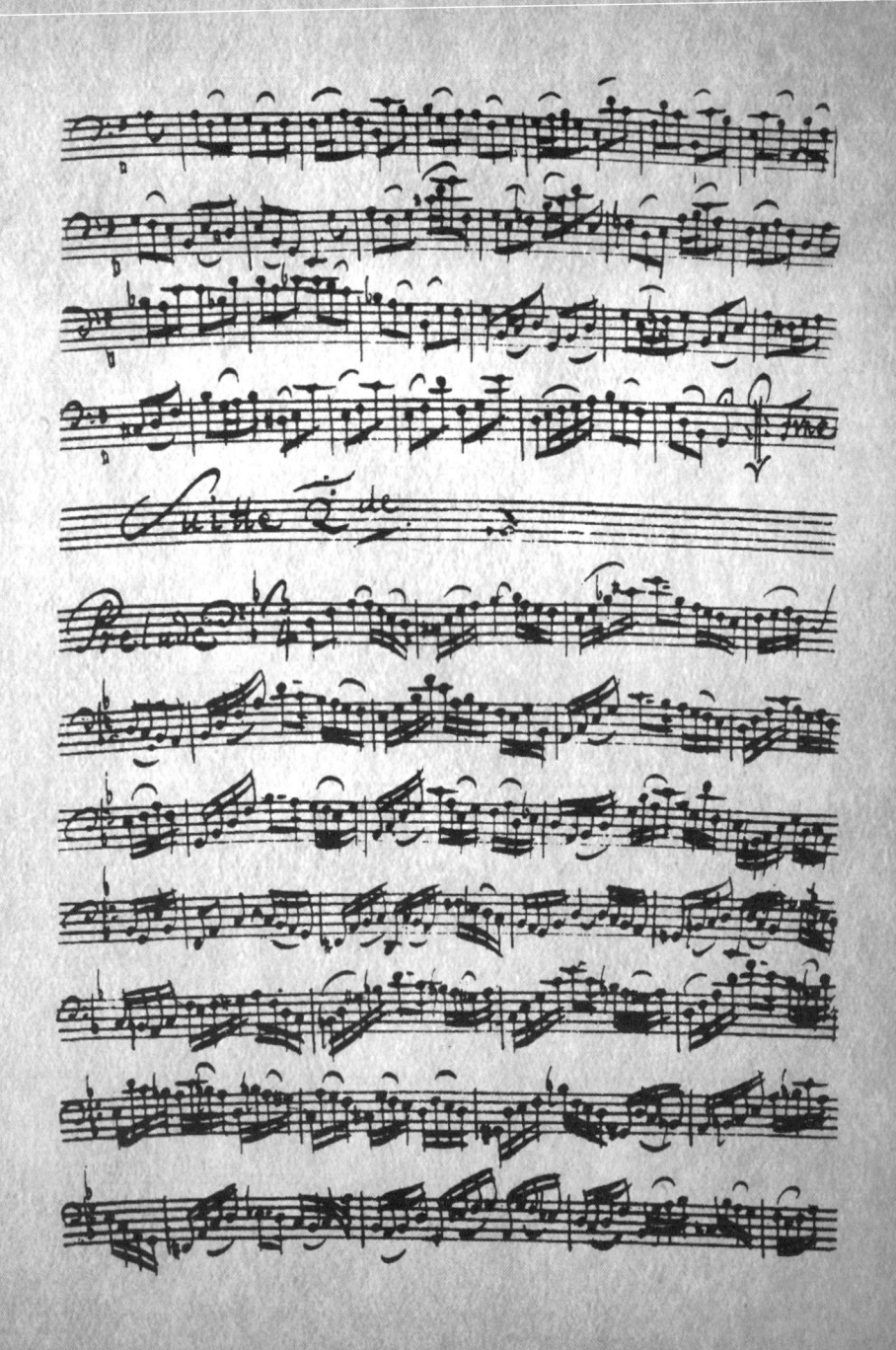
Fine
Suitte 2de
Prelude

Prelúdio

> *Será que, numa rara exceção, deve-se colocar algo mais aqui? Acrescentar algumas notas num texto em que o compositor, de modo geral, está tão claramente usando o mínimo possível?*
>
> Anner Bylsma, *Bach, The Fencing Master*

Três notas estabelecem uma tristeza dilacerante. Há um leve tremor no braço do instrumento, o arco vem trazer notícias duras. O violoncelo, cambaleando ao primeiro toque, recupera seu equilíbrio e conta uma história dolorosa. Após a exuberância da primeira suíte, o tom é outro. A tonalidade é menor; as três notas, uma trágica tríade. Os timbres se aproximam cada vez mais de uma visão devastadora, e, como aranhas a tecer, coletam incansavelmente o som em círculos concêntricos cada vez menores, subitamente interrompidos. Nada preenche o ar vazio. Uma pequenina prece é pronunciada.

Em maio de 1720, Bach e alguns músicos da orquestra da corte acompanharam o príncipe Leopoldo numa viagem às águas do spa de Carlsbad, onde a aristocracia elegante passava os verões, acompanhada de suas comitivas. Carlsbad ficava na Boêmia, mais ao sul do que Bach jamais se aventurara. Suas fontes medicinais, populares desde o século XIV, haviam ficado na moda como local de férias aristocrático após o recém-coroado sacro imperador romano Carlos VI, em 1711, começar a fazer visitas regulares de Viena àquilo que ficou conhecido como o "spa imperial".

Quando o príncipe Leopoldo e Bach fizeram sua visita, o spa estava animado, com a presença da nobreza de Moscou e de Veneza. Os cassinos estavam a toda. Aristocratas de corpos frágeis debatiam as diversas curas das fontes de águas. Havia apresentações musicais e teatrais. Com servos carregando o novo cravo de Leopoldo, Bach e seus cinco colegas de Cöthen deviam estar à vontade. Os principais membros da Capelle haviam sido empregados pelo rei da Prússia até 1713 e sentiam-se confortáveis em elevadas situações aristocráticas. A cidade rural de Cöthen representava uma queda provinciana em relação a Berlim, e Carlsbad deve ter trazido um bem-vindo cosmopolitismo. Os músicos provavelmente trocaram histórias a respeito dos pecadilhos da nobreza; a competição era observada (outros príncipes haviam arrastado suas comitivas), e possíveis empregadores contemplados.

Para Leopoldo, seus músicos ofereciam entretenimento particular ao mesmo tempo que ele exibia a sofisticação de sua corte em miniatura. A grande joia do mostruário de Leopoldo era seu mestre de capela. Então com 35 anos, Bach já tinha algumas composições brilhantes, especialmente algumas obras profanas instrumentais trabalhadas em Cöthen. Ele havia escrito uma razoável quantidade de obras nada convencionais para as cordas de tripa de um violoncelo. Que melhor local do que Carlsbad para uma primeira apresentação de uma suíte para violoncelo? Esse tipo de música era extremamente portátil, demandando apenas um instrumento. Um dos músicos da corte de Cöthen – Christian Bernhard Linigke, violoncelista, ou talvez o

Suíte nº 2 — Ré Menor

gambista e violoncelista Christian Ferdinand Abel – podem ter ensaiado a obra para o príncipe e seus convidados.

Após mais de um mês na cidade do spa, Leopoldo e os músicos da sua corte voltaram para Cöthen. Durante a jornada para casa, os pensamentos de Bach se voltariam para sua esposa, Maria Barbara, e seus quatro filhinhos. Mas pouco depois de os viajantes chegarem ao castelo do príncipe e de Bach aproximar-se de sua casa perto das muralhas medievais, surgiu um pressentimento. Quando ele chegou em casa, Maria Barbara não estava em parte alguma. Quem foi que revelou a devastadora notícia quando ele entrou pela porta? Terá sido Dorothea, de doze anos? William Friedemann, seu irmão mais novo? Ou algum parente que estava tomando conta das crianças?

Maria Barbara havia morrido. A notícia do enterro no registro de óbitos de Cöthen, uma das poucas menções que restaram da presença de Bach naquela cidade, era sucinta: "A 7 de julho, a esposa do Sr. Johann Sebastian Bach, Mestre de Capela de Sua Alteza, o Príncipe, foi enterrada".

Quase se consegue escutar a cena nesse movimento. O temor do começo desse prelúdio em tom menor segue-se a uma suíte inicial – uma vida inteira – de alegria. Os últimos compassos do prelúdio poderiam perfeitamente representar Bach entrando em sua casa, com o coração acelerado, a expectativa se transformando em pânico. O que aconteceu? Onde está ela? E então uma criancinha, uma sombra do antigo eu impetuoso dele ou dela – pequena, sozinha, uma corda arrebentada. Ela nunca mais vai ver a mãe.

O ouvinte é forçado a imaginar o que está acontecendo. Há pistas, lacunas, afirmações pela metade e linhas fragmentadas nas *Suítes para Violoncelo*. Isso vem do próprio violoncelo, que é um instrumento melódico, melódico porque de modo geral não é possível tocar mais do que duas cordas ao mesmo tempo. Isso limita quanta harmonia – o toque simultâneo de notas diferentes – se pode tirar dele. A melodia – notas sucessivas tiradas numa linha do tempo horizontal – se move direto para a frente cronologicamente. Mas a harmonia é um empilhamento vertical de notas.

A harmonia era a especialidade de Bach. No ápice de sua harmonia estava a polifonia, o trançar de duas ou mais linhas musicais que cria um todo maior ao mesmo tempo que preserva sua distinção. Como, então, Bach consegue fazer harmonia com apenas um violoncelo? Como ele compõe para uma situação em que ele não pode empilhar as notas verticalmente e fazer a polifonia que é sua marca registrada? Ele faz isso criando uma "harmonia subentendida". Ele a sugere, aponta para ela, planta a semente da harmonia. Ele remove todas as notas que pode para que da polifonia, despojada, não reste mais do que o essencial, deixando o ouvinte preencher as lacunas. Ele alterna fragmentos de linhas diferentes, de registros diferentes, e induz o ouvinte a pensar que está ouvindo mais do que uma linha ao mesmo tempo. Bach *subentende* a harmonia.

Uma vez assisti a uma *master class* dada pelo violoncelista holandês Anner Bylsma, que falou de como Bach teve de ser "frugal" nas *Suítes para Violoncelo*, uma vez que estava trabalhando só com quatro dedos e só com quatro cordas. "É engraçado", dizia Bylsma, "o quanto você pode deixar de fora da música e ainda assim fazer que a imagem fique completa na mente do ouvinte".

Os acordes são outra ocasião para a harmonia subentendida nas *Suítes para Violoncelo*. O violoncelo não consegue produzir acordes completos, que são formados por pelo menos três notas tocadas simultaneamente. Aqui e ali nas *Suítes para Violoncelo* duas notas são tocadas juntas, o que é chamado de *double stop*. Toda vez que isso acontece, o resultado roça algumas terminações nervosas no ouvinte que valorizam um som gordo e grave.

Suíte nº 2   Ré Menor

É como se o violoncelo, na maior parte do tempo limitado a emitir notas únicas, fizesse força para juntar duas delas, e a solidão das notas individuais encontrasse uma união momentânea.

Não se trata exatamente de um acorde. Há muitos acordes nas *Suítes para Violoncelo*, mas, como um acorde é formado pelo toque de três notas ao mesmo tempo, não é possível tocar acordes em sentido estrito no violoncelo. Antes, eles estão partidos, ou, para usar o termo musical, arpejados. O acorde partido, ou arpejo, é tocado de maneira sucessiva, uma nota após a outra – outro modo de Bach subentender a harmonia.

Os arpejos podem ser tocados de várias maneiras – na ausência de instruções musicais precisas de Bach, os violoncelistas que tentarem aproximar os acordes na música precisam usar sua imaginação, e também os ouvintes. Ouvir a trágica perda de Bach nesse prelúdio pode parecer um excesso de imaginação. Mas o clima elegíaco dessa suíte combina com uma sensação de luto, e o tempo da tragédia de Bach coincide com a possível data da composição.[1]

Nada mais Bach podia fazer além de visitar o túmulo da esposa. Treze anos juntos, nove filhos, quatro dos quais sobreviveram, e o relacionamento terminou sem nenhum aviso, a pessoa mais importante de sua vida transposta para a memória. E se seu

---

[1] Outras pistas associam essa suíte à morte de Maria Barbara. Uma teoria diz que Bach compôs sua *Partita em Ré Menor* para violino solo como epitáfio para sua falecida esposa. A segunda suíte para violoncelo, também composta para um único instrumento de cordas e provavelmente à mesma época, é no mesmo tom. E Bach pode ter pegado emprestada alguma obra do famoso tecladista francês François Couperin para a sarabanda e para o minueto dessa suíte. Chama a atenção a similaridade entre o começo da sarabanda e *La Sultane*, de Couperin, também em ré menor, e que, como se considera, teria sido composta em 1712 em memória de Marie Adelaide, esposa do delfim da França, que morreu jovem. Se Bach estava pegando emprestadas essas notas de Couperin, provavelmente era com uma coincidente sensação de luto.

luto precisava de uma tônica musical, havia poucas válvulas de escape. A igreja do palácio em Cöthen era calvinista, e por isso franzia o rosto para qualquer espécie de música mais elaborada. O pastor na igreja luterana era de caráter duvidoso, e o órgão dali, inferior, não merecia ser tocado.

Sua mente pode ter vagado para algum outro lugar, para Dresden, ali perto, para nem falar de Roma, de Londres ou de Paris – onde compositores eram celebrados, multidões de ouvintes enchiam teatros suntuosos para ouvir ópera e compositores inferiores a Bach ganharam fama. E lá estava ele, isolado, apartado do mundo musical pelo fosso de um príncipe menor. A vida tinha se tornado o quê?

E assim, em novembro, quatro meses após a morte de Maria Barbara, Bach viu-se numa carruagem – a primeira classe da época – rumo à agitada metrópole de Hamburgo. Havia uma vaga de organista na Igreja de São Tiago, que podia se gabar de ter um órgão de quatro manuais com sessenta puxadores, e Bach entrou na disputa. Bach experimentou esse excelente órgão, e também o da Igreja de Santa Catarina, onde tocou por mais de duas horas para uma plateia que incluía Reincken, o famoso organista.

Quase duas décadas antes Bach havia viajado de Lüneburg a Hamburgo para ver Reincken, um senhor de quimono que parecia a encarnação da História. O organista, então com 97 anos, ficou impressionado com a improvisação de meia hora de Bach sobre o hino "Sobre os Rios da Babilônia". "Achei que esse tipo de arte tinha morrido", teria dito ele, "mas vejo que ela ainda vive em você".

No fim das contas, ou Bach teve reservas a respeito do emprego, ou não estava disposto a pagar a grande soma que a igreja bizarramente demandava de seus empregados. Houve algum escândalo quando o emprego foi para o filho de um rico mercador que era "melhor nos prelúdios com os táleres do que com os dedos". De qualquer modo, os registros da igreja mostram que Bach não pôde ficar em Hamburgo para fazer uma audição, tendo sido obrigado a "viajar para encontrar seu príncipe".

Bach, porém, continuou a fazer tudo que podia para encontrar trabalho em algum outro lugar. Seu próximo esforço para achar um emprego se concentraria na poderosa cidade que dominava politicamente a minúscula Cöthen.

Alemanda

*A Alemanda é uma harmonia partida, séria e bem
construída, a imagem de uma alma contente e
satisfeita, que aprecia a boa ordem e a calma.*

Johann Mattheson, 1739

Foi só muito depois da morte de Bach que ficou claro que o reino arrivista da Prússia viria a controlar a Alemanha. A dinastia que o governava, a dos Hohenzollern, guiada pelo chanceler Otto von Bismarck no século XIX, anexaria todas as terras entre Colônia e Königsberg, e depois de 1871 governaria como imperadora da Alemanha.

No começo do século XVIII, porém, a Prússia era só mais um dos vários Estados alemães que compunham a louca colcha de retalhos que era o Sacro Império Romano. A ideia de que a Prússia, com sua capital, Berlim, assumiria a liderança de uma grande Alemanha teria soado altamente improvável. Se os contemporâneos de Bach algum dia contemplaram uma liderança pangermânica, eles teriam apostado talvez na Áustria, ou na Saxônia. Isso logo iria mudar. Bach ainda em vida, Berlim deixaria de ser um desolado fim de mundo para transformar-se numa potência formidável, conhecida como a "Esparta do norte".

Suíte nº 2 — Ré Menor

Bach nunca morou em Berlim. Porém, após sua morte, a capital prussiana seria o trampolim de sua fama. E Berlim contribuiu, ainda que de maneira não imediatamente óbvia, para sua vida – e para as *Suítes para Violoncelo*.

A ascensão política de Berlim tem suas raízes nos primeiros anos de Bach, quando o regente prussiano Frederico Guilherme de Brandenburgo, conhecido como o Grande Eleitor, governava. Ao criar um exército fortíssimo, o Grande Eleitor lançou as bases do reino da Prússia. Ele morreu em 1688, e foi sucedido por seu filho Frederico I, um governante amante das diversões e dado a muitas pompas desnecessárias. A principal realização de Frederico foi obter o título de rei. Ele conseguiu isso em 1701 ao oferecer ao sacro imperador romano um contingente de soldados prussianos de que ele gravemente necessitava para a Guerra da Sucessão Espanhola. Para a coroação, Frederico fez tudo para exibir seu *status* de rei recém-adquirido – foram necessários 30 mil cavalos para transportar a corte para o local da coroação em Königsberg, em que ele trajou um manto cerimonial que hoje valeria muitas centenas de milhares de dólares.

Quando Frederico morreu em 1713, seu filho, mais um Frederico Guilherme – este conhecido historicamente como Rei Soldado –, moldou o poder à sua própria austera imagem. O Rei Soldado imediatamente despojou sua corte do que era desnecessário – meias de seda, perucas, pérolas, leques, luvas delicadas e refeições de vinte pratos, que eram consideradas as armadilhas decadentes do antigo regime. A arquitetura, a dança e a pintura foram consideradas inúteis. Os intelectuais não eram mais bem-vindos na Academia de Berlim, e um bobo da corte foi nomeado seu presidente.

O novo regime entrou em pé de guerra. Ordem, eficiência e asseio eram as novas prioridades. No campo da música, a orquestra da corte, a Capelle de Berlim, foi despedida sem a menor cerimônia. Não havia espaço para afetações compositoras no reino do Rei Soldado.

A rude atitude do rei contra a música mostrou-se, contudo, uma bênção para um beneficiário não premeditado: J. S. Bach. O jovem príncipe Leopoldo de Cöthen estava sorvendo tudo relacionado à música em sua "grande turnê" europeia quando ficou sabendo que os excelentes músicos da Capelle de Berlim tinham ficado subitamente desempregados. Leopoldo convenceu sua mãe, a rainha regente, a contratar o máximo de músicos que as finanças da corte permitiam. Foram empregados imediatamente seis músicos, aos quais logo depois se reuniu um antigo colega, o violoncelista Christian Bernhard Linigke. Em um único lance de ousadia, a orquestra de Leopoldo foi transformada num estabelecimento musical de primeiríssima qualidade.

Quando Bach foi empregado em Cöthen em 1717, a Capelle da corte consistia de dezesseis músicos, e os principais deles vinham da desintegração da Capelle de Berlim, cortesia da ascensão do militarismo prussiano. A competência da Capelle foi essencial – não era um músico qualquer que iria inspirar a pena de Bach, nem conseguir executar suas ideias. Bach aproveitou a oportunidade de ter sob seu comando os melhores músicos e começou a compor obras de grande exigência técnica. As *Suítes para Violoncelo* só poderiam ter sido escritas com um grande músico de cordas em mente, ou o violoncelista Linigke ou o gambista Christian Ferdinand Abel. O que Berlim perdeu, Bach ganhou.

Há uma linha reta a conectar a militarização da Prússia com as seis suítes para violoncelo solo.

Bach visitou Berlim – pela primeira vez, até onde sabemos – em março de 1719. Ele foi mandado para lá, a 165 quilômetros de Cöthen, pelo príncipe Leopoldo, para supervisionar a compra de um novo cravo que havia sido encomendado a Michael Mietke, o famoso construtor de instrumentos da corte prussiana. Tudo que se sabe da viagem é que Bach gastou 130 táleres do bolso de Leopoldo no cravo de dois teclados. Em meados de março, o

Suíte nº 2 🎵 Ré Menor

novo instrumento estava no palácio de Cöthen. E Bach deixou Berlim com algo mais: a ideia de dedicar a um nobre prussiano uma composição que um dia teria o célebre nome de *Os Concertos de Brandenburgo*.

O margrave Christian Ludwig de Brandenburgo era filho do Grande Eleitor da Prússia com sua segunda esposa, o que significava que ele não fazia parte da linha de sucessão do trono; era o meio-irmão do margrave que governava como primeiro rei da Prússia. E era o sobrinho do margrave, o Rei Soldado, que tinha despedido a Capelle de Berlim. Enquanto o Rei Soldado se preocupava obstinadamente com o poderio militar, Christian Ludwig manteve a cultura viva em sua própria casa. A música era uma de suas prioridades.

Presume-se que Bach tenha tocado para o margrave durante sua visita a Berlim, porque depois dedicou os *Concertos de Brandenburgo* a esse membro da família real prussiana. Mas talvez ele o tenha conhecido antes, durante uma das viagens do príncipe Leopoldo a Carlsbad. Na dedicatória escrita por Bach em 1721, ele menciona uma apresentação feita ao margrave dois anos antes, bem como o pedido dele por algumas de suas composições. Sua dedicatória foi redigida em francês cortês e tinha o estilo da humildade exagerada típica da época:

A Sua Alteza Real
Monseigneur
Crétien Louis
Margraf de Brandenbourg &c. &c. &c.
Monseigneur

Como tive o prazer, alguns anos atrás, de ser ouvido por Vossa Alteza Real, segundo vossas ordens, e observando que vós experimentastes algum deleite no pequeno talento musical que o Céu me concedeu, e como, quando me retirei da presença de Vossa Alteza, fizestes-me

As Suítes para Violoncelo ♪ Eric Siblin

a honra de pedir que eu enviasse algumas de minhas composições, portanto obedeci vossas graciosíssimas ordens e assumi a liberdade de cumprir minha humilde obrigação para com Vossa Alteza com os presentes concertos, que adaptei para diversos instrumentos, implorando-vos humildemente que não julgue suas imperfeições pelos padrões do refinado e delicado gosto musical que todos sabem que possuis, mas sim que aceite, com bondosa consideração, o profundo respeito e a mais humilde devoção que tento mostrar por esses meios. Quanto ao resto, Monseigneur, mui humildemente imploro a Vossa Alteza Real que gentilmente continue a demonstrar vossas boas graças para comigo, e que tenha certeza de que nada mais desejo além de servir-vos em ocasiões mais dignas de vós e de vosso serviço, com zelo sem paralelos,
Monseigneur,
o mais humilde e obediente servo de Vossa Alteza Real,
Coethen, 24 de março de 1721,

Jean Sebastian Bach[2]

Há nos *Concertos de Brandenburgo* uma pista que ajuda a explicar por que Bach escreveu as *Suítes para Violoncelo*. O violoncelo era um instrumento de fundo em 1720, que deveria acompanhar de perto a progressão de uma melodia, e não um veículo de aventuras solitárias. A viola da gamba era um instrumento mais popular e empolgante de alcance semelhante ao do violoncelo. Então, por que Bach escreveu obras para cordas solo para o violoncelo, e não para a viola da gamba?

Nos *Concertos de Brandenburgo*, Bach compõe cada suíte para um grupo diferente de instrumentos (seu título para a obra era *Six Concerts avec Plusieurs Instruments*, ou *Seis Concertos para*

---

[2] Essa ortografia arcaica, no francês cortês setecentista, aparece na dedicatória original de Bach.

Suíte nº 2　Ré Menor

Diversos Instrumentos). Os instrumentos usados haviam sido feitos para os músicos da Capelle de Cöthen. No sexto concerto, a instrumentação virava de ponta-cabeça as convenções sobre cordas: as partes de viola da gamba são fáceis, ao passo que o violoncelo e a viola, mais moderna, são convocados para solar. Bach mostra nesses concertos um pendor para justapor instrumentos de maneiras novas, mas há outra razão pela qual o violoncelo recebe partes mais difíceis do que a viola da gamba: a viola da gamba era tocada pelo príncipe Leopoldo. E, ainda que Leopoldo talvez fosse um instrumentista competente, ele não teria o mesmo nível que os virtuoses de sua Capelle. Como Bach estava escrevendo para uma orquestra que muitas vezes incluía o príncipe na viola da gamba, o compositor não queria envergonhar Leopoldo, nem fazer que a música sofresse.

As partes de viola da gamba "são fáceis e talvez tenham sido escritas para que o próprio Leopoldo tocasse com C. F. Abel [gambista da Capelle]", escreve Malcolm Boyd, estudioso de Bach. O resultado é uma obra efervescente, que faz apenas modestas demandas ao gambista. A mesma lógica se aplica às *Suítes para Violoncelo*. Compor obras muito difíceis para a viola da gamba na corte de Leopoldo não seria muito delicado, porque era o instrumento do príncipe. Com o violoncelo, não havia limites para a ambição musical de Bach.

Corrente

> *A diferença entre a reputação que Bach tinha em vida e a reputação que acumulou após a morte é um dos grandes fenômenos da história da música.*
>
> Percy M. Young

Bach não foi famoso em vida. Ele nunca foi sensação na Europa, como Beethoven, Mozart ou Händel, seu contemporâneo. Sua discreta carreira aconteceu na periferia da Alemanha, antes de a Alemanha ser a Alemanha. Ele nunca morou numa grande cidade, como Viena, Londres ou Paris, o que permitiu a outros compositores tornarem-se imensamente famosos ainda em vida. Ele nunca escreveu óperas, por nunca ter trabalhado numa cidade que tivesse um teatro de ópera, e a ópera era o único caminho para a celebridade musical naquela época.

O estilo musical de Bach não contribuía. A polifonia, a intricada mistura de duas ou mais linhas musicais, saíra de moda. Muitos de seus contemporâneos, assim como a geração seguinte, achavam que o estilo polifônico exigia atenção demais, que era convoluto, antiquado, fora de sintonia com a época, que era mais leve e alegre.

Suíte nº 2 — Ré Menor

Se alguma fama Bach teve como músico, ela nada tinha a ver com suas composições, das quais poucas e preciosas foram impressas. Apenas nove obras foram publicadas durante sua carreira, entre as quais peças relativamente menores, como uma das primeiras cantatas, composta para a mudança anual do conselho municipal de Mühlhausen.[3]

Nas palavras de Friedrich Blume, estudioso de Bach, todo renome obtido por Bach em sua vida "foi como organista e cravista, como temível especialista técnico e conselheiro para assuntos relativos ao órgão, como mestre extraordinário da arte do contraponto, como professor, e não como compositor... Mesmo que suas composições nem sequer existissem o silêncio não seria maior".

Mas o silêncio não duraria para sempre. Quatro dos filhos de Bach tornaram-se músicos profissionais, dois dos quais famosos por seus próprios méritos, e eles, junto com um grande número dos dedicados alunos de Bach, garantiram que muitas de suas composições tivessem grande projeção futura. Em alguns círculos, ainda que pequenos e distantes do *mainstream*, o "Velho Bach" era conhecido e reverenciado.

Quatro décadas após sua morte, por exemplo, Mozart ouviu um moteto de Bach numa igreja em Leipzig, ficou chocado com a música e perguntou: "O que é isso?". Quando o coro duplo acabou, ele gritou: "Finalmente uma obra que tem algo a ensinar!". Beethoven, que tinha doze anos quando ficou famoso em Viena por tocar *O Cravo Bem Temperado*, viria a chamar Bach de

---

[3] Outras obras impressas incluíam o *Clavier-Übung*, que compreendia seis partitas para teclado publicadas em três volumes durante a década de 1730, e também as *Variações Goldberg* (1741) e a *Oferenda Musical* (composta para Frederico, o Grande, em 1747). A monumental *Arte da Fuga* de Bach foi publicada um ano após sua morte, mas só vendeu trinta cópias, e as chapas acabaram derretidas e vendidas por seu filho C. P. E. Algumas obras para teclado foram publicadas com objetivos pedagógicos durante os cinquenta anos que se sucederam à morte de Bach. E uns poucos comerciantes de música vendiam algumas obras de Bach em forma de manuscrito.

"progenitor da harmonia". Mas esses artistas, parte de uma elite profissional, estavam à frente de seu tempo.

A primeira biografia de Bach só foi publicada em 1802, mais de cinquenta anos depois de sua morte. O biógrafo era Johann Nikolaus Forkel, filho de um sapateiro, que veio a tornar-se um dos mais influentes historiadores e teóricos da música da Alemanha. Seu curto volume foi publicado numa época de efervescência política na Europa, em que a Revolução Francesa e as Guerras Napoleônicas fustigavam o nacionalismo alemão. A biografia de Forkel traz a marca do orgulho nacional. Em suas palavras,

> As obras deixadas por Johann Sebastian Bach constituem um patrimônio nacional de valor inestimável, e nenhuma outra nação tem algo que possa comparar-se. Quem quer que as salve do perigo de ser desfiguradas por cópias ruins, e assim ser gradualmente consignadas ao esquecimento e à destruição, constrói um monumento imperecível para o artista, e merece a gratidão de seu país; e todos a quem a honra do nome alemão é cara deveriam apoiar esse empreendimento tão patriótico... Considero meu dever recordar o público dessa obrigação e suscitar esse nobre entusiasmo no peito de todo verdadeiro alemão...

O tom patriótico dói em nossos ouvidos hoje, e teria surpreendido Bach, que presumia vir de uma linhagem húngara. (Veit Bach, seu ancestral, era na verdade de Pressburg, que hoje é a Bratislava, na Eslováquia, mas que, no século XVI, era a capital do reino da Hungria.) Em defesa de Forkel, devemos lembrar que ele escrevia numa época em que a Revolução Francesa havia demonstrado o valor do Estado nacional, e em que a Alemanha pagava um alto preço político por sua desunião.[4]

---

[4] O próprio Forkel experimentou o lado ruim da desunião alemã. Em sua tentativa de escrever uma história geral da música, ele redigiu as partituras de duas coleções de missas do começo do século XVI, e, quando as chapas das partituras

Suíte nº 2 🎵 Ré Menor

A biografia de Forkel contribuiu muito para colocar Bach (e provavelmente até a Alemanha) no mapa. Em suas páginas vemos o começo do endeusamento de Bach, como se suas obras fossem perfeitas, inefáveis e sem qualquer competição passada, presente ou futura, colocando sobre sua peruca um halo que ainda hoje pode tornar chatíssimo o culto a Bach. Forkel conclui seu livro com a seguinte pérola: "E esse homem, o maior poeta musical e o maior orador musical que jamais existiu, e que provavelmente jamais existirá, era alemão. Que seu país se orgulhe dele; que se orgulhe, mas, ao mesmo tempo, que seja digno dele!".

A verdade é que Bach não era muito conhecido na Alemanha nem em nenhum outro lugar. Havia um pequeno número de entendidos como Forkel, que colecionavam suas obras, mas quase nada em termos de reconhecimento do público em geral – certamente nada como a fama que Mozart, Beethoven e Händel conheceram em suas vidas. E a música de Bach continuou a ter pouca popularidade até o século XIX. As plateias tiveram de esperar o dito Renascimento de Bach – expressão usada pelos historiadores para descrever sua redescoberta – a primeira vez que um compositor há muito falecido foi tirado da área particular dos especialistas e mostrado ao público em geral.

O começo do Renascimento de Bach tem data e local específicos. O ano foi 1829; o cenário, Berlim; e o protagonista, Felix Mendelssohn, então com 22 anos. Foi Mendelssohn quem organizou e regeu uma histórica apresentação da *Paixão segundo São Mateus* de Bach, o hipnotizante oratório que conta a história dos últimos dias de Jesus.

---

estavam prontas e prestes a ser impressas, houve a interferência da invasão napoleônica dos Estados alemães. As chapas de cobre foram derretidas pelas forças francesas para fazer balas.

Neto de Moisés Mendelssohn, o mais famoso filósofo judeu do Iluminismo, Felix era uma improvável faísca para a glória póstuma de Bach. Apesar de sua família ter-se convertido para o cristianismo, Mendelssohn notava a ironia de ter sido necessário que um músico judeu apresentasse à Alemanha sua mais impressionante música cristã. De fato, Mendelssohn tinha Bach no sangue. Sua tia-avó Sara Levy estudara com C. P. E., filho de Bach, e conhecia seu filho mais velho, Wilhelm Friedemann. A mãe de Mendelssohn estudara música com um dos alunos mais dedicados de Bach, e o próprio Mendelssohn, por intermédio de Carl Friedrich Zelter, seu professor de música, era tecnicamente um aluno de Bach de quarta geração.[5]

Mendelssohn também levava a sério suas raízes judaicas. Sua apresentação da *Paixão segundo São Mateus* sofreu grandes cortes para reduzir sua duração (o original tem cerca de três horas), mas também para refletir sua sensibilidade ao antissemitismo.[6]

Na noite da famosa apresentação, a imponente sala de concertos da Singakademie de Berlim estava lotada, e praticamente mil pessoas ficaram de fora, sem ingressos. Entre os que puderam comparecer estavam o rei da Prússia, o príncipe, o poeta Heinrich Heine e o filósofo G. W. F. Hegel. Mendelssohn, ao piano, regeu de cor.

Se alguma vez houve um concerto de Bach que badalasse seu gênio e estabelecesse sua reputação, foi esse. O triunfo de bilheteria levou a resenhas entusiasmadas e a reapresentações, e abriu os portões da obra do compositor. Contudo, mesmo esse

---

[5] Os elos geracionais eram Wilhelm Friedemann Bach, J. Kirnberger, Sara Levy e Zelter.

[6] Escreve Celia Applegate em *Bach in Berlin* [Bach em Berlim], "na história pessoal e profissional de Mendelssohn, a dedicação a Bach sempre esteve ligada a seus esforços para realizar a simbiose germano-judaico-cristã, sua herança problemática e ambígua".

Suíte nº 2 🎵 Ré Menor

concerto, que foi um marco, foi considerado um empreendimento arriscado na época. Em 1829, ainda se considerava que a música de Bach era inadequada para o público em geral. Alguns anos antes, Mendelssohn escrevera de Paris à sua irmã, lamentando que Bach fosse considerado "um mero velho empolado cheio de firulas". O cantor e ator Edward Devrient, parceiro de Mendelssohn na produção da *Paixão*, recordava que Bach "na época era geralmente considerado um aritmético musical ininteligível". Quando o plano de apresentar a Paixão foi proposto,

> questionou-se seriamente se o público aceitaria uma obra tão completamente alheia a este mundo. Nos concertos de música sacra, às vezes um breve movimento de Bach era aceitável como curiosidade a ser apreciada por alguns entendidos, mas como seria uma noite inteira com nada além de Sebastian Bach, que o público julgava sem melodia, matemático, seco e ininteligível? A empreitada parecia temerária.

A verdade é que parte da plateia achou a *performance* excessivamente chata (Heine) ou simplesmente exótica (Hegel), enquanto outros acharam que o tesouro bachiano enterrado deveria ter continuado enterrado. O Renascimento de Bach foi um processo lento. Só dali a décadas a música de Bach teria aceitação no *mainstream*. E a *Paixão segundo São Mateus* era uma luxuriosa obra de proporções operísticas, com um coro duplo com nada menos do que 158 cantores na produção de Mendelssohn, cerca de 70 instrumentistas e um enredo dramático que narrava os últimos dias de Jesus.

As *Suítes para Violoncelo* – uma obra para um instrumento grave e pesado que normalmente ficava no fundo – demoraria muito mais ainda para atingir plateias populares.

Sarabanda

Ela tem uma franqueza e uma sinceridade peculiares, uma vulnerabilidade musical, como a de uma pessoa num êxtase de oração.

Mstislav Rostropovich

A obra era como uma língua morta que tinha sido falada há tanto tempo que ninguém efetivamente sabia qual era o som dela. E era duvidoso que qualquer pessoa sequer quisesse ouvir música para violoncelo solo. Antes de Casals, os violoncelistas não enchiam as salas de concerto; o violoncelo mesmo não era considerado importante como instrumento solo. Em 1890, o mesmo ano em que Casals descobriu as *Suítes para Violoncelo*, George Bernard Shaw, como crítico de música, escrevia sem a menor caridade: "Não gosto do violoncelo: prefiro ouvir uma abelha zumbindo num jarro de pedra".

Casals reinventou o violoncelo. Enquanto era um jovem estudante em Barcelona, ele achava que boa parte das técnicas aceitas eram entraves à música. Ele libertou o braço que segura o arco, que até então ficava rijo demais. E libertou os dedos, inventando um método de extensão, em vez de usar o método

Suíte nº 2 — Ré Menor

padrão de movimento da mão inteira. Também inventou aquilo que chamou de "entonação expressiva", que permitia ajustes minuciosos, para que fosse possível tocar mais em sintonia com o fluxo harmônico da música.

Antes de Casals houve virtuoses do violoncelo que tocavam concertos solo, mas como algo acessório, não como o foco principal da carreira. Isso acontecia em grande parte porque o repertório do violoncelo era muito pequeno. Comparem-se os nomes dos grandes violoncelistas do século XIX que compuseram obras para seu instrumento – Davidov, Popper, Offenbach, Goltermann, Romberg – com os de pianistas-compositores como Chopin, Lizst, Mendelssohn e Rachmaninov. Não dá nem para começar. Os virtuoses do piano e do violino tinham farto material para agradar as plateias; os violoncelistas, por sua vez, não dispunham de tanta munição.

Mesmo Casals, no começo de sua carreira internacional, não conseguia viver de solos, e por isso acompanhava outros músicos. Por algum tempo, após o sucesso de sua estreia com a orquestra de Lamoureux em Paris, continuou vivendo num hotel barato de Montmartre, tocando no Café Suez para pagar as contas, e recebendo a ajuda ocasional de uma benfeitora viúva. Mas ele logo passou para uma *pension* decente, absorveu a vida dos *salons* da *belle époque* parisiense e estabeleceu contatos sociais e musicais essenciais.

Sua primeira grande turnê levou-o aos Estados Unidos em 1901, como parte de um trio que acompanhava a cantora Emma Nevada. Casals tinha um papel apenas coadjuvante, mas nem por isso deixou de receber elogios, e às vezes eclipsava a cantora, que tinha saído de uma cidade mineira da Califórnia e emplacado na grande ópera europeia. Eles fizeram mais de sessenta apresentações e viajaram cerca de 6 mil quilômetros. Casals ficou impressionado com o imenso país, repleto de energia crua e de espírito democrático. Jogou pôquer com os caubóis de um *saloon* do Texas, ficou coberto de pó no poço de uma mina da Pensilvânia, montou cavalos no deserto do Novo México, e foi a uma luta de boxe em Baltimore. Para Casals, a turnê foi interrompida em San Francisco, quando, numa caminhada pelo Monte Tamalpais, a queda de uma pedra machucou sua mão esquerda. Olhando seus dedos esmagados, ele teve uma reação curiosa: "Graças a Deus, nunca mais vou ter de tocar violoncelo de novo!".

Ele tocaria violoncelo de novo, mas não como músico de apoio. Após sua mão ficar curada, ele voltou à Europa e partiu para uma turnê de recitais com o pianista britânico Harold Bauer que passou por França, Espanha, Suíça, Holanda e Brasil. Os dois combinavam bem, mas era Casals quem hipnotizava a plateia. Não era mais possível desdenhar do violoncelo, comparando-o ao zumbir de um inseto num jarro de pedra.

Sob alguns aspectos, Pablo Casals era uma estrela improvável. No palco, ele era "tão despretensioso na aparência e no vestir", segundo disse uma resenha da *Chronicle de San Francisco* a respeito de uma de suas primeiras apresentações, "que a destreza com que ele toca chega a surpreender". Dois anos depois, numa turnê norte-americana que incluiu um recital para o presidente Theodore Roosevelt na Casa Branca, os promotores sugeriram que ele começasse a usar uma peruca para deixar sua presença de palco mais estilosa. Ele ignorou a sugestão. De sapatos, ele media no máximo um metro e sessenta. Sua calvície só aumentava. Casals não tinha exatamente a aparência de um exuberante virtuose europeu, mas seu domínio do violoncelo produzia resenhas extasiadas:

> É desnecessário falar da habilidade técnica do Sr. Casals; ele sem dúvida é o maior violoncelista de todos os tempos, com seu domínio absoluto do instrumento...
>
> (*Philadelphia Public Ledger*, 1904)

O primeiro toque de seu arco nas cordas proclama-o mestre do instrumento, o profeta que traz sua inspirada mensagem com obstinada fidelidade e efeito infalível...

(*Liverpool Daily Post*, 1905)

Como segundo solista, Casals tocou algo muito incomum. Imagine só um único violoncelo tocando solo, sem acompanhamento, naquela imensa [sala de concertos]! Primeiro pareceu algo peculiar, mas quando o ouvimos tocar a *Suíte em Ré Maior para Violoncelo* de J. S. Bach, ficamos realmente encantados.

("Música em Hamburgo", *The Strad*, 1909)

O exato momento em que Casals tocou pela primeira vez uma suíte para violoncelo em público é uma informação cuja ausência é gritante numa carreira altamente documentada. Casals costumava dizer que ficou doze anos juntando a coragem de tocar uma das suítes em concerto. Considerando que ele encontrou a obra em 1890, isso significaria que a primeira apresentação pública das suítes foi mais ou menos em 1901-1902.

No outono de 1901, Casals estava em turnê pela Espanha junto com Bauer. Nos Arquivos Nacionais da Catalunha, onde estão guardados muitos documentos relativos a Casals, há pilhas de resenhas de concertos daquelas primeiras apresentações. A mais antiga resenha de uma apresentação de uma suíte para violoncelo pode ser encontrada no jornal *Diario de Barcelona*, que observava que, em 17 de outubro de 1901, Casals tocou "a 'Suíte' de Bach". Sua *performance* foi elogiada por sua dicção e por sua dignidade; o prelúdio e a sarabanda foram elogiados por sua beleza e por seu som robusto. No dia seguinte, outro jornal de Barcelona publicou uma resenha do concerto de Casals e Bauer no Teatro Principal, elogiando a "Suíte para Violoncelo Solo tocada por aquele celebradíssimo membro da família musical de

Bach". Dez dias depois, o jornal madrilenho *El Liberal* noticiava que "uma suíte de Bach rendeu ao Señor Casals aplausos de pé".

A obra para violoncelo que tinha ficado adormecida por quase dois séculos finalmente vinha a público.

Entre a aurora do século e 1904, Casals conseguiu tocar as suítes para violoncelo completas em cidades como Londres, Paris, Rotterdã, Utrecht, Nova York, Montevidéu e Rio de Janeiro. Em todos os lugares aonde foi, teve de superar os preconceitos de que as suítes eram áridos exercícios compostos por um "velhote cheio de firulas", mais adequadas para a prática no estúdio do que para a sala de concertos. No século XIX, quando a música instrumental de Bach chegava a ser tocada, ela era tocada mecanicamente, como uma máquina de costura. Casals, pelo contrário, encheu as suítes de emoção.[7]

"Como é que alguém poderia achar que Bach é 'frio' quando essas suítes parecem reluzir com a mais brilhante poesia?", perguntava Casals. "À medida que eu estudava, ia descobrindo um novo mundo de espaço e de beleza [...] os sentimentos que experimentei foram dos mais puros e mais intensos de toda a minha vida artística!"

Ele conseguiu canalizar esses sentimentos para a música como ninguém. Julius Röntgen, pianista alemão, escreveu ao compositor Edvard Grieg, na Noruega: "Ouvi-lo tocar uma das *Suítes para Violoncelo* de Bach é um deleite indescritível". Após Casals

---

[7] É difícil fazer comparações, já que ninguém gravou as suítes antes de Casals. Mas há uma gravação do grande violoncelista alemão Julius Klengel em que ele toca a sarabanda da sexta suíte. A gravação – feita ao final da década de 1920, muito tempo depois de Casals começar a tocar suítes inteiras em público – parece piegas, com ligações constantes, sem a crueza e a urgência que Casals trouxe à obra. A gravação de Klengel também tem o acompanhamento de um piano, outra indicação do quanto o violoncelo solo era revolucionário para os violoncelistas do século XIX que precederam Casals.

Suíte nº 2 Ré Menor

tocar a quinta suíte para Grieg um dia, o compositor exultou: "Esse homem não toca, ele ressuscita!". O promotor e aficionado musical Edward Speyer descreveu assim sua apresentação da terceira suíte num concerto em Londres:

> A empolgação crescia a cada movimento, até que no final houve uma demonstração como raramente se ouve numa sala de concertos de Londres... A suíte de Bach deixou os ouvintes extasiados, porque era Bach tocado com o máximo respeito pela forma clássica e ainda assim com total espontaneidade de sentimento, no lugar da maneira seca e impulsiva que os especialistas dizem ser a maneira certa de tocar Bach.

Harold Bauer, que testemunhou as primeiras apresentações, recordava uma ocasião na Espanha em que Casals estava tocando uma suíte para violoncelo. Um assistente de palco aproximou-se de Bauer com uma expressão de astúcia.

– Senhor, o compositor daquela obra é Verdi.
– Claro que é – respondi. – Não é isso que está no programa?
– Eu não sei nada do programa – disse o homem –, porque não sei ler. Mas eu sei que é Verdi, porque só Verdi é que sempre me faz chorar.

Os elogios devem ter alimentado Casals, assim como os altos valores que ele agora podia cobrar. O calendário, porém, era opressor, com cerca de 250 concertos por ano. Numa época em que os carros e os aviões ainda não eram triviais, Casals carregava sua própria bagagem e seu imenso instrumento, correndo para as estações de trem enquanto ainda estava encharcado do suor da apresentação, conseguindo umas horinhas de sono nas ferrovias entre Madri e Moscou.

Uma vez por ano ele fazia uma turnê junto com Bauer, o cabeludo inglês com quem criara laços pessoais e musicais. Ele fazia viagens solo à Rússia, onde tocou pela primeira vez as suítes em São Petersburgo em 1905, em meio ao luzir de velas bruxuleantes quando a sala de concertos ficou sem luz. Tocou concertos com orquestras. E formou aquilo que rapidamente se tornou o mais famoso trio de câmara do século XX com o pianista suíço Alfred Cortot e o violinista francês Jacques Thibaud. A "Santíssima Trindade", como o trio era chamado, fez turnês internacionais e gravou discos pioneiros.

Casals estava sempre em movimento, o que levou sua mãe a escrever, numa carta a sua sobrinha, que ele "viaja pela Europa, e meu coração fica sempre na corda bamba". Mas enfim ele reduziu a duração de suas turnês e assentou-se. E ligou seu coração a algo que não era uma corda.

Casals conheceu a violoncelista portuguesa Guilhermina Suggia quando ela tinha apenas treze anos. A jovem era uma promissora violoncelista que viajara a um cassino português da moda para ouvir Casals, à época uma estrela em ascensão com 21 anos de idade. Ele lhe deu algumas aulas informais e ficou impressionado com seu talento. Havia muito com que se impressionar. Quando ela tinha doze anos, Suggia era a primeira violoncelista da Orquestra do Orpheon. Uma década depois, após estudar em Leipzig e ganhar louvores por suas apresentações Europa afora, os dois se reencontraram. No começo de 1907, estavam vivendo juntos na modesta casa de três andares que Casals alugou numa área calma de Paris.

Suggia era pequena, com pele jambo, grandes olhos castanhos e nariz destacado. Por baixo de um temperamento exuberante – ou vulcânico, segundo alguns – e um pendor por vestidos longos, havia uma intensa ética de trabalho, que permitiu que ela prosperasse no mundo masculino dos virtuoses do violoncelo. Eles tocavam juntos e faziam turnês juntos. Em alguns

Suíte nº 2　Ré Menor

programas conjuntos, apareciam como casados; frequentemente se referiam um ao outro como marido e mulher, aparentemente porque isso era socialmente mais aceitável. E ainda que Casals fosse um músico de qualidade ímpar, Suggia logo seria considerada por muita gente a maior violoncelista mulher de sua época. (Uma área do repertório para violoncelo, porém, estava reservada para Casals: as suítes de Bach. Suggia julgava-se capaz de tocar apenas duas das suítes, a primeira e a terceira, e dizia que o resto era só dele, "até que os anjos assumissem".)

Após alguns anos de relacionamento com Suggia, Casals estava tocando a *Paixão segundo São João* de Bach na Suíça quando, durante uma ária particularmente emotiva, teve um pressentimento. "Naquele momento", recordou depois, "tive a temível certeza de que meu pai estava morrendo". Ele cancelou as apresentações próximas e correu de volta à Catalunha, esperando encontrar seu pai na casa que havia comprado para ele, numa aldeia da montanha onde o ar lhe fazia bem para a asma. Mas a premonição aconteceu. Carlos Casals já estava enterrado no pequeno cemitério de Vendrell.

Após a morte de Carlos, Doña Pilar insistiu para que seu filho pensasse em comprar uma casa, onde pudesse descansar de sua carreira febril. Ele aceitou o conselho dela, e com sua vasta poupança logo comprou um pequeno terreno com vista para o mar em San Salvador, onde sua mãe costumava levá-lo quando criança para aproveitar o mar. Era esse o cenário de sua lembrança mais antiga: o jogo inconstante da luz refletida no Mediterrâneo, da luz que passava pela janela de uma casa de hóspedes quando ele acordava. Com a ajuda de sua mãe, foi construída uma casa no terreno; ela foi expandida ao longo dos anos, abrangendo jardins, pomares, uma sala de concertos e uma quadra de tênis.

Casals retornou a Paris, onde sua tempestuosa relação com Suggia não proporcionava muito consolo. "Simplesmente não havia espaço suficiente para dois ambiciosos violoncelistas debaixo do mesmo telhado", conclui Anita Mercier numa biografia recente, "e Suggia não estava preparada para sacrificar sua arte em nome da vida com Casals". O arranjo deles parecia ser determinado primariamente pelas vontades dela – nada de casamento formal, nada de filhos. Em 1912, o romance finalmente acabou enquanto os dois passavam férias em San Salvador junto com Donald Tovey, um amigo complicado de Casals. Não se sabe os detalhes, mas a natureza ciumenta de Casals foi acionada. "Guilhermina Suggia era naquele momento uma moça no apogeu da beleza, ainda que não estivesse ainda no ápice de sua capacidade artística", escreve Mary Grierson, biógrafa de Tovey. "Talvez ela brincasse com fogo – talvez o quente verão mediterrâneo tenha tido um efeito perturbador no equilíbrio finamente ajustado daquelas pessoas hipersensíveis."

Um relato dramático do inflamado rompimento, de autoria do especialista em música Tully Potter, aparece no encarte de um álbum duplo com gravações de performances históricas do violoncelo. Os visitantes do sexo masculino da casa de Casals logo viam que não deveriam dar muita atenção a Suggia, correndo o risco de incorrer na ira de seu parceiro. Segundo Potter, a crise veio em circunstâncias cômicas: "Enquanto Tovey tomava banho, Casals partiu para cima dele, brandindo uma pistola e fazendo com que ele pulasse da janela – que felizmente ficava no andar térreo – munido apenas de uma esponja para preservar sua modéstia".

Como quer que o drama tenha ocorrido, ele marcou o fim de um relacionamento de seis anos. Uma das últimas notas entre os dois foi um telegrama enviado por Casals em 31 de dezembro de 1912. "No momento em que o relógio marcar meia-noite, estarei sozinho, e pensando em você com todo o meu coração", escreveu. "Talvez você pense em mim também." Foi a única correspondência que sobreviveu – Suggia determinou que toda a sua correspondência com Casals deveria ser destruída após sua morte.

    Casals lançou-se em seus concertos, tocando na Inglaterra, na Rússia, na Itália, em Budapeste e em Bucareste. As paredes da Europa pareciam fechar-se em volta dele. Paris não era mais um refúgio, não na ausência de Suggia, e por pouco tempo permaneceria uma base conveniente para os concertos que dava – a Primeira Guerra Mundial estava para começar. No começo de 1914, Casals viajou de navio para os Estados Unidos pela primeira vez em uma década, desejoso de colocar aquilo que chamava de "o episódio mais cruelmente infeliz" de sua vida atrás de si.

Minueto

Simboliza, mais do que qualquer outra dança, os ideais de desprendimento, elegância, sutileza e nobreza da corte francesa.

Oxford Composer Companions: J. S. Bach

Um mês após sua chegada a Nova York, uma matéria exclusiva no semanário *Musical America* resolveu "o mistério em torno da súbita visita de Pablo Casals aos Estados Unidos". Ele ia se casar. Foi um choque para quase todo mundo próximo de Casals. A mulher com quem ele se casou às pressas era Susan Metcalfe, uma cantora e *socialite* norte-americana de 35 anos.

Não muito depois de Casals ter rompido com Suggia, Metcalfe subitamente apareceu nos bastidores após um de seus concertos em Berlim. Não era a primeira vez que eles se encontravam; os dois já haviam aparecido no mesmo programa em Nova York uma década antes, com Casals tocando uma suíte para violoncelo e ela cantando algumas peças como soprano. Ainda que tivesse nascido na Itália, o pai de Metcalfe era um médico norte-americano; sua mãe vinha de uma família que por gerações tinha ocupado o cargo de secretária dos Grandes Duques da Toscana.

Suíte nº 2 — Ré Menor

"Susie" Metcalfe era sofisticada, um tanto reservada, e possuía uma voz respeitável de cantora. Era atraente e baixinha (cinco centímetros menor do que Casals), e tinha cabelo escuro e traços delicados. Mais doce do que a tempestuosa Suggia, Metcalfe foi muito provavelmente um romance que surgiu na ressaca emocional de Casals; aparentemente, eles haviam decidido se casar ao fim de seu breve encontro em Berlim. Poucos meses depois, em abril de 1914, oficializaram seu laço num discreto casamento em New Rochelle, um subúrbio da cidade de Nova York, onde morava a família Metcalfe.

O casal planejou morar em Londres, e acabou passando verões na casa em San Salvador. Metcalfe sentia-se particularmente deslocada na casa, onde Casals ficava cercado por sua família estendida, as conversas eram em catalão e o cenário era altamente provinciano para alguém da alta sociedade de Nova York. O relacionamento degenerou rapidamente.

Em maio de 1915, Metcalfe escreveu uma carta em francês a Casals falando de como ela se sentia incomodada por causa de suas censuras, em que ele lhe dizia que ela era ingênua, não entendia o mundo, e era "terrivelmente mimada". Ela retrucou que "todas as cenas de ciúme" que ele armava, "a falta de confiança que você me faz sentir o tempo todo [...] me machucam, e não só emocionalmente, mas fisicamente também".

Metcalfe e a mãe logo estavam ambas enviando cartas à mãe de Casals na Espanha para falar de como o relacionamento ia mal. A mãe de Metcalfe escreveu a Doña Pilar num elegante francês que "Pablo atormentava sua esposa com a violência e com a injustiça de suas censuras". Ele não a ama por aquilo que ela verdadeiramente é, escrevia Helene Metcalfe, antes querendo remodelá-la. Ela não mediu diplomaticamente suas palavras, e descreveu o caráter de Casals como "ciumento, egoísta e autocrático".

A Espanha permaneceu neutra na Primeira Guerra Mundial, o que permitiu que Casals ficasse indo e voltando dos Estados Unidos. Mas a guerra lhe dava engulhos, e ele contribuía para a Cruz Vermelha e para outras organizações humanitárias. Ele também formou em Nova York uma Sociedade Beethoven para defender Bach, Beethoven e Mozart numa época em que atitudes jingoístas pretendiam banir a música alemã. Contudo, logo no começo da guerra Casals já tinha assumido um lado. Numa carta escrita em 1914 por Lydia Field Emmet, uma amiga de sua esposa, ela reproduzia a opinião de Casals de que, mesmo que admirasse a eficiência organizacional da Alemanha mais do que a da França ou a da Rússia, a diferença era que "a Alemanha cobiça a terra, e torna-se uma ameaça por causa dessa própria admirável organização".

Enquanto a guerra dilacerava a Europa, seu próprio casamento sofria. "Lamento de todo o coração", escreveu Casals em francês a sua esposa em 1917, "todo *chagrin* [sofrimento] que nos sobreveio, e que você sinta que não me ama mais, e que não consegue mais viver comigo". A turbulência, contudo, não interferiu em sua relação com o violoncelo. Poucas semanas depois da carta para Metcalfe ele cativou uma plateia de Chicago com a terceira suíte para violoncelo, tocando-a, segundo uma resenha, "com estonteante beleza de timbre e com técnica impecável".

Mas, à medida que ele e Susie se distanciavam, Casals começou a passar cada vez mais tempo na Catalunha. Depois da guerra ele dedicou suas energias a reger e formou a Orquestra Pau Casals em Barcelona. Reger foi uma progressão natural para Casals, libertando-o daquilo que haviam sido duas décadas de turbilhões de turnês. Motivado pelo patriotismo catalão, essa era também uma maneira de retribuir algo a sua terra natal e de colocar Barcelona no mapa musical. Ele criou a orquestra do nada, com recursos modestos, dobrando o salário habitual dos músicos que nela ingressavam, e sustentando a empreitada com seus próprios rendimentos de violoncelista.

A Catalunha voltou a ser a casa de Casals. Todo verão ele deixava Barcelona por dois ou três meses para ficar em San Salvador. Todo dia começava cedinho com Bach ao piano, normalmente algo de *O Cravo Bem Temperado*, enquanto os canários de estimação da casa cantavam a harmonia em suas gaiolas. Da varanda com seus arcos triplos, bastavam alguns passos para chegar à areia quente da praia, onde ele cavalgava Florian, um negro cavalo árabe da Andaluzia, ou passeava com Follet, seu pastor alemão. Tênis, xadrez e música completavam o retrato idílico.

Dentro da casa, uma sala de música comportaria uma plateia de muitas centenas de pessoas; num aposento ao lado, que ele chamava de *La Salle de Sentiments* [A Sala dos Sentimentos], havia fotos da família, dos amigos, e lembranças preciosas. Outro aposento, com candelabros de cristal e painéis pintados nas paredes com cenas alegóricas, havia sido transportado intacto do palácio oitocentista de um nobre catalão.

Do lado de fora, do passeio elevado do jardim dos fundos, Casals enxergava as luminosas ondas do Mediterrâneo. Ou, voltado para a frente da casa, podia contemplar as arrumadas filas de oliveiras, com suas folhas verde-prateadas a reluzir. Ele poderia ser confundido com algum duque oitocentista em seus domínios, dedicado ao cultivo da arte e à apreciação da natureza.

Mas aquela foi uma época de esperanças esmagadas para o domínio da Catalunha. O novo capitão-geral da Espanha, Miguel Primo de Rivera, declarara-se ditador com o apoio do rei Alfonso XIII. Primo, ele mesmo catalão, rapidamente proibiu a bandeira catalã, o idioma catalão e a dança nacional. Até as placas das ruas da Catalunha, outrora bilíngues, foram cortadas pela metade, deixando apenas a versão em espanhol.

A economia, após ter-se beneficiado da expansão trazida pela neutralidade em tempo de guerra, subitamente retraiu-se. O conflito de classes se agravou. E o exército espanhol sofreu uma derrota formidável em seu protetorado marroquino, perdendo mais de 15 mil soldados e civis para Abd el-Krim e seus homens, da tribo Rif.

Enquanto isso, a Espanha estava sendo governada por um ditador que trabalhava sem parar por meses e de repente sumia um fim de semana para ficar bebendo com seus amigos ciganos. Em Madri, uma noite passada nos cafés costumava terminar na casa do ditador de madrugada, com pronunciamentos grandiloquentes, muitos dos quais eram anulados após uma boa noite de sono. Mas enquanto Primo prendia ou exilava seus oponentes, durante seu governo não houve execuções. E ele conseguiu um triunfo ao encerrar os tumultos no Marrocos, graças principalmente à assistência militar francesa. Convencido pelo rei, Primo finalmente renunciou após verificar que não tinha o apoio dos militares, e, abatido, morreu muitos meses depois em Paris.

Para Casals, o lúgubre clima político tinha paralelo em seu próprio isolamento político. Ele e Metcalfe seguiram separados suas carreiras, e após quatorze anos de casamento que duraram mais no papel do que na prática, eles se divorciaram oficialmente. Em 1929, a rainha da Espanha morreu em seu palácio. Apesar de seu republicanismo, Casals nunca escondeu o fato de que a considerava sua "segunda mãe".

Mas a mulher de quem ele foi mais próximo continuava a ser sua mãe verdadeira. Nos últimos anos, Doña Pilar, uma mulher sossegada, que tinha um nariz como o do filho, projetando-se debaixo de grossos óculos azuis, tinha-se tornado uma figura comum na casa à beira-mar. Ela havia apoiado desinteressadamente sua carreira, o que lhe custou até seu casamento, mudando-se para Barcelona, Madri, Bruxelas, Paris e de volta para Barcelona segundo os ditames de sua carreira. Para Casals, havia em sua mãe uma calma estranha e profunda, uma firmeza e uma solidez que o ajudaram a passar por muitas das dificuldades da vida.

Em março de 1931, após um concerto em Genebra, Casals recebeu um telegrama com a notícia da morte de sua mãe. Um mês depois, as eleições puseram fim à Monarquia. A Segunda República Espanhola, desejada desesperadamente por Casals, havia começado.

Giga

As impressões mais graves produzidas pelos movimentos antecedentes são reunidas numa forma alegre e animada, e o ouvinte fica com a sensação de uma agradável agitação.

Philipp Spitta

Meu plano de passar férias de verão na Europa enquanto pesquisava as *Suítes para Violoncelo* trouxe resultados contraditórios. Eu sabia que existia o Museu Casals em San Salvador e estava carregando um calhamaço que era uma excelente biografia do grande violoncelista escrita por H. L. Kirk que me deu algumas sugestões, mas que era pesada demais para levar na viagem. Rabisquei algumas pistas geográficas e mandei-a de volta para o Canadá pelo correio. Na Espanha, fui vascular as ruas e os cafés dos primeiros anos de Casals. Encontrei a Calle Ample, a rua em que ele descobriu as suítes num sebo de música. Mas quando entrei na única loja de música da rua para perguntar no meu espanhol ruim sobre Pablo Casals, eu poderia igualmente estar perguntando por Dom Quixote.

Suíte nº 2 — Ré Menor

Nos Arquivos Nacionais da Catalunha, em San Cugat, subúrbio ao norte de Barcelona, tive contato com diversos documentos de Casals. Vasculhei resenhas de jornal de seus primeiros concertos, e contemplei aquilo que, de início, parecia o Santo Graal da minha busca: a edição das *Suítes para Violoncelo* que Casals havia encontrado em 1890. Mas a música é mais do que uma série de barras e de pontinhos pintados no papel. Quanto será que eu poderia falar sobre essas folhas, com as pontas dobradas, tom de tabaco, seguradas por fita adesiva e por remendos de papel em vários pedaços, e repletas de marcas de lápis azul em grande parte incompreensíveis?

Vendrell, a cidade natal de Casals, uma hora ao sul de Barcelona, era poeirenta e vagamente hostil. No dia em que a visitei, sons de explosões ricocheteavam dos prédios fechados que ladeavam ruas vazias. Pequenos grupos de homens de bigode lançavam-me olhares ameaçadores. Esgueirei-me pelas ruas estreitas procurando a casa em que Casals passara a infância. Acabou que a agitação não era nada além de uma festa para o santo padroeiro do lugar (ainda que, naquele verão, bombas de verdade estivessem explodindo na Espanha, colocadas pelos grupos de libertação bascos). Apesar da intensa atividade dos morteiros, não parecia estar acontecendo nada festivo em Vendrell. Quanto aos locais relacionados a Casals, havia o museu obrigatório na casinha onde ele morara, a igreja onde ele tocava órgão, e praticamente só. A cidade era deprimente, dura, provinciana.

Segui as oliveiras até San Salvador, onde finalmente o Museu Pau Casals, com suas exposições amigáveis, foi uma experiência mais inspiradora. No mágico pátio pude ficar sentado, calma e meditativamente, e contemplar meu objeto. Na praia, nadei nas águas que um dia trouxeram prazer ao violoncelista. Mas, de modo geral, a Espanha oferecia magras oportunidades para a pesquisa.

Antes de viajar à Europa, consegui marcar apenas uma entrevista. O famoso violoncelista Mischa Maisky tinha acabado de lançar uma gravação das *Suítes para Violoncelo*, e reparei, no encarte, que ele morava na Bélgica. Eu ia a Bruxelas visitar um velho amigo e pensei em tentar fazer uma entrevista com um violoncelista famoso. Procurei seus dados na web e achei seu endereço de e-mail, e, para minha surpresa, a assistente pessoal de Maisky respondeu: "Ainda que o Sr. Maisky esteja incrivelmente ocupado no momento, como o assunto do seu livro é obviamente muito importante para ele, ele ficará feliz em cooperar com o senhor".

Uma onda de calor havia envolvido a aldeia belga de La Hulpe quando cheguei às portas da mansão *art déco* que pertencia a Maisky. Senti-me um detetive tentando arrancar informações de algum ricaço excêntrico que não devia falar comigo. Minha razão para estar ali – estar escrevendo um livro sobre as *Suítes para Violoncelo* – parecia uma história improvável.

Eu havia tomado o trem que partiu no meio da manhã de Bruxelas para La Hulpe, cerca de quarenta quilômetros ao sul. Da estação de trem, passei por um labirinto de ruelas e de placas em flamengo e cheguei à Avenue de la Corniche, e depois de virar errado algumas vezes me arrastei até o número 92, a última residência numa rua sem saída. A casa possuía um amplo acesso para carros atrás de um pesado portão de ferro. Observei o prédio, agradável aos olhos, uma imensa estrutura quadrada na cor creme, com canaletas decorativas abaixo da cornija, como se fosse um imenso suporte para toalhas.

Acionei o porteiro eletrônico do portão. Após identificar-me, veio um clique eletrônico e o portão se abriu, num lento abre-te sésamo, mostrando o caminho para a mansão. Passei por arbustos perfeitamente podados e por um jipe Lexus prata e parei num pequeno pórtico com um telhado verde em forma

Suíte nº 2 Ré Menor

de domo. Uma porta preta com grades douradas abriu-se e uma empregada me levou até um salão dentro da residência.

Mischa Maisky é um homem baixinho com uma cabeleira grisalha e uma barba que não pareceria inadequada numa tribo das montanhas afegãs. Ele tem lábios grandes, um nariz de falcão, e é atraente de um jeito eslavo, feudal e levemente melancólico. Estava usando uma grossa coleira dourada no pescoço, calças azuis como de pijama, chinelos escuros e uma camiseta preta com a caricatura de um violoncelista. O efeito era alguma coisa entre Rasputin e Liberace. Era o tipo de pessoa com a qual simpatizamos à primeira vista.

O violoncelista se acomodou num canapé limão feito de madeira entalhada, com detalhes em ouro, e repleto de almofadas bordadas. Atrás dele havia alguns vasos asiáticos e uma foto emoldurada de Maisky com um violoncelo. Amplas janelas exibiam o verdejante campo flamengo que é seu jardim. Havia um candelabro de vanguarda, um baixo relevo em bronze de uma figura nua, e uma mesa de vidro com flores secas no centro e diversos livros com papel lustroso. Entre os títulos havia um sobre Victor Horta, o pai do movimento de arquitetura *art nouveau* da Bélgica, que havia projetado aquela residência em particular como sua casa de veraneio.

Após discutir a onda de calor bebendo água gelada nos altos copos que a empregada trouxe, a conversa rapidamente passou para as *Suítes para Violoncelo*. "Elas são como um grande diamante", disse Maisky com forte sotaque russo. "Elas têm tantas facetas, refletindo a luz de tantas maneiras diferentes."

"São a obra mais difícil que já executei e que jamais executarei. Elas demandam uma quantidade incrível de concentração e de energia. Essa é a razão pela qual, quando toco três suítes num concerto, sempre troco de camisa três vezes – porque fico encharcado, não porque eu queira fazer moda."

Maisky tinha onze anos quando olhou a partitura. Foi um presente de Valery, seu irmão mais velho, que se tornou ele mesmo um grande organista, cravista e musicólogo. Valery colocou algumas palavras de sabedoria na folha de rosto: "Trabalhe o máximo que puder durante toda a sua vida para ser digno desta grande obra".[8] Mischa Maisky aceitou a sugestão. "Nunca parei de tocar as suítes", recordou, "exceto quando estava na prisão".

Aos quatorze anos, Maisky mudou-se de Riga para Leningrado para estudar no Conservatório. Em 1968, ele vencera um prêmio na Competição Internacional Tchaikovsky, altamente prestigiosa, e começou seus estudos no Conservatório de Moscou com um dos mais importantes violoncelistas do planeta, Mstislav Rostropovich. Logo ele se viu metido na política soviética. O fato de que Rostropovich, ativista de direitos humanos, era seu professor não ajudava muito. Em 1969, Rostropovich deu apoio ao autor dissidente Aleksandr Solzhenitsyn, e convidou-o a morar em sua *datcha*. Naquele mesmo ano, a irmã mais velha de Maisky se mudou para Israel, outra razão para as autoridades soviéticas apertarem o cerco ao jovem violoncelista.

Maisky estava gravando suas aulas com Rostropovich num velho gravador de rolo que comprara com o dinheiro do prêmio. Naquela época, ele não tinha dinheiro para um paletó ou para um par razoável de sapatos, mas Maisky achava que Rostropovich estava ensinando a ele algo tão importante que teria sido "um crime deixar aquilo simplesmente desaparecer". Quando seu gravador quebrou, ele procurou uma máquina melhor, algo praticamente inacessível a um cidadão comum da Rússia soviética. Enfim ele recebeu uma oferta – "certamente coisa de gente

---

[8] Valery Maisky acabou emigrando para Israel, onde gravou com Isaac Stern e fundou a Sociedade Bachiana de Israel. Faleceu em um acidente de automóvel na Alemanha enquanto viajava com uma orquestra que estava apresentando a *Paixão segundo São Mateus*.

Suíte nº 2 — Ré Menor

do governo" – de certificados pelos quais se pagava dinheiro vivo e que poderiam ser usados em certas lojas em que havia bens de luxo destinados a estrangeiros e à elite do Partido Comunista. "Fui preso no ato, mandado para a prisão por operações ilegais, ou o que quer que fosse o nome."

Ele foi mandado para uma pequena aldeia a cerca de quarenta quilômetros de Gorky, um lugar chamado Pravdinsk. Ali, uma fábrica de oito andares produzia papel para o *Pravda* ("verdade"), o jornal oficial da União Soviética. Sem um violoncelo, Maisky morou em barracos e trabalhou junto com ladrões e pequenos criminosos. Sua função nesse campo de trabalhos forçados era mover cimento, e ele era um dos dois trabalhadores responsáveis por encher oito grandes caminhões. "Era muito duro", recordou, "não só por causa do violoncelo. Uma coisa é não poder tocar durante dois anos, e outra é ser forçado e mover cimento. Eu movia dez toneladas de cimento por dia – construindo o comunismo. Claro que sem sucesso!".

Quando ele saiu do campo, quatorze meses depois (sem contar o tempo passado numa prisão soviética), Maisky estava sem seu cobiçado diploma do Conservatório de Moscou. Ele havia completado 63 dos 65 exames; os 2 que faltavam eram a *performance* ao violoncelo e "socialismo científico".

Em janeiro de 1972, Maisky queria sair da União Soviética, com ou sem diploma. Mas ele era obrigado a prestar três anos de serviço militar, situação que acabaria com toda esperança de tornar-se um virtuose do violoncelo. A saída passava por um hospital psiquiátrico. Por intermédio de amigos, ele conseguiu que um influente psiquiatra o internasse por dois meses, tornando-o assim intocável pelas forças armadas soviéticas. "Eu não tinha que fingir que era Napoleão nem nada." Após sua alta, candidatou-se à emigração, e seis meses depois estava em Israel.

As Suítes para Violoncelo ♪ Eric Siblin

Em seu primeiro concerto público em anos, ele tocou as trágicas melodias da segunda suíte de Bach. Mas a sorte grande estava nas cartas para o antigo condenado soviético. Após sua estreia no Carnegie Hall, um doador anônimo deu-lhe um magnífico violoncelo do século XVIII. E, quando chegou o aniversário de 300 anos de Bach em 1985, Maisky pôde lançar sua própria gravação das *Suítes para Violoncelo*. Ela foi muito bem para os padrões da música clássica, vendendo mais de 300 mil cópias e ganhando dois prêmios importantes. O *Times* de Londres elogiou a obra por "capturar a sensação de um músico solitário que responde de maneira forte e inquisitiva, com toda a sua alma, com toda a sua técnica, a um ditado divino".

Maisky, que diz que as suítes de Bach são sua bíblia pessoal, enxerga toda espécie de sinais ocultos e de coincidências numerológicas na obra. Numa pequena casa de hóspedes que ele converteu em estúdio e que chama de Sarabanda, mandou construir uma grande cerca com todas as notas da quinta sarabanda moldadas no metal. Ele alegremente observa que o endereço do estúdio é 720, que seu violoncelo Montagnana foi construído em 1720, que o ano em que chegou ao Ocidente foi 1972 – e que o ano em que, segundo tradicionalmente se considera, Bach teria começado a compor a obra é 1720.

Mas o mistério essencial das suítes ainda lhe escapa. Após perceber o quanto sua interpretação das suítes havia mudado desde 1985, ele fez em 2000 outro disco para o selo Deutsche Grammophon. E ele não espera que essa sua gravação mais recente seja sua última palavra a respeito.

O estilo expressivo, de grandes tons, é considerado exagerado por alguns críticos – uma de suas resenhas negativas diz que ele possui um "sentimento dostoievskiano". Mas ele realmente acha que "restringir Bach a um compositor barroco é um insulto à sua genialidade. Bach era muito maior do que isso. Ele foi um

Suíte nº 2   Ré Menor

compositor barroco só porque viveu naquele período. Ele é o maior romântico de sua época, e o maior modernista de sua época. Escute só a sarabanda da quinta suíte. Parece que ela foi escrita ontem!". A grandeza da música de Bach, como insistiu Maisky, está em "não pertencer a nenhum lugar e a nenhum tempo".

Suite nº 3
(Dó Maior)

Suitte 3.

Prelude

Prelúdio

> Dó maior, a tonalidade mais rica e sonora para o violoncelo, inspirou verdadeiras cascatas de som em Bach [...] sua tonalidade particular da alegria.
>
> Hans Vogt, *Johann Sebastian Bach's Chamber Music*

O amor é proclamado na escala descendente, arrebatadora – um êxtase amoroso, um deixar-se cair nos braços de alguém. O tom é romântico. As notas apaixonadas prometem tudo. Repetidas vezes o amante apresenta seus argumentos, ascendendo das profundas notas do desejo à retórica celestial. Temos adulações, a manipulação das cordas, as leis da natureza. O mundo não é algo de que se deve fugir; a força da vida pulula à frente. O ímpeto é agradável, seguido por um período de tensão, a sobreposição eufórica de notas solitárias, uma reunião, um abraço.

Ela era a filha caçula de um trompetista da corte de Weissenfels. Uma voz requintada. Uma figura digna de louvor. Mal completara vinte anos. Os dois certamente já se conheciam em junho de 1721, quando Anna Magdalena Wilcken estava empregada como cantora da corte em Cöthen e comungava na Igreja de Santa Inês, ali mesmo. Ainda que Bach não tivesse o hábito de comungar (ele só o fazia uma ou duas vezes por ano), seu nome aparece na lista de comunhão no mesmo dia em que o de Anna Magdalena – talvez a jovem cantora o tenha levado à igreja. Em setembro, os nomes dos dois aparecem no registro de batismos, como padrinhos do filho de um mordomo do palácio.

Quase nada se sabe sobre como Bach e Anna Magdalena se apaixonaram. Mas há uma insinuação de uma corte secreta contida na letra de uma ária misteriosa, normalmente atribuída a Giovannini, que logo foi escrita num livro de música para agradá-la:

> Ser livre demais, aberto demais / costuma ser muito arriscado.
> Para ninguém saber nada jamais / é preciso muito cuidado.
> Amada, se for meu teu coração, / pois que o meu a ti pertence,
> disso não dá sinal nenhum, oh, não, / que é para que ninguém pense.

Bach fez uma viagem profissional em agosto de 1721 a Schleiz, em cuja corte se apresentou. No meio da jornada, ele teria parado em Weissenfels, e é bem possível que tivesse aproveitado a ocasião para pedir ao trompetista Johann Caspar Wilcken a mão de sua filha.

Segundo o registro da igreja do castelo de Cöthen, "em 3 de dezembro de 1721, o Sr. Johann Sebastian Bach, viúvo, Mestre de Capela de sua Alteza Real, o Príncipe, e a senhorita Anna Magdalena, legítima filha caçula de Johann Caspar Wülcken, Trompetista da Corte e de Campo da Música de Sua Alteza Real, o Príncipe de Saxe-Weissenfels, casaram-se em casa, por ordem do Príncipe". Ainda que as segundas núpcias costumassem ser discretas, a conta do vinho sugere um evento alegre e até extravagante. O noivo comprou um grande carregamento de vinho da Renânia para a ocasião, 44 galões, no valor de 84 táleres e 16 groschen, o equivalente a um quinto de seu salário anual.

Suíte nº 3 — Dó Maior

O viúvo de 36 anos estava precisando do estímulo que o casamento lhe deu. Anna Magdalena, aos vinte anos, tornou-se madrasta dos quatro filhos pequenos de Bach, cujas idades iam de seis a onze anos: Wilhelm Friedemann, Carl Philipp Emanuel, Gottfried Bernhard e Catharina Dorothea. A ordem em sua família foi restaurada. E suas finanças se beneficiaram da grande renda que Anna Magdalena continuava a ter como cantora da corte da banda do príncipe.

Além de transformar-se de um instante para outro na madrasta encarregada de uma grande família, Anna Magdalena era cantora profissional, habilidosa copista e, pode-se presumir, musa para o homem que ela chamava de Sebastian. Ela roubava o tempo de suas tarefas domésticas para copiar suas composições, rapidamente aprontando tudo para apresentações ou para a venda, com uma caligrafia nítida, clara, que logo se tornou indistinguível da de seu marido. As apresentações de Bach em outras cidades incluíam sua esposa, que, como ele descreveu numa rara carta, "é uma soprano que canta bem e claramente".

Mas não se tratava de um casamento por conveniência. Os indícios sugerem que Bach havia se apaixonado por sua jovem noiva como uma velocíssima escala descendente. Ainda que se saiba pouco sobre a vida pessoal de Bach, sabe-se que ele comprou para ela um pássaro cantor. Em outra ocasião, ele lhe deu meia dúzia de cravos amarelos. Uma carta da família observa que "Anna Magdalena estima esse presente imerecido mais do que as crianças estimam seus presentes de Natal, e cuida deles com o mesmo cuidado que se dispensa a um bebê, para que não murchem".

Eles eram confidentes musicais íntimos. Não muito depois do casamento, ela iniciou um álbum em que ele escrevia melodias para seu deleite e estudo. Com sua caligrafia floreada, ela o intitulou "Pequeno Livro de Teclado para Anna Magdalena Bach". Ele ficaria cheio em poucos anos, sendo seguido por um segundo álbum com papel-pergaminho e bordas douradas, amarrado por uma fita vermelha. "Não há dúvida de que Bach a amava profundamente", escreve o biógrafo Percy M. Young, "e as canções do ['Pequeno Livro de Teclado'], ternas e íntimas, combinando os impulsos dos amores sacro e profano, são extremamente comoventes". A música incluía canções transpostas para a voz dela, suítes para cravo, melodias leves e elegantes, e as primeiras tentativas de composições de seus filhos. Era possível também encontrar canções de amor nas páginas gastas, como a ária "Se Queres me Dar teu Coração, Deves Fazê-lo em Segredo", de Giovannini.

Alemanda

> *Serão as alemandas as partes mais misteriosas e mais profundas das suítes?*
>
> Anner Bylsma

O romance estava no ar de inverno de Cöthen: o príncipe de 27 anos ia se casar. Apenas oito dias depois do casamento de Bach com Anna Magdalena, o príncipe Leopoldo se casou com Friederica Henrietta, sua prima de dezenove anos, princesa de Anhalt-Bernburg. Cinco semanas de celebrações – bailes, festas a fantasia, fogos de artifício – seguiram-se ao casamento, para o qual Bach escreveu algumas obras, hoje perdidas.

A princesa modificou a atmosfera na corte. Bach a descrevia como uma *amusa* – alguém que não tem a menor necessidade de música. Na verdade, ela possuía algumas partituras elegantemente organizadas, o que lança dúvidas sobre o epíteto de Bach. Mas é bastante provável que a princesa tivesse ciúmes do laço especial de Leopoldo com Bach – para nem falar de Anna Magdalena, outra jovem recém-casada que recebia um considerável salário dos cofres reais como cantora da corte. A música, de todo modo, era um interesse caro e que demandava tempo, que distanciava o príncipe de sua princesa.

As Suítes para Violoncelo ♪ Eric Siblin

As mudanças de prioridades logo ficaram evidentes no orçamento da corte. Durante os dois primeiros anos de Bach em Cöthen, os gastos com música haviam aumentado. Agora passaram a cair. Havia três músicos a menos na orquestra do príncipe, incluindo um violinista de primeira. Em seu lugar, foi contratado um professor de dança. Os gastos com a música agora eram de cerca de 4% do orçamento da corte, competindo com itens como a adega, os estábulos e os jardins do palácio. A própria princesa recebia 2.500 táleres anuais, valor maior do que todo o orçamento da corte para a música. E Leopoldo decidiu criar uma guarda cerimonial do palácio com 57 soldados, um custoso exército de mentirinha que mais reforçava as pretensões reais do que a segurança.

Bach, outra vez feliz em sua vida doméstica, viu sua carreira em perigo. "Eu tinha um príncipe gracioso, que amava e conhecia música, e a seu serviço eu planejava passar o resto da minha vida", escreveu para um velho amigo anos depois. "Aconteceu de o dito *Serenissimus* casar-se com uma princesa de Berenburgo e que surgisse a impressão de que os interesses musicais do dito príncipe se amornassem, especialmente porque a nova princesa parecia uma *amusa*."

Os cortes no orçamento musical na corte não podem ser atribuídos apenas à nova princesa. Leopoldo estava passando por um período financeiramente difícil porque uma disputa na família tinha levado à perda de renda feudal. E ainda havia a questão da saúde frágil do príncipe. Considerando tudo, Bach percebia para que lado o vento soprava. E, considerando suas propostas a Hamburgo e a Berlim nos dois anos anteriores, ele obviamente já considerava suas opções muito antes da *amusa* ter entrado em cena.

No fim das contas, Cöthen ainda era a "Cöthen das Vacas", uma corte marginal no meio do nada. A religião oficial era o calvinismo do príncipe, e a família Bach tinha de se contentar com uma modestíssima igreja luterana cujo pastor não era nada impressionante. Outro ponto negativo era o sistema escolar: ao menos uma sala de aula estava entupida com 117 alunos. Bach, um profissional de sucesso que nunca chegou à universidade, tinha esperanças de que seus filhos Friedemann, C. P. E. e Gottfried Bernhard chegassem à universidade.

Outros sentimentos podem ter surgido. Em abril, Bach recebeu a notícia de que seu irmão Jacob havia morrido. Após terem se tornado órfãos, os dois jovens tinham se mudado para Ohrdruf, onde viveram com Christoph, o irmão mais velho. A carreira de Jacob tinha-o levado ainda mais longe. Após ter sido aprendiz em Eisenach, sua cidade natal, foi para a Polônia, onde se juntou ao exército real sueco, comandado por Carlos XII, "como oboísta da guarda". Há um registro de sua presença em Constantinopla. Tirando o fato de que sua primeira esposa morreu mais ou menos na mesma época que Maria Barbara, a esposa de Bach, e que ele também se casou de novo, não se sabe praticamente nada de Jacob Bach. Ele morreu na distante Estocolmo, como músico ligado à corte sueca.

Jonas e Balthasar, os outros irmãos de Bach, morreram ambos muito jovens, muitos anos antes, e Christoph, seu irmão mais velho, havia morrido recentemente, aos 49 anos. A morte de Jacob naturalmente faria que Bach questionasse sua própria longevidade e considerasse a melhor maneira de garantir o futuro de seus três filhos.

Para além de todas essas preocupações havia a natureza inquieta de Bach, sua tendência a ficar insatisfeito com um emprego após encantar-se por ele, a sentir-se constrangido por limitações, musicais e outras, e a não se contentar com o *status quo*, e sim a seguir adiante uma vez que tivesse dominado as possibilidades musicais oferecidas por alguma situação. Assim, quando surgiu uma vaga de chantre em Leipzig, uma cidade universitária que ofereceria uma excelente formação para seus filhos, um estilo de vida mais cosmopolita para sua esposa, e muitas oportunidades musicais para o compositor, Bach se candidatou.

O cargo era de respeito, e candidatos não faltavam. Bach só entrou na disputa após seu amigo Georg Philipp Telemann, diretor musical em Hamburgo, ter conseguido o cargo mas recusado, após as autoridades em Hamburgo terem aumentado seu salário e melhorado suas condições de trabalho. Mesmo depois da entrada de Bach, o conselho de Leipzig em seguida ofereceu o cargo a Christoph Graupner, mestre de capela em Hesse-Darmstadt. Porém, o empregador de Graupner recusou-se a dispensá-lo. Uma importante página da história da música estava para ser virada, ainda que ninguém percebesse isso na época.

Ao contrário dos empregadores de Telemann e de Graupner, e ao contrário do duque de Weimar, antigo empregador de Bach, que o jogara na cadeia, o príncipe Leopoldo graciosamente concordou em deixar Bach ir embora. Numa carta ao conselho municipal de Leipzig, o príncipe dispensava seu prezado Mestre de Capela provavelmente com o coração pesaroso. Leopoldo afirmava que sua corte esteve "o tempo inteiro satisfeita com sua conduta... E agora, vendo que ele deseja buscar emprego alhures, e assim pediu nossa graciosa permissão para retirar-se, Nós [sic] por meio desta a concedemos, recomendando-o de coração aos outros".

Para Leopoldo, deve ter sido difícil escrever essa carta – sua princesa, a *amusa*, havia morrido apenas nove dias antes. Mas àquela altura Bach já havia cruzado um ponto sem volta. Mesmo assim, deve ter sido com sentimentos contraditórios que, em maio de 1723, Bach olhou para trás e viu as três severas torres do castelo de Cöthen sumindo de vista. "De início, de fato, não parecia nem um pouco adequado que eu trocasse meu cargo de Mestre de Capela pelo de Chantre", escreveu numa carta. "Por

Suíte nº 3 — Dó Maior

isso, adiei minha decisão por três meses; mas o cargo me tinha sido descrito de maneira tão favorável que, enfim (ainda mais porque meus filhos parecem ter inclinação para os estudos), pus minha sorte nas mãos de Deus e fiz a jornada até Leipzig, onde fiz meu exame e em seguida a mudança de cargo."

Corrente

A paixão ou o afeto a apresentar numa corrente é uma doce expectativa.

Johann Matteson

Pablo Casals ia votar pela primeira vez na vida. Em 1931, deu seu voto aos republicanos, que subiram ao poder e trouxeram a Segunda República Espanhola. O rei Alfonso XIII, que na infância brincava com soldadinhos com Casals no palácio real, foi aconselhado a deixar a Espanha para evitar a violência. "Estamos fora de moda", observou, após a eleição. Quando as multidões começaram a fazer manifestações do lado de fora do palácio, o rei imediatamente partiu de carro para a costa, onde tomou um navio para seu exílio na França. "A queda da monarquia", escreveu o tutor de polo de Alfonso, o marquês de Villavieja, "me causou mais impacto do que uma queda de um pônei de polo".

A nova República, que prometia restaurar a tão aguardada autonomia catalã, marcou dias eufóricos para Casals. O violoncelista, então com 45 anos, foi nomeado presidente do Conselho de Música, e recebeu a "medalha do Estado" da Catalunha.

Recebeu a cidadania honorária de Barcelona, e uma avenida central da cidade recebeu seu nome. Regeu seu arranjo para 32 violoncelos para a dança nacional catalã, a sardana. Ele foi tragado pelos acontecimentos, estava empolgadíssimo, sentindo-se pela primeira vez unido ao ambiente à sua volta.

A República tinha um pendor cultural que agradava a Casals. Manuel Azaña, o novo primeiro-ministro, era um ilustre ensaísta e tradutor de Voltaire. Seus colegas no gabinete incluíam um filósofo e um historiador, e o poeta Ventura Gassol era ministro da Cultura do governo regional catalão.

Poucos dias depois da criação do governo, Casals regeu a Orquestra Pau Casals no grande palácio de Montjuïc, de onde se via toda Barcelona. O programa era a *Nona Sinfonia* de Beethoven, cujo coral, na "Ode à Alegria", proclamava a fraternidade universal. Porém, a nova República estava encurralada entre inimigos ferozes à direita, e amigos difíceis à esquerda. A economia sofria por causa da quebra da bolsa de Nova York, da queda da peseta, e da fuga de capital. Não demorou muito para que houvesse uma tentativa de golpe militar e uma greve geral, para que igrejas fossem incendiadas e para que houvesse choques entre os anarquistas e a polícia. Em um ano e meio foram convocadas novas eleições, agora com a participação, pela primeira vez na história da Espanha, do voto feminino – uma das realizações constitucionais da República.

O governo de centro-direita que resultou da eleição tentou acabar com muitas das reformas feitas pelo regime anterior. Enquanto isso, os políticos extremistas extremaram-se ainda mais. O partido socialista, radicalizado, inflamado por sua própria retórica ensandecida, decidiu iniciar uma greve geral para derrubar o governo e restaurar a pureza de esquerda da República. O fracasso foi total. O governo respondeu criminalizando a greve e declarando estado de guerra.

No norte, os mineiros em greve foram bombardeados pela força aérea até submeter-se. Em Astúrias, uma comuna anarquista que trocou o dinheiro por cupons foi brutalmente removida por forças de segurança, ao custo de milhares de vidas. Na Catalunha, Lluis Companys, líder do partido Esquerda Republicana da Catalunha, apareceu na varanda do prédio do governo regional para proclamar "um Estado catalão dentro de uma república federativa espanhola". Foi preso sem a menor cerimônia. (Assim como Luis, irmão de Casals, que aparentemente tinha alguma relação com uma rápida batalha em defesa do Estado catalão. Foi libertado após dez semanas.)

Foram marcadas eleições para fevereiro de 1936 – a última eleição livre que aconteceria na Espanha por quarenta anos. Os partidos de esquerda e de centro-esquerda, adotando um programa de reforma agrária e autonomia para a Catalunha, juntaram-se para disputar a eleição como Front Popular. Venceram, mas por uma margem mínima: menos de 2% dos votos.

Apesar da feição moderada do novo governo do Front Popular, a direita reagiu como se uma revolução bolchevique estivesse para acontecer. Àquela altura, as barricadas ideológicas já tinham sido erigidas por toda a Europa. Em 1936, o que não faltava na Espanha eram soldados, monarquistas, latifundiários e ativistas católicos que se inspiravam em Hitler e em Mussolini. Contra eles havia os inúmeros partidos de esquerda e sindicatos – anarquistas, sindicalistas, anticlericais, comunistas, trotskistas e socialistas. Impedida de progredir por muito tempo, a Espanha foi catapultada para o século XX com todos os seus ismos explosivos. Os fascistas preparavam suas armas. Os comunistas aguardavam instruções de Moscou. Os anarquistas nunca se organizaram tanto assim.

Em 18 de julho, Casals ensaiava sua orquestra em Barcelona, preparando-se para um concerto, no dia seguinte, que iria

Suíte nº 3   Dó Maior

abrir as Olimpíadas de Barcelona, um contraponto político às Olimpíadas da Berlim nazista. Durante os ensaios no prédio exuberantemente modernista do Palácio da Música Catalã, Casals recebeu uma nota do ministro da cultura: aguardava-se uma revolta fascista na cidade aquela noite. Casals avisou aos músicos que o concerto estava cancelado, acrescentando que não sabia quando eles voltariam a reunir-se. Ele sugeriu concluir a sinfonia "como um adeus e um até breve para todos nós". Enquanto ele regia a orquestra e o coro na "Ode à Alegria", lágrimas borravam a partitura do maestro.

Do lado de fora, nas ruas quentes e tensas de Barcelona, outros preparativos aconteciam. Barricadas eram construídas; lojas de armas, saqueadas; carros e caminhões, confiscados; e granadas caseiras eram montadas. As organizações proletárias controlavam elas próprias os preparativos para enfrentar o golpe de estado fascista. Naquele mesmo dia, um piloto com uma carta de baralho rasgada pela metade voou até as Ilhas Canárias com instruções para pegar um general espanhol que tinha a outra metade. O general, um homem baixinho e barrigudinho chamado Francisco Franco, iria assumir o comando dos rebeldes fascistas.

Em 48 horas, os rebeldes, com o apoio dos aviões Junker oferecidos por Hitler para transportar tropas da parte espanhola do Marrocos, haviam tomado o sul e o oeste do país. Em todos os lugares em que os rebeldes do exército venciam, seus adversários – reais ou imaginários – eram selvagemente executados, de governadores fiéis à República aos mais baixos representantes sindicais. Os socialistas e os anarquistas foram caçados, e os maçons foram sumariamente fuzilados por precaução. Mas, nas cidades em que as organizações proletárias conseguiram pegar em armas, o levante militar foi esmagado.

Em Barcelona a rebelião começou pouco antes da aurora do dia seguinte, quando os soldados de uma guarnição local receberam doses de rum e ordens para marchar na Diagonal, a principal via pública, onde por acaso Casals estava morando. Mas os rebeldes foram recebidos pelas sirenes das fábricas, que alertaram os trabalhadores armados, que enfrentaram os soldados com bombas caseiras, atiradores e barricadas. Ao fim do dia, a rebelião militar havia sido desbaratada. Em Madri, os golpistas igualmente fracassaram.

A República, todavia, cambaleava. Logo ficou claro que, ao mesmo tempo que a Alemanha nazista e a Itália fascista estavam ajudando a revolução de Franco, as democracias europeias, lideradas pela Grã-Bretanha, não dariam apoio ao legítimo governo espanhol. E o governo republicano logo se viu diante de um duplo desafio. De um lado havia um golpe militar, e, de outro, socialistas e anarquistas preparando um golpe próprio. "A ascensão da direita", observa Antony Beevor em *The Battle for Spain* [A Batalha pela Espanha], "havia lançado uma revolução não planejada nos braços ansiosos da esquerda".

Casals retirou-se em San Salvador, onde sua casa subitamente começou a ter uma aparência de suspeita opulência para os anarquistas que vagavam longe das cidades grandes. "Como eu tinha a casa grande, com jardins, em San Salvador", recordava Casals, os anarquistas "achavam que aquilo era luxuoso e, todo dia, em Vendrell, quando faziam suas reuniões para decidir quem iam fuzilar em seguida, meu nome e o do meu irmão apareciam todo dia na lista, mas alguém sempre falava: não, Pau Casals não. A gente tem de pensar com muito cuidado".

Ele enterrou documentos e queimou as cartas recebidas da família real. Aos olhos dos conservadores ele era esquerdista, mas os esquerdistas extremados viam-no como monarquista bem relacionado. "Depois os anarquistas foram vencidos pelos comunistas", lembrava Casals, "e por outro lado as tropas de Franco se aproximavam da Catalunha. Assim, ficamos encurralados no meio dos tiros, temendo os riscos para nossas vidas que vinham dos dois lados".

Sarabanda

A música agora evoca uma tristeza sonhadora.

Mstislav Rostropovich

Casals começou a gravar as *Suítes para Violoncelo* numa nota de desespero. Com a irrupção da guerra civil na Espanha, ele não podia mais tocar em sua terra natal; ele se recusava a tocar na Rússia bolchevique; e ele havia boicotado a Alemanha desde a ascensão de Hitler ao poder e a Itália desde a chegada do fascismo. "Num período de grave perigo físico e de perturbação emocional", escreve o biógrafo Robert Baldock, "Casals *precisava* tocar".

Fazer uma gravação integral das suítes ia contra aquilo que elas representavam para ele – obras-primas intensamente pessoais num estado de constante evolução. Ele estava preocupado, achando que não conseguiria fazer jus a elas. E ele detestava o "monstro de aço", como ele chamava o microfone, que captava ruídos de fundo que ele nem conseguia perceber. Mas, no outono de 1936, quatro meses depois de a guerra civil irromper na Espanha, um Casals devastado deixou-se convencer por Fred Gaisberg, lendário presidente da EMI, a entrar num estúdio em Londres. Ele começou com a segunda e a terceira suítes.

Casals lia no jornal as notícias que vinham da Espanha naqueles ansiosos dias de novembro. A épica Batalha de Madri, que foi considerada uma das mais extraordinárias na guerra moderna, estava acontecendo. Atacando Madri estava um exército bem equipado fiel a Franco, composto na maior parte de homens de tribos marroquinas e de legionários estrangeiros (esses sobretudo criminosos e fugitivos), com o apoio de tanques e aviões alemães e italianos. Defendendo a cidade havia uma imensa massa urbana liderada pela milícia republicana, as Brigadas Internacionais (voluntários de mais de cinquenta países, a maioria sob controle dos comunistas) e assessores soviéticos, além de uma variedade de idealistas, anarquistas e batalhões de trabalhadores organizados por profissão, entre os quais unidades distintas de barbeiros, de alfaiates, de diretores de escola e de artistas gráficos.

A luta ocorria principalmente na Cidade Universitária, um aglomerado de prédios de faculdades que dava às batalhas um simbolismo bizarro. Para os republicanos, nada menos do que a civilização estava em jogo; Madri deveria tornar-se "o túmulo do fascismo". Os rebeldes do exército, por sua vez, poderiam usar o *slogan* do fundador de sua Legião Estrangeira: "Basta de inteligência, viva a morte".

Buenaventura Durruti, lendário líder anarquista, comandou 3 mil homens na defesa do campus, mas eles foram assustados pelos marroquinos com suas metralhadoras. Os anarquistas, ainda trabalhando sua nova política, "a disciplina da indisciplina", fugiram do campo de batalha acadêmico. O primeiro prédio a ser capturado pelas forças de Franco foi a escola de arquitetura. Volumes da *Encyclopaedia Britannica* foram usados como barricadas; nos corredores da faculdade, ecoavam os tiros e os comandos gritados em espanhol, árabe, catalão, francês, alemão e italiano.

No Hospital das Clínicas da universidade, um batalhão das Brigadas Internacionais Alemãs, liderado pelo autor de um romance pacifista, colocou bombas nos elevadores programadas para explodir na cara dos soldados marroquinos no andar de cima. Outros guerreiros marroquinos tornaram-se vítimas de sua própria fome, alimentando-se de animais inoculados que estavam sendo usados em experimentos. O próprio Durruti foi morto por aquilo que se chamou de bala perdida, mas que também, segundo rumores, teria sido uma bala anarquista disparada em protesto contra a política de "disciplina da indisciplina". Os Institutos da Higiene e do Câncer e o Departamento de Agricultura caíram nas mãos dos rebeldes militares. Havia apenas o Centro de Filosofia e Letras entre as forças de Franco e o resto de Madri.

Quando Casals entrou nos estúdios de Abbey Road para gravar a segunda e a terceira suítes, a batalha era o assunto que mais ocupava seus pensamentos. Em Madri, os bombardeios aéreos alemães e italianos haviam se intensificado, tendo como alvos o Museu do Prado e outros monumentos culturais, assim como hospitais, para que se tenha ideia do impacto sobre a população civil. Era a primeira vez na história que uma capital sofria um bombardeio aéreo concertado.

No mesmo dia em que Casals estava em Londres gravando duas suítes de Bach, Anthony Eden, o ministro britânico das Relações Exteriores, anunciou que seu país proibiria navios britânicos de entregar armas à Espanha (isso é, ao governo republicano) – isso num momento em que milhares de soldados e pilotos alemães, assim como camisas negras italianos, estavam dando um apoio crucial a Franco.

"Tudo bem", observou Casals, "dizer que o povo espanhol tem de resolver seus próprios problemas, mas como é que ele pode fazer isso quando Franco tem todas as armas?". Ele tocou a trágica segunda suíte para violoncelo e a apaixonada terceira suíte, enviando suas sentidas notas para dentro do "monstro de aço" da moderna tecnologia de gravação.

Madri, contra todas as expectativas, foi salva do ataque fascista, mas não viria a ser o túmulo do fascismo. Ao recusar armas à República, a Inglaterra, a França e os Estados Unidos obrigaram o governo espanhol a buscar ajuda na União Soviética. O resultado direto foi um controle cada vez maior de Moscou, uma influência sovietocêntrica que ao mesmo tempo reforçava e envenenava a causa republicana.

Em 31 de maio de 1938, as forças fascistas italianas que davam sustento a Franco na Espanha (e também aos bordéis e aos cabarés na área) apontaram a primeira de suas bombas para Granollers, uma cidade perto de Barcelona. Era um alvo peculiar, considerando a ausência de importância militar. Mais de cem pessoas morreram, especialmente mulheres e crianças.

Dois dias depois, em Paris, Casals voltou ao estúdio para gravar as notas otimistas da primeira suíte para violoncelo. O bombardeio de Granollers não o surpreenderia – Barcelona havia sofrido terrivelmente com a campanha de bombardeios fascistas. Dois meses antes, enquanto Hitler dominava a Áustria, um ataque de bombardeiros italianos havia deixado mil mortos na cidade, e 2 mil feridos. Casals sabia que as áreas sob controle republicano não paravam de encolher. Mas a Catalunha, ainda em mãos republicanas, se mantinha.

No dia seguinte ao da gravação da primeira suíte de Bach, Casals voltou ao estúdio em Paris para gravar as notas fortes e explosivas da sexta suíte. A rendição não estava próxima.

No outono daquele ano, enquanto as tropas de Franco marchavam para Barcelona, uma atmosfera lúgubre tomava conta da capital catalã. A grande escassez de alimentos, de combustíveis e de energia elétrica na cidade ferida pelas bombas era agravada pela chegada de milhões de refugiados que corriam do avanço fascista, incluindo 600 mil crianças. Casals estava em Barcelona ensaiando para um concerto no Grande Teatro Liceo em prol da

Suíte nº 3 🎼 Dó Maior

Sociedade de Auxílio às Crianças. Durante um ensaio um bombardeio abalou o teatro, e os músicos da orquestra correram para se proteger no auditório. Casals rapidamente recuperou o equilíbrio e pegou o violoncelo. Tocou uma suíte de Bach, tirando notas que soariam tanto como encorajamento quanto como consolo. O perigo imediato passou, e a orquestra retomou seu ensaio.

No concerto, que foi transmitido pelo rádio, Casals apelou aos países democráticos (que tinham acabado de permitir que Hitler zombasse deles na Tchecoslováquia) que não abandonassem a Espanha. "Não cometam o crime de deixar que a República espanhola seja assassinada", pediu. "Se permitirdes que Hitler vença na Espanha, sereis as próximas vítimas de sua loucura. A guerra se espalhará pela Europa, pelo mundo inteiro. Vinde ajudar nosso povo."

Ele embarcou numa turnê extremamente agitada, partindo da Bélgica e passando pelo sudeste da Europa até chegar a Grécia, Turquia e Egito. No Natal ele estava de volta a sua casa em San Salvador – agora cheia de refugiados e de uma sensação de temor – enquanto a Catalunha se armava para o ataque final de Franco às forças republicanas.

Numa cerimônia apressada na Universidade de Barcelona, Casals recebeu o título de doutor *honoris causa*; diante das circunstâncias – as forças fascistas já estavam nos arredores da cidade – o diploma foi redigido à mão. O exílio estava na mente da maioria das pessoas na cerimônia. Naquele mesmo dia, o governo republicano deixou Barcelona e foi para Gerona. Alguns dias depois, Casals fechou as portas de sua casa e partiu para o norte.

A Catalunha inteira parecia estar fazendo uma última corrida para a fronteira francesa. Quando a França finalmente abriu a fronteira nos últimos dias de janeiro, a primeira onda maciça de meio milhão de refugiados desaguou no país.

Tremendo de frio, envoltos em cobertores, agarrando-se a poucos pertences (em alguns casos nacos de terra de suas aldeias) e servindo de alvo para aviões nazistas, os espanhóis foram colocados em esquálidos campos de internação patrulhados por guardas senegaleses.

A queda de Barcelona foi rápida, quase sem luta. Franco rescindiu a autonomia catalã no dia seguinte; a *sardana*, a dança nacional catalã, foi criminalizada; o idioma catalão, banido.

Naquele momento, Casals estava do lado francês da fronteira dos Pirineus, na poeirenta aldeia de Prades. Seu quarto no Hôtel Grand tornou-se o quartel-general não oficial de uma operação de socorro aos refugiados. O violoncelista mais famoso do mundo começou a enviar pedidos de ajuda internacional; quando as provisões chegavam, ele alugava caminhões para levar a comida, a roupa e o dinheiro a seus compatriotas. Nos campos ele testemunhou cenas de sofrimento que lhe recordaram o Inferno de Dante. E ainda que ele mesmo estivesse em condições infinitamente melhores do que os refugiados, sua situação era drástica. Muitos dos refugiados poderiam retornar à Espanha, mas não Casals – o chefe da propaganda de Franco, o general Queipo de Llano, havia jurado que, se Casals fosse capturado, seus dois braços seriam cortados na altura dos ombros. Após uma guerra que havia matado mais de meio milhão de espanhóis, as forças franquistas começaram a liquidar um número estimado de 200 mil pessoas consideradas inimigas do novo regime fascista.

Em visita à família Eisenberg, seus amigos em Paris, Casals caiu em profunda depressão. Não saiu do quarto por mais de duas semanas, sem ligar para a vista de sua janela no sétimo andar, que dava para a Place de la Porte Champerret. "O desastre que se abatera sobre minha terra natal foi absolutamente avassalador para mim", escreveu depois.

Suíte nº 3 🎼 Dó Maior

Eu sabia das represálias de Franco em Barcelona e em outras cidades. Eu sabia que milhares de homens e mulheres estavam sendo presos ou executados. Os tiranos e os brutamontes haviam transformado meu querido país numa prisão monstruosa. De início eu não sabia o que havia acontecido com meus irmãos nem com suas famílias – chegou-me a notícia de que as tropas fascistas haviam ocupado a minha casa em San Salvador. Para mim era horrível pensar nessas coisas, mas eu não conseguia tirá-las da cabeça. Elas se apoderavam de mim – eu tinha a impressão de que ia me afogar nelas. Tranquei-me num quarto com as cortinas fechadas e fiquei olhando para o escuro... Fiquei naquele quarto vários dias, sem conseguir me mexer. Eu não aguentava ver ninguém, nem falar com ninguém. Talvez eu estivesse perto da loucura ou da morte. Eu não tinha vontade de viver.

Os amigos por fim o convenceram a retornar a Prades, onde ele começou freneticamente a escrever cartas, pedindo ajuda e obtendo provisões para os campos. Ele deu alguns concertos beneficentes em Paris para levantar fundos para a assistência aos refugiados. Para sua consternação, a Grã-Bretanha e a França – agora preocupadas com problemas mais graves na Europa – reconheceram o governo de Franco. Ele sofria de dores de cabeça e de tonturas. Um amigo, o poeta Joan Alavareda, que vivia num quarto adjacente no hotel, deu a Casals uma bengala para que ele batesse na parede durante a noite caso precisasse de ajuda.

A retirada das forças militares alemãs e italianas da Espanha foi completada em junho de 1939. Em Berlim, Hitler passou em revista 14 mil membros da Legião do Condor da Luftwaffe, que havia desempenhado um papel fundamental no apoio a Franco. Os soldados italianos recém-chegados dos campos de batalha catalães foram recebidos em Roma por Mussolini. As tropas fascistas seriam necessárias em outros lugares.

Em 13 de junho, Casals foi ao estúdio de Paris mais uma vez para completar o ciclo das *Suítes para Violoncelo* de Bach. Gravou a quarta e a quinta suítes, conectando as notas dilacerantes de desespero e de perda.

Três meses depois, o cenário de pesadelo que ele vinha temendo se materializou. Ele não estava mais seguro no exílio. Hitler invadia a Polônia, dando início à Segunda Guerra Mundial.

Bourrée

> *A entonação é uma questão de consciência.*
> Pablo Casals

As gravações de Casals das *Suítes para Violoncelo* foram os primeiros registros completos de estúdio da obra, e estavam destinadas a ser as mais famosas e, de muito longe, as mais influentes. Sua gestação durou muito tempo: as gravações foram lançadas no início da década de 1940, mais de cinquenta anos após ele ter descoberto as suítes.[1] A experiência mesma da gravação, forjada no cadinho da Guerra Civil Espanhola, teve seu ônus para Casals. Uma semana antes de entrar no estúdio para gravar as suítes 4 e 5 em 1939, ele escreveu à Gramophone para dizer que "duas Suítes de Bach são para mim a coisa mais terrível de gravar". Um mês depois ele lamentou que o esforço do estúdio "tenha me custado, além de muitos meses de trabalho e do esforço exaustivo das gravações, como sempre, uma semana inteira de cama".

---

[1] Os discos, de 12 polegadas e 78 RPM, foram lançados pelo selo Victor em três partes, começando com as suítes 2 e 3 em 1940, 1 e 6 no ano seguinte, e 4 e 5 em 1950.

Por mais doloroso que tenha sido o processo, os resultados foram espetaculares. O crítico Norman Lebrecht, que a considera uma das melhores gravações clássicas jamais produzidas, elogiou Casals por ter levado "grandeza, dignidade e, acima de tudo, esperança" às *Suítes* de Bach. "Como *performance*, ela é tanto um testamento quanto um ponto de partida para o futuro do violoncelo." Os discos colocaram as *Suítes para Violoncelo* em circulação geral e levaram a um número enlouquecedor de gravações. Para dar um exemplo, na Virgin Megastore da Rua 14, em Nova York, havia recentemente nada menos do que 24 versões diferentes à venda. A de Casals era uma delas; apesar da intensa competição, ela nunca saiu de catálogo.

Como Casals, outros violoncelistas sofreram por causa de suas versões, aproximando-se da obra-prima de Bach com reverência e medo. Até o grande Mstislav Rostropovich relutou em gravar a obra. Já adiantado em sua carreira, quando finalmente reuniu a coragem de gravar todas as seis suítes, explicou no vídeo da *performance* o quanto passou a se sentir cuidadoso. "Estou agora com 63 anos", diz, sério. "Só duas vezes na vida gravei uma suíte de Bach. Quarenta anos atrás gravei a segunda suíte em Moscou... e em 1960 gravei a quinta suíte em Nova York. Não consigo me perdoar nos dois casos. Fui precipitado."

Matt Haimovitz, o violoncelista de rabo de cavalo que aos treze anos substituiu seu professor num concerto no Carnegie Hall – junto com Rostropovich e Isaac Stern – destemidamente tocou as suítes de Bach em bares de rock e em pizzarias. (Ele também teve a coragem de tocar no violoncelo a versão de Jimi Hendrix de "Star Spangled Banner" e de "Kashmir", do Led Zeppelin.) Contudo, quando chegou a hora de gravar as suítes de Bach, ele confessou "algum temor de criar uma expressão fixa dessas obras tão queridas".

Suíte nº 3 　Dó Maior

Outros violoncelistas gravam e regravam as suítes de Bach para tentar manter-se atualizados em relação às suas próprias interpretações. "Por muitos anos", escreve o violoncelista húngaro Janos Starker, "pensei em perguntar a J. S. Bach como ele queria que suas suítes para violoncelo fossem tocadas. Isso fez que a vida no outro mundo parecesse palatável e até desejável". Com cinco gravações em seu cinturão octogenário, Starker parece o detentor do recorde.

Até o momento, pelo menos. Pieter Wispelwey, o violoncelista holandês cuja versão é maravilhosamente suave e sorrateira, diz que planeja gravar as suítes a cada sete anos como um "barômetro" de seu estilo. Mischa Maisky, por sua vez, entrou numa loja de equipamentos de som em Zurique um dia enquanto sua gravação de 1985 tocava para os fregueses. Sua interpretação da obra havia mudando tanto em quinze anos que ele não conseguia mais reconhecer sua própria versão. Ele rapidamente levou seu violoncelo de volta para o estúdio.

O desejo de regravar é muito forte porque as interpretações podem variar loucamente, mesmo na carreira do mesmo violoncelista. Privados do manuscrito original de Bach, os violoncelistas são obrigados a tomar mais decisões do que o normal. Eles não dispõem das "indicações" do compositor, a notação que costuma indicar características da música como tempo, dinâmica, a maneira de segurar o arco, estilos e diversas rubricas sonoras. As *Suítes para Violoncelo* são uma tábula rasa, um teste de Rorschach que permite que os violoncelistas coloquem sua própria marca em Bach e interpretem a música como preferirem – ou como acham que Bach teria desejado que sua música fosse tocada.

A questão de ser fiel a Bach e à sua era – conhecida como "autenticidade" – tornou-se uma batalha musicológica disputada com cordas e com vibrato. Os puristas desejam tocar Bach como se julga que sua música soava por volta de 1720. Isso afeta tudo, do tipo de cordas no violoncelo (de tripa) e do próprio instrumento (preferem-se instrumentos da época) até o tamanho da sala de concertos (preferencialmente pequena), a afinação (mais grave) e o uso de vibrato (nenhum).

A patrulha de época não aprecia Casals, por mais que ele tenha sido pioneiro. Esses radicais consideram-no mais romântico do que autêntico, alguém que despreza fatos do barroco, toma liberdades com a partitura de Bach e se compraz em xaroposas emoções. Mas um grande problema enfrentado pelos instrumentistas "autênticos" é a indisponibilidade de uma autêntica plateia do século XVIII. Hoje em dia os ouvintes estão acostumados a músicas e a ideias que não existiam na época de Bach. Será que ouvir música num iPod numa sala com ar-condicionado, já conhecendo rock, jazz e salsa pode ser a mesma coisa que ouvi-la no século XVIII à luz de velas no castelo de Sua Sereníssima Alteza?

E aquele belo trecho, cerca de vinte segundos depois do começo da giga dessa suíte que soa como um *riff* de um guitarrista de rock? Trata-se de uma frase ousada e agitada, que não pareceria fora de lugar numa Gibson Les Paul brandida por, digamos, Jimmy Page, do Led Zeppelin. A plateia de Bach, dois séculos antes da invenção da guitarra elétrica, não poderia ter ouvido as notas de nenhum jeito vagamente parecido. A fidelidade histórica tem seus limites.

A concepção popular de que o gênio de Bach é tão indestrutível que consegue sobreviver a qualquer estilo, contudo, não convence um violoncelista tão obcecado com a autenticidade quanto Wispelwey, que fez das suítes sua marca registrada. Após um recital em Montreal, Wispelwey me disse que uma abordagem excessivamente romântica das suítes – como a de Casals – reduz a "beleza interior" da obra. Para Wispelwey, Casals pode ter sido um pioneiro, mas mesmo assim sua gravação das suítes é "um documento histórico sentimental. Escuto mais Casals do

Suíte nº 3 🎼 Dó Maior

que Bach. Claro que sempre quero ouvir um violoncelista dizer alguma coisa ou oferecer sua interpretação, mas falta Bach".

Bach, porém, está no ouvido de quem escuta. Considero a gravação de Wispelwey uma das versões mais sedutoras, mas há outras opiniões. Numa resenha publicada no *The New York Times* em 2003 da maratona em que apresentou todas as seis suítes no Alice Tully Hall em Nova York, o crítico Jeremy Eichler sugeriu que a versão de Wispelwey "parecia uma linguagem conhecida, mas transmitida estranhamente com sua própria sintaxe privada". Continua Eichler:

> O aspecto mais peculiar era seu fraseado, que ia do agradavelmente não convencional ao simplesmente bizarro... O Sr. Wispelwey tomou amplas liberdades com o tempo e com o andamento, muitas vezes agrupando conjuntos de notas a contrapelo e descartando ideias musicais com borrões impressionistas. (A alemanda da Segunda Suíte ficou totalmente distante de Bach, pois o violoncelista, tocando de cor, parecia, em alguns momentos arriscados, não saber onde estava.)

Há uma história interessante sobre até que ponto a obra pode ser estendida até ficar irreconhecível. Gregor Piatigorsky, famoso violoncelista russo, estava uma vez dando um recital numa cidadezinha francesa e foi tocar a Suíte nº 2, que começa em ré, quando experimentou um branco total. Ele não tinha a menor ideia de qual era a segunda nota. Assim, Piatigorsky manteve o ré e começou a improvisar o prelúdio inteiro. Quando chegou à alemanda, recuperou-se e voltou a tocar a verdadeira suíte de Bach. Infelizmente, o único violoncelista da cidade estava na primeira fila com seus alunos, cada qual com sua partitura da música. Após o recital, foram todos aos bastidores, querendo autógrafos de Piatigorsky e querendo saber: "Maestro, que edição o senhor usou?".

Na verdade, o número de boas versões é igual ao número de bons violoncelistas. Outro dia, comparando gravações do prelúdio da Suíte nº 3, achei que Steven Isserlis soava delicadíssimo; Anner Bylsma, seco e excêntrico; Pierre Fournier, elegante e relaxado; Pieter Wispelwey, lindamente mágico; Mischa Maisky, grandiloquente; Matt Haimovitz, lírico e brincalhão, esticando as frases como elásticos. Cada um tem suas preferências (naquele dia, Isserlis foi meu favorito), mas eu nunca quero apertar o botão de *Stop* quando qualquer um desses excelentes violoncelistas está tocando Bach.

Esses músicos, e inúmeros outros, defendem bem suas próprias interpretações. Na pior das hipóteses, a falta de um manuscrito original de Bach põe de lado quaisquer pretensões definitivas de autenticidade. E, além disso, há uma lógica interna e uma beleza nas suítes que vêm à tona com tantas abordagens diferentes.

Ouça Casals no prelúdio da terceira suíte: ele começa como um glorioso desabamento e depois reúne os caquinhos, então ganhando ímpeto e mergulhando num redemoinho, emergindo na forma de buquês de acordes e de uma declaração de amor. A cada vez que se ouve há novas descobertas. Isole as notas mais graves das mais agudas e elas falam com vozes distintas e fascinantes. Ou considere a cacofonia no meio do prelúdio, que choca por se aproximar tanto de um ruído, mas com uma orquestra inteira engarrafada em algum lugar do violoncelo, clamando para ser ouvida. Os movimentos de dança que se seguem são uma sucessão de descontração e de pura energia, de heroísmo e de devastação, de melodiosidade e de intemporalidade.

Casals soava autêntico, mas não por causa do chiado e do rangido da gravação antiga em mono. Ainda que sua disposição fosse romântica, seu uso de vibrato, exagerado, seu conhecimento de história barroca, limitado, e a tecnologia de gravação de sua época, primitiva, Casals tocou as suítes da única maneira correta – soprando vida nelas.

Giga

> *Nada de vulgaridades sem sentido, só a entonação absolutamente limpa e agradável, e vamos dançar as danças – não tem nada mais que isso – da-di-da-da-da-da [...]*
>
> Walter Joachim

Havia um senhor que eu sempre via arrastando os pés pelas calçadas perto de onde moro em Montreal. Ele andava de bengala, cuidadosamente vencendo as esquinas como se houvesse minas espalhadas entre seu apartamento num arranha-céu e o café que gostava de frequentar. Ele se destacava por sua idade avançada, por sua elegância, e porque ia adiante apesar de sua óbvia fragilidade.

Num dia ensolarado de outono, eu estava comendo um sanduíche no terraço de um café local, a Pâtisserie de Nancy. Numa mesa próxima estava o homem com a bengala, conversando amenidades com um estranho sentado à outra mesa. Ouvi trechinhos da conversa: Alemanha... Singapura... Xangai... orquestra... violoncelo. Violoncelo? Terminei meu sanduíche, me apresentei e tomei um lugar à sua mesa.

Walter Joachim tinha um tufo de cabelos brancos, nariz adunco, suaves olhos azuis, e 89 anos e meio de rugas no rosto.

Suas mãos tremiam por causa do Mal de Parkinson, mas sua memória era tão nítida quanto extensa. Sim, ele era violoncelista – nada menos do que o antigo primeiro violoncelista da Orquestra Sinfônica de Montreal. Mencionei meu interesse nas *Suítes para Violoncelo* e em Pablo Casals. Walter disse que lembrava bem dele.

Em 1927, Walter, alemão, tinha quinze anos e estudava violoncelo em Düsseldorf. Ele conhecia um pouco as suítes de Bach e tinha começado a estudar alguns dos movimentos sem obedecer à sequência um ou dois anos antes. Mas a ideia de tocar uma suíte inteira, do começo ao fim, uma geração após as primeiras *performances* de Casals, ainda era algo praticamente inaudito. "Estudei-as como exercícios", disse. "Movimento por movimento, e nunca as tocando juntas... Era isso que aprendíamos quando éramos jovens. Quem ousaria tocar uma suíte inteira sozinha?"

Naquele ano, Casals fez um concerto com a Orquestra Sinfônica de Düsseldorf, e também tocou uma suíte de Bach inteira. Walter estava na plateia àquela noite. A apresentação da Suíte nº 2 transformou-o. "Era como ter um colapso nervoso", contou. "Comecei a praticar de verdade as suítes de Bach quando cheguei em casa. Eu não queria esquecer o que tinha escutado."

Walter tinha uma necessidade absoluta de ouvir mais, e assim seguiu o violoncelista catalão por trem até cidades próximas como Essen, Dortmund e Colônia. "Segui sua turnê, corri atrás dele, e ouvi tudo." Em cada parada no caminho Walter ficava olhando fixamente os dedos e o manejo do arco de Casals. "Tentei copiar o que ele fazia, por exemplo com o arco, métodos, ideias... Não tomei notas, eu não precisava de notas – ah, como lembrávamos! Os detalhes! Todos queríamos aprender!"

Walter e seu círculo de amigos "sabíamos que era uma grande obra, mas também achávamos que o público nunca aceitaria" a

Suíte nº 3 ♫ Dó Maior

apresentação de uma suíte para violoncelo inteira num concerto. "Alguém com a fama de Pablo Casals poderia fazer isso. Se qualquer um de nós quisesse ter feito isso – talvez nem ficasse bom, não sei –, o público ficaria ofendido. Claro, você sabe, havia em torno dele aquela aura – o grande mestre toca uma suíte inteira de Bach. Ele era um deus. Não tinha como dar errado."

Após seguir Casals, Walter voltou para seus estudos de violoncelo. Ele tinha o dom para a leitura à primeira vista e ganhava o dinheiro de que tanto precisava tocando nos cafés e nos teatros de Colônia. Em 1931, antes de completar vinte anos, foi contratado para fazer parte de uma pequena orquestra que tocou pela Europa toda e que chegou até a Índia, onde passou quase um ano.

"Viajei o país todo", recordava. "Kashmir. Darjeeling. Éramos uma sensação na Índia. Fomos convidados a tocar nas festividades do vice-rei [em Calcutá]. Foi no King's Club; a entrada de indianos não era permitida ali; os garçons usavam luva branca. Havia tanto champagne que nunca conseguíamos beber tudo. Trabalhávamos dezessete horas por semana; não sabíamos o que fazer. Começamos uma orquestra sinfônica com um arquiteto que falou que era maestro. A banda militar emprestou os metais, as flautas, os oboés e as clarinetas, e as cordas vinham todas dos restaurantes e dos hotéis de Calcutá. Era um desastre. Era horrendo. Eu me diverti, mas musicalmente a orquestra era uma catástrofe. Cada um tocava na própria afinação, o segundo trompete soava sempre três vezes mais alto do que o primeiro – era terrível.

Aprendi um pouco de urdu. Todos tínhamos servos pessoais. E o meu servo já tinha idade para ser meu avô. Assim, eu não podia chamá-lo nem de "garoto" nem por seu primeiro nome. Ele era muito gentil e paciente comigo. Eu ia com ele aos serviços religiosos, e ele me explicava muitas coisas sobre religião e sobre filosofia. Era um homem muito inteligente. Ali – não sei qual era seu sobrenome. E comprei um macaco para me distrair. Tocávamos juntos. Ele ficava sentado nos meus ombros por horas a fio enquanto eu ensaiava.

Em meio a isso tudo, Walter tocava as suítes de Bach, às vezes com o macaco nos ombros. "Todo dia, pelo menos um ou dois movimentos. Naquele tempo todo, nunca deixei de praticar um só dia. Eu começava normalmente com Bach ou com alguma escala, tocava um pouco de Bach, e depois estudava as coisas técnicas que eu tinha de tocar. Era preciso não se dispersar nunca."

Em outra entrevista em seu modesto apartamento num arranha-céu na parte oeste da cidade, Joachim continuou sua história. Em 1934 ele estava de volta à Alemanha – à Alemanha nazista – visitando seus pais e fazendo alguns concertos, incluindo aquele que seria o último que daria no país. Foi em Leipzig. Subitamente ele deparou com a possibilidade de ser preso a qualquer momento por ser judeu na Alemanha, com o agravante de ter se envolvido com a esposa de um influente nazista.

> Vou explicar também por que eu teria sido preso imediatamente. Uma ex-namorada minha, uma garota alemã, tinha se casado com um nazista muito importante, e ele descobriu que eu tinha tido um caso com a mulher antes de ele casar com ela. *Ja*, ela me amava. Ele queria me estrangular, claro. Uma boa mulher, uma senhora muito gentil.
>
> Eu tinha que ir embora imediatamente. Eu sabia que alguém iria atrás de mim. Alguém, um músico alemão, me falou: "Está vendo aqueles caras ali de casaco de couro? Eles vieram te prender". Ele veio me ver onde eu estava tocando e falou: "Não vá para casa". Meus colegas trouxeram minhas coisas. Sorte não é a palavra certa. Eu teria sido preso; alguém teria informado. Saí ilegalmente com um congresso de padres católicos para Marienbad [na Tchecoslováquia] de ônibus – um congresso de pregadores.

Suíte nº 3   Dó Maior

Os amigos disfarçaram Walter de padre, dando-lhe um *clergyman*, insistindo que o disfarce clerical era a melhor maneira de fugir da Alemanha. Seu passaporte trazia a perigosa identificação de judeu, mas estava escondido em sua bagagem. De Leipzig o ônibus cruzou a fronteira a caminho da cidade de águas de Marienbad, e depois foi para Praga.

> Em praga eu meio que fazia arranjos de música para um hotel. Eu mesmo tocava as obras eruditas e tocava numa boate do mesmo hotel. Tinha um pianista maravilhoso, John Turner, um cantor de blues e pianista, um violinista que cantava muito bem, e um baterista negro nascido no Sudão que tinha aprendido a tocar em Nova York. Que personagens! Era um sucesso o nosso grupo – era inacreditável.

Walter recordava estar tocando em Marienbad, uma estância tcheca na Sudetenland – território cobiçado pela Alemanha nazista – quando Hitler fez uma vista. "Eu estava em Viena quando aconteceu", disse, referindo-se à anexação nazista da Áustria, que foi logo seguida pela tomada da Tchecoslováquia. "Eu estava na Sudetenland quando aconteceu. Eu estava em Praga quando aconteceu."

> Saí num avião inglês. Meu irmão tinha arrumado para mim um emprego num hotel em Kuala Lumpur. E aí os soldados ingleses – afinal, meu irmão e eu, a gente tinha nascido na Alemanha – a gente podia escolher quando a guerra começou: ir para a Austrália e ser internado ou ir para Xangai, onde você dava vinte dólares para o sujeito lá e dizia: "Perdi meu passaporte". De Xangai você não é deportado para lugar nenhum, nem tinha para onde. Então fui para Xangai. No dia seguinte virei o primeiro violoncelista da Sinfônica de Xangai.

Foi Walter quem sugeriu que eu aprendesse a tocar violoncelo. Após nosso primeiro encontro na Pâtisserie de Nancy frequentemente nos esbarrávamos. Lá estaria ele no café almoçando e eu me sentava à sua mesa, ou ele estaria voltando para casa, no seu passo elegantemente glacial, e o tomava pelo braço e o escoltava pela Avenida Monkland até seu prédio. Ele contava fofocas dos grandes violoncelistas, fazia críticas de seu estilo, e desfiava histórias de Düsseldorf a Kuala Lumpur e de Xangai a Montreal. Ele havia mencionado que seu quarteto de cordas gravara um disco com Glenn Gould, então fui comprar o CD.

Em minha busca pelas *Suítes para Violoncelo*, eu tinha viajado a Espanha, Bélgica e França, e por fim à Alemanha, mas o mais comum era que os rastros já tivessem se apagado. Então, de repente, do nada, brotava esse elo perfeitamente vivo com o passado. Esbarrar em Walter era ficar amigo das *Suítes para Violoncelo*; ele era uma encarnação de sua história, de ter sido aluno de violoncelo na Alemanha até ouvir Casals tocá-las e a sobreviver à Segunda Guerra Mundial. Achá-lo na Avenida Monkland enquanto eu me debatia com a complicada ideia de um livro sobre as *Suítes para Violoncelo* foi, senão um sinal divino, um enorme incentivo.

Quando expliquei a Walter minha ideia para o livro, ele gentilmente ouviu e me desejou sorte. Tive a nítida impressão de que ele achou que eu ia precisar. E quando perguntei o que eu deveria fazer para entender melhor as suítes de Bach, ele me falou para aprender a tocar violoncelo. Não que eu fosse conseguir tocar bem, avisou. Eu já tinha passado demais da idade. Mas eu perceberia coisas novas.

O mais impressionante em tocar violoncelo é sua ressonância profunda, a maneira como os timbres preenchem seu corpo inteiro, como se ele fosse uma caixa de ressonância de carne e osso. Cada nota é uma afirmação de ousadia. Eu toco violão, mas suas notas, separadas, desaparecem logo depois de ser tocadas. Comparadas às do violoncelo, elas parecem efêmeras e rarefeitas.

Suíte nº 3 ♫ Dó Maior

(Os acordes são outra coisa, uma robusta vantagem que o violão tem sobre o violoncelo.) As notas no violoncelo podem ser sustentadas por tanto tempo por causa do arco; ao contrário do suave dedilhar de uma corda de guitarra, que simplesmente se esvai, manejar o arco é como fazer uma massagem profunda. É só pegar no instrumento – com sua madeira polida, a voluta barroca acima da caixa das cravelhas, os distintivos Fs, a partitura escrita em clave de fá – que me transporto para um *salon* aristocrático do século XVIII.

Aluguei um violoncelo na Lutherie Saint-Michel, no centro de Montreal, e comecei a fazer aulas ali. Eu já andava com mais energia quando entrava na loja com meu violoncelo de iniciante na bolsa de lona. Os sons dos instrumentistas experimentando as cordas dos instrumentos misturavam-se com o burburinho do ateliê, onde a matéria-prima das orquestras era serrada, colada, amarrada e afinada naquilo que parecia uma oficina medieval. As aulas aconteciam no andar de cima. Logo aprendi o quanto é difícil ter o domínio de um instrumento como o violoncelo. Saber violão facilitava um pouco, mas manipular o arco de um violoncelo demanda um grande esforço: segurá-lo certinho, deixar o pulso suficientemente relaxado e ao mesmo tempo suficientemente rígido, apontar o arco na direção precisa, conseguir a quantidade exata de atrito com a corda, cruzar as cordas exatamente no ponto certo.

Isso para nem falar da ausência de trastes, aquelas marcas nas escalas dos instrumentos de cordas dedilhadas. Ter de escutar onde eu estava na escala, sem poder olhar para as marcas dos trastes, era um grande obstáculo. Os violões têm trastes. É possível ver onde as pontas dos seus dedos têm de se posicionar, do primeiro traste até o décimo quinto. Em vez disso, no violoncelo há uma vaga sensação (para mim, muito vaga) de que o dedo achou o lugar certo, uma sensação visceral de que é a nota correta que está sendo tocada (ou *stopped*, na terminologia musical inglesa). Acertar isso é que é afinação – nem um tiquinho para sustenido, nem um pouco para bemol, mas bem no lugarzinho que produz a nota desejada.

Comecei com o básico, aprendendo a segurar (ou melhor, a dançar lento com) o portentoso instrumento e a manejar o arco, o que me fez pensar no tiro com arco. Aprendi os rudimentos da leitura da clave de fá, ritmos simples, e, enfim, melodias mais complexas como "Brilha, Brilha, Estrelinha". Gastar tanta energia para aprender uma canção de ninar e obter resultados tão modestos inspirava comedimento. Tive de reduzir minhas ambições, antes intoxicadas por minha constante exposição às *Suítes para Violoncelo*.

Ter aquela intimidade com o violoncelo, mesmo sendo um violoncelista limitado, era profundamente satisfatório. Quando meu arco cruzava as cordas, a crina do cavalo contra o aço, um poderoso timbre grave era libertado. Era algo maravilhosamente primal, como um arco que disparasse uma rajada de notas. A invenção dos instrumentos de corda de fato está intimamente relacionada ao arco e flecha. Algum inventor converteu espadas em relhas de arado, ao passo que outro, de alma mais harmoniosa, transformou os arcos dos arqueiros em violas. E tocar o violoncelo dava uma sensação agradavelmente neolítica, ou ao menos parecia um jeito civilizado de processar o primitivo.

Às vezes eu tocava alguma nota e a reconhecia do início de algum dos prelúdios de Bach. Isso me deixava arrepiado. Numa aula, em 21 de março, mencionei à minha professora, Hannah Addario-Berry, que era aniversário de Bach. "Acho que nunca vou conseguir, na minha vida inteira, encarar uma obra de Bach para o violoncelo", disse. Para minha surpresa, ela respondeu que havia um livro de exercícios chamado *Bach para o Cello: Dez Peças na Primeira Posição* (a grafia "cello" parecia ter um charme arcaico – era a forma abreviada do original italiano *violoncello*).

Suíte nº 3 🎵 Dó Maior

Encontrei a partitura e comecei a estudar algumas peças. O desafio era considerável, mas valia muito mais a pena do que "Brilha, Brilha, Estrelinha". Havia até uma sarabanda, um minueto e uma giga em meu novo livro vermelho, ainda que nenhum fosse das *Suítes para Violoncelo*. Uma das poucas peças que aprendi a tocar, uma em particular, chamada "Minueto em Dó", ficou na minha cabeça e apareceu nos meus sonhos. Enquanto eu ouvia um disco antigo que achei num sebo, comecei a reconhecer minha musiquinha tocada no cravo. Intitulado "Minueto em Sol" no disco, ele vem do Caderninho de Anna Magdalena Bach, a coleção de obras de 1722 reunidas por Bach para aprimorar a técnica de teclado de sua jovem esposa. E, ainda que a proveniência da melodia seja incerta, aprendi duas outras peças que sem dúvida foram compostas pelo mestre barroco.

Eu estava tocando Bach no violoncelo. E, como Walter previra, isso estava me aproximando das suítes.

Já fazia um mês que eu vinha querendo retomar minha entrevista com Walter, mas os impedimentos se sucediam. Sempre que eu telefonava, ele não estava se sentindo bem e sugeria que eu ligasse de novo dali a alguns dias. Houve um momento em que ele teve uma gripe e passou alguns dias no hospital. Já fazia um mês que ele não aparecia na Pâtisserie de Nancy. Eu queria continuar nossa entrevista formal – ainda não tínhamos passado de 1938 – em algum momento de dezembro. Fiquei fora da cidade no começo do mês, e quando voltei, liguei duas vezes. Ninguém atendeu.

Dois dias depois, eu tinha uma aula de violoncelo marcada para as 13 horas. Recebi um telefonema da Lutherie Saint-Michel dizendo que a nova professora não tinha vindo trabalhar e que minha aula tinha sido cancelada. Dei uma olhada na seção de entretenimento da *Gazette* enquanto tomava um café, e lá estava a chamada:

Walter Joachim era violoncelista da Sinfônica de Montreal.
Músico, nascido na Alemanha, tinha muitos instrumentistas famosos entre seus alunos.

Uma fotografia de Walter com um violoncelo acompanhava o obituário. Ele havia morrido dois dias antes. Entre as observações incluídas no artigo, estava o fato de que "Sua rotina diária na última década incluía uma parada vespertina num café da Avenida Monkland".

Dei uma saída e fiz o caminho do arranha-céu onde ele morava, passando pelo ar frio e tonificante do fim de dezembro, e percorri a Avenida Monkland, andando sem firmeza nos lugares onde havia gelo, sem firmeza que é como Walter andaria, e fui à Pâtisserie de Nancy como uma homenagem privada a um amigo que só conheci tarde na vida – mas bem na hora.

Suite nº 4
(Mi Bemol Maior)

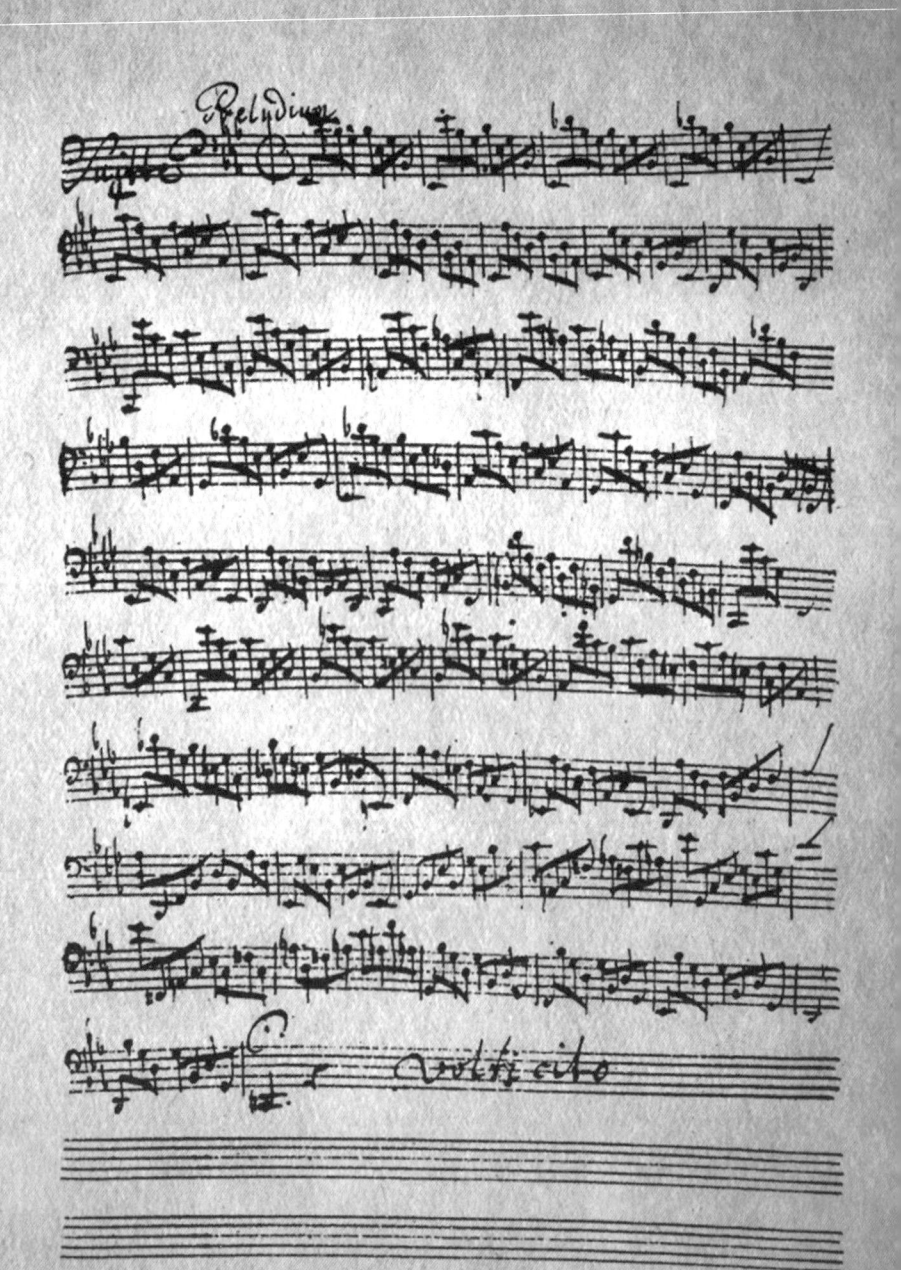
Preludium
Volti cito

Prelúdio

> *Essas obras são pesadelos, são secos esqueletos de composições que envolvem e que chacoalham, são anatomias que encaram, sem sangue, sem carne.*
>
> Kaikhosru Sorabji

Tocar violoncelo é um esforço árduo – empurrar, serrar, martelar, arrancar e apertar cordas de aço na madeira. Aqui, nesse prelúdio digno de um operário, os dedos de Casals estão executando as instruções de Bach, dando duro para juntar oito notas difíceis, como se estivessem construindo um aparelho de cordas pesado e quadradão e içando-o e descendo-o pela escala. O aparato é imenso e agitado, um movimento de forte deslocamento, que escava, tritura e gira. A terra é trabalhada por um pesado mecanismo. Nem feliz nem triste, mas resignado com o destino.

Por muito tempo achei que, entre todas as suítes, esse prelúdio tinha uma qualidade lenta e monótona. Contudo, as repetidas audições revelam um charme sutil. O violoncelista holandês Pieter Wispelwey escuta "estranhos intervalos" e "misteriosos ângulos" no movimento. "Abaixo da superfície estão vários segredos pequeninos", diz.

"Nada nesse prelúdio é arrojado", escreve o violoncelista francês Paul Tortelier no encarte de uma de suas gravações. "Ele tem coisas belas a dizer, e as diz de maneira simples e integral, expondo seus argumentos com a calma de um grande orador que tem absoluta certeza do que diz, e que não precisa usar de veemência para manter a atenção da plateia."

A oratória realmente chega a algum lugar. Esse prelúdio contém uma das mais intrigantes recompensas de todas as suítes. Ela chega após dois minutos daquela abertura mecânica e pesada, quando se abre um alçapão que revela um rodopiante aglomerado de exóticos semitons. É possível ouvir um floreio típico do Oriente Próximo, um lamento que pareceria adequado num templo estrangeiro.

Então o movimento recomeça de onde parou, retomando seu ímpeto mecânico, mas logo se desvia para outro divertimento rítmico, num embate que leva até seu final rapsódico. Mas não – ele não acabou; as notas retornam, e só depois chegam ao fim. Nas mãos de Casals, esse lento labor começa a parecer um fardo (talvez porque ele tenha feito a gravação durante o doloroso verão de 1939). Talvez o primeiro final, o falso, fosse preferível como final mesmo. Outros violoncelistas dão ao movimento mais leveza. Mas quem poderá dizer quais eram as intenções do compositor? Ou como ele se sentia quando escreveu a obra?

Bach deixou a residência principesca de Cöthen em maio de 1723 para assumir um cargo na cidade de Leipzig. Quatro carroças carregadas de pertences, seguidas de duas carroças que levavam Bach, sua jovem esposa, sua cunhada do primeiro casamento e cinco filhos[1] chegaram à sua nova casa em Leipzig.

---

[1] Anna Magdalena, grávida ou prestes a engravidar, era a essa altura mãe de apenas uma criança, a recém-nascida Christiana Sophia Henrietta, que sobreviveria apenas três anos. Os outros filhos, da primeira esposa de Bach, eram Catharina Dorothea, Wilhelm Friedemann, Carl Philipp Emanuel e Johann Gottfried Bernhard.

Suíte nº 4 — Mi Bemol Maior

Graças ao relatório curiosamente detalhado escrito por um jornal de Hamburgo, sabemos até o horário de chegada de Bach: duas da tarde.

O contraste entre os dois lugares deve ter sido chocante. Cöthen, apesar de toda a felicidade criativa que deu a Bach, era insignificante e provinciana, distante e fora de moda. Leipzig, uma cidade de pouco menos de 30 mil habitantes, era, depois de Dresden, a segunda cidade mais importante da Saxônia. A cidade, chamada de "pequena Paris", gabava-se de suas lanternas nas principais ruas, de uma das melhores universidades da Alemanha, de cafés, de jardins abertos ao público, uma próspera indústria editorial, e de três feiras anuais que atraíam mercadores, impressores, editores e nobres de toda a Europa.

É possível imaginar a impressão causada por Leipzig, tão cosmopolita, na jovem família, especialmente em Catharina, de quatorze anos, e em seus irmãos mais jovens, Friedemann, Emanuel e Bernhard. As crianças podem ter-se aventurado naquela primeira noite, passeando pelas ruas iluminadas por lamparinas em postes de carvalho, e patrulhadas por quatro vigias noturnos que levavam chocalhos para marcar as horas. Havia grandes casas burguesas que ocupavam quarteirões inteiros, passeios públicos e cafés cheios da fumaça do tabaco e da nova bebida da moda, chamada café. A "Cöthen das Vacas" pareceria muito distante.

Bach, porém, ao instalar-se no apartamento recém-reformado da família na Escola de São Tomé, pode ter-se perguntado se a mudança fora boa ideia. Ir de mestre de capela a chantre era cair um degrau na escada profissional. E se em Cöthen ele era pago para compor livremente, em Leipzig suas responsabilidades de chantre incluíam diversas tarefas não musicais. "É inevitável sentir alguma tristeza", escreve Albert Schweitzer, "ao ler o contrato que Bach teve de assinar quando foi [contratado]".

O novo emprego demandava que ele ensinasse música e outros assuntos aos estudantes mais velhos das principais igrejas da cidade, domingo sim, domingo não, e que supervisionasse os organistas e os músicos, além de responsabilizar-se pelo material e pelos instrumentos das *performances*. Era também preciso reger a música em casamentos e em funerais, e ele muito apreciava o pagamento extra que vinha com esse serviço. Mas Bach só pode ter achado estafante servir de inspetor escolar a cada quatro semanas, o que significava assegurar-se de que os alunos (entre os quais seus três filhos) estavam de pé às cinco da manhã, e rezando, além de supervisionar suas refeições e de manter a disciplina geral. Após um ano ele já não aguentava mais, e pagava um representante da escola para fazer por ele o trabalho de inspetor. Contudo, os conflitos com os superiores em relação a esses assuntos mundanos continuariam a assolá-lo.

Apesar da carga de trabalho cada vez mais extensa, os primeiros anos de Bach em Leipzig foram impressionantemente criativos. Após usar seu tempo em Cöthen para compor música profana instrumental, agora ele passou a compor música vocal para os serviços da igreja luterana. Em apenas cinco anos, Bach havia composto mais de duzentas cantatas, e também suas monumentais *Paixão segundo São João* e *Paixão segundo São Mateus*, esta última celebrada por muitos (mas não na época de Bach) como a maior obra musical jamais escrita.

Em casa, Anna Magdalena estava rodeada de trabalho. O casal havia se mudando para Leipzig com cinco filhos, incluindo sua filha recém-nascida. Em cinco anos houve cinco outros nascimentos, ainda que só dois filhos tenham vivido mais do que alguns poucos anos. A residência da família Bach ocupava três andares no mesmo prédio da Escola de São Tomé, o que significava que o compositor estava cercado não apenas por sua família, que se expandia rapidamente, mas que havia mais de cinquenta alunos

Suíte nº 4 🎵 Mi Bemol Maior

internos nos dormitórios. O escritório de Bach, que dava para uma rua arborizada, era separado das salas de aula dos mais novos apenas por uma fina divisória. A parte de trás do prédio dava para jardins, para o Rio Pleisse e para um moinho – é de presumir que os sons de sua hélice fundiam-se à música que vinha da sala de ensaios da escola. A hélice do moinho provavelmente recordava o ancestral de Bach, o "padeiro de pão branco" Veit Bach, que, no século XVI, segundo as tradições familiares, dedilhava seu cistro acompanhado do rítmico triturar da mó, som esse talvez não dessemelhante ao efeito giratório desse prelúdio.

Ao menos uma suíte, essa, foi provavelmente composta em Leipzig. Não sabemos se Bach efetivamente planejou as seis suítes como um ciclo ou se elas foram criadas individualmente, em épocas diferentes, e só depois foram unificadas num grupo de seis. A estrutura uniforme das suítes sugere um plano comum, mas isso não significa que todas as suítes tenham se originado no mesmo período. Um sinal de que não foram está no fato de que as suítes quatro e seis "destacam-se das outras por suas passagens virtuosísticas, pelas frequentes cordas duplas e pela maior extensão", segundo a edição Bärenreiter da obra, definitiva. Outra indicação de que algumas suítes foram compostas em épocas diferentes é o título desse prelúdio; se os demais se chamam prelúdio, esse veio escrito em alemão, *praeludium*.

Há outra pista no prelúdio: aquele alçapão de ofídicos semitons que chilreia do nada, afirmando o Oriente Próximo. As forças do islã pressionavam as fronteiras da Áustria na época em que Bach estava compondo as *Suítes para Violoncelo*; as notas de sons estrangeiros podem ter sido inspiradas por influências turcas ou árabes. Mas a frase soa fortemente hebraica – será concebível que Bach tenha feito aqui uma referência judaica? E onde ele poderia ter tido contato com algum judeu, senão na cosmopolita Leipzig?

Alemanda

Em Bach há um excesso de cristianismo explícito...
Ele está no limiar da música europeia moderna, mas
está sempre se voltando para a Idade Média.

Friedrich Nietzsche, 1878

No museu de história municipal de Leipzig há um artefato que deve ter provocado apreensão na cidade durante a época em que Bach morou ali. Pendurada em exibição está uma espada de aço, com cabo de bronze e bainha de couro. Por mais de um século a partir de 1721, aquela era a arma brandida pelo carrasco oficial da cidade de Leipzig. É sabido que a espada foi usada. Em 1723, ano em que Bach chegou a Leipzig, Susanna Pfeifferin, de dezoito anos, foi decapitada em público por ser uma "assassina de crianças". Em 1727, um ladrão e assassino foi finalmente decapitado após algumas tentativas fracassadas. Outras execuções durante a época de Bach incluíam diversos ladrões, outra assassina de crianças, e três homens juntos, um dos quais foi quebrado na roda. E em 1732 a forca foi consertada para a execução de um estrangeiro sem nome da Boêmia. Naquela época, ninguém havia sido enforcado, exceto "um judeu" alguns anos antes.

Suíte nº 4 — Mi Bemol Maior

É bastante provável que Bach tenha assistido a algumas das execuções. Seus alunos da São Tomé cantavam hinos como parte do rito de execução. O roteiro sinistro começava assim que o prisioneiro emergia da prisão, cercado por soldados saxões. Os estudantes começavam a cantar enquanto o condenado era exibido à multidão que se ia reunindo, e era levado em procissão pelo Portão de Grimma da cidade muralhada e ao local da execução, chamado de Rabenstein. Os portões da cidade eram fechados, e uma estranha quietude cobria a praça do mercado. Ali, a cerimônia era concluída com tambores militares, a cavalaria, soldados a pé, autoridades de toga, e, finalmente, a descida da espada do carrasco. Uma vez que o golpe fatal tivesse sido dado, os portões se reabriam e o burburinho da vida voltava à cidade.

Em 1723, Bach começou a compor a *Paixão segundo São João*, a primeira de suas duas obras-primas em forma de oratório, que contavam a história da Paixão (ou Crucifixão) de Jesus a partir do Evangelho de João. A obra, fortíssima, alterna números corais e solos vocais, usa versos e hinos compostos livremente e flerta com gêneros operísticos italianos. O começo inesquecível da *Paixão segundo São João* – uma tempestade que se forma com acordes funestos e sinistramente belos, foi apresentada pela primeira vez durante as vésperas da Sexta-Feira Santa na igreja de São Nicolau em Leipzig. Como escreve Peter Williams, biógrafo de Bach, "só podemos imaginar o impacto daquela obra peculiarmente comovente [...] não é possível que a congregação jamais tenha ouvido qualquer coisa semelhante aos compassos de abertura".

Deixando, porém, de lado a grandeza musical, a obra permanece problemática. A *Paixão segundo São João* é uma composição com um lado negro. O assunto mais espinhoso está no antissemitismo que alguns julgam existir no texto e possivelmente na música. O principal problema se resume à atribuição da culpa pela morte de Jesus. O Evangelho de João responsabiliza os judeus por forçar um governante benevolente a matar o impostor que fingia ser seu rei. Portanto, eles estão condenados pela eternidade.

Richard Taruskin, historiador da música, colocou a *Paixão segundo São João* numa lista de obras de arte que possivelmente reforçam o antissemitismo. Em *Oxford History of Western Music*, Taruskin faz uma distinção entre aquilo que a mensagem significava no século XVIII e o que ela significa hoje. Ele sugere que na época de Bach a mensagem de que os judeus mataram Cristo era incontroversa – todo mundo na Cristandade pensava assim, e aquele factoide num libreto (por mais perturbador que seja a ouvidos pós-holocausto) era uma referência amplamente trivial em 1724. Porém, três séculos depois, o clima político mudou, e a mensagem é mais perigosa.

Assisti a uma apresentação da *Paixão segundo São João* em 2006 com a Orquestra Sinfônica de Montreal, sob a batuta de Kent Nagano, o maestro que haviam acabado de contratar. Nagano poderia figurar num pôster com tudo que é novo, multicultural e *cool* na música clássica. Ele está no lado oposto do espectro em relação ao antiquado maestro tirânico que rosnava ordens num forte sotaque da Europa Central, como se estivesse recebendo instruções secretas diretamente de Mozart e de Beethoven. Nagano foi contratado depois de Charles Dutoit, o maestro anterior da Sinfônica, ter saído do pódio e se demitido numa disputa empregatícia após o sindicato dos músicos tê-lo acusado do equivalente orquestral de abuso conjugal.

Nagano, um californiano de pais japoneses, tem cabelo de roqueiro e maçãs do rosto esculturais; chegou até a servir de modelo para um anúncio de jeans da Gap. Colocou Frank Zappa no programa, trabalhou com Björk, a diva islandesa do rock alternativo, e até não muito tempo atrás regeu a orquestra de Berkeley, que já foi conhecida por ser meio *hippie*, com a qual

Suíte nº 4 — Mi Bemol Maior

começou sua carreira de maestro três décadas atrás. Ele é a epítome do maestro New Age sensível. Contudo, numa conversa sobre a *Paixão segundo São João* antes do concerto, a questão de seu lado negro intolerante nem sequer foi abordada.

Naquela noite o concerto usou legendas, como na ópera, de modo que a letra da música era projetada acima do palco em inglês e em francês. Após um começo incerto, a *performance* atingiu as sublimes alturas que se costuma esperar da música vocal de Bach. A obra foi tocada principalmente com instrumentos modernos numa orquestra reduzida que também contava com um núcleo de instrumentos de época: um arquialaúde, uma viola da gamba, um par de violas d'amore e um cravo. Sentado no segundo balcão, acusticamente ideal, eu estava na melhor posição para apreciar a música e seguir a letra. Não posso dizer que o texto tenha arruinado a experiência, mas certamente trouxe algum desconforto. Desde a primeira referência a Jesus sendo levado pela "polícia judia", a obra claramente joga na cara do ouvinte o fato de que Pilatos resiste a crucificá-lo. É a multidão judaica que clama pela crucifixão, pedindo-a ao governador romano e rejeitando sua oferta de clemência.

Quando o coro disparou um número áspero que consistia apenas das palavras "Crucifica-o, crucifica-o" e a senhora idosa sentada à minha frente se mexeu e começou a balançar seguindo o ritmo em tempo fraco, perguntei-me se o texto passava por sua mente deixando qualquer impacto emocional. Também tentei imaginar o que os membros da congregação na época de Bach sentiram após ouvir essa *performance*. Talvez o componente antissemita da história fosse um critério comum de fé. Mas a *performance* da *Paixão* teria sido estruturada como apoio a um sermão que pode ter tocado em questões como pecado, traição e apostasia. Fica a pergunta sobre qual teria sido a reação de alguns dos habitantes de Leipzig se, após ter ouvido o culto da igreja e duas horas de música da *Paixão*, carregadíssima, encontrassem alguns mercadores judeus que estivessem na cidade para a famosa feira local.

Um musicólogo de renome questiona se o problema está na composição de Bach, que intensifica dramaticamente o texto. "Pergunto-me se a *Paixão segundo São João* se presta tão facilmente a uma interpretação antijudaica por causa dos especializadíssimos arranjos musicais dos coros bíblicos", escreve Michael Marissen.

> Não importando o que as árias, os corais e coros de suporte ofereçam como comentário, o que fica com a maior facilidade no ouvido das pessoas hoje são as aterrorizantes repetições do texto bíblico "Crucifica-o, crucifica-o!". Se os coros bíblicos de Bach retratam com grande intensidade a maneira como alguns judeus reagiram a Jesus, será que isso significa que a *Paixão segundo São João* em parte ou em seu todo projeta um ódio universal ou visão negativa do povo judeu?

A resposta de Marissen é que não. Ele defende que, se o libreto de Bach faz empréstimos livres de diversos arranjos contemporâneos alemães da *Paixão* para as árias, suas versões de alguns de seus versos de comentário "não contêm as observações chocantemente antissemitas encontradas em sua conhecida fonte". Em seu livro investigativo *Lutheranism, Anti-Judaism and Bach's St. John Passion* [Luteranismo, Antijudaísmo e a *Paixão segundo São João* de Bach], Marissen conclui que a *Paixão* de Bach demonstra pouco interesse pela questão de quem matou Jesus. O foco está mais na responsabilidade pela morte, e, com base no conceito de pecado original, a perspectiva ali é de que todos os seres humanos são pessoalmente responsáveis pela morte de Jesus. Marissen não nega que haja partes da *Paixão segundo São João* que mostram o judaísmo sob uma luz negativa. Mas, de modo geral, ele crê que a obra representa um passo adiante em

Suíte nº 4 — Mi Bemol Maior

relação a obras anteriores de natureza similar, abrindo a possibilidade de diálogo entre credos e concentrando-se no coro que proclama: "Fiquem na paz plena".

Poderia Bach ter conhecido algum dia algum judeu? De onde poderia ter vindo aquela frase musical hebraica no prelúdio da quarta suíte? Alguns estudiosos dizem que é duvidoso que Bach tenha conhecido bem algum judeu. Os judeus haviam sido expulsos da Saxônia no século XVI. Na época de Bach eles eram oficialmente proibidos de viver em Leipzig e – assim como os católicos e os calvinistas – proibidos de possuir propriedades na cidade. Mas havia algumas exceções, como uma família judia de nome Levi que vivia em Leipzig no começo do século por ordem do rei da Saxônia, contra os desejos do conselho da cidade. À época da morte de Bach, havia sete famílias judias na cidade. E os mercadores judeus tinham permissão para entrar em Leipzig durante as três feiras anuais, e cada uma delas durava duas ou três semanas. Uma quantidade substancial do comércio da feira – o principal evento comercial da Europa Central – passava pelas mãos dos judeus, que recebiam passes de entrada, tinham de usar um pano amarelo, e eram forçados a pagar enormes impostos e taxas. Bach poderia facilmente ter ido à feira para comprar, digamos, um cachimbo de um mercador judeu de tabaco.

Ou talvez as viagens de Bach tenham-no colocado em contato com judeus, talvez numa cidade como Hamburgo, onde havia uma grande população judaica que não estava confinada num gueto.[2] Havia até um enclave judeu perto de Cöthen, em

---

[2] É digno de nota que possivelmente os textos polêmicos mais virulentamente antijudaicos vindos de luteranos nesse período tenham saído da pena de Erdmann Neumeister, pastor luterano ortodoxo em Hamburgo. Um tumulto antijudaico de quatro dias irrompeu em Hamburgo em 1730, instigado ao menos em parte por um sermão dado por Neumeister. Marrisen observa que Bach musicou diversos textos de Neumeister, mas nenhum que mencionasse judeus ou judaísmo.

Grobzig, oficializado pelo príncipe de Cöthen em meados da década de 1720. Também é possível que alguns dos conhecidos cristãos de Bach em Leipzig tivessem raízes judias, como Johann Abraham Birnbaum, que viria a escrever uma célebre defesa da música de Bach na década de 1730.

Mas se Bach algum dia entrou em contato com a música judaica, era mais do que provável que isso tivesse acontecido enquanto ele vivia em Leipzig, o que explicaria o mosaico de notas no quarto prelúdio e ofereceria uma pista de que ele estava trabalhando nas *Suítes para Violoncelo* já na década de 1720.

Corrente

> *[A tonalidade de mi bemol] estava reservada principalmente para momentos de seriedade sublime, sendo adequada para pensamentos relacionados à morte, ou para o amor que ia até a morte, fosse humano ou divino.*
>
> Daniel Heartz, *Music in European Capitals*

"Aborrecimentos, inveja e perseguição" foram as três palavras mais pessoais que já saíram da pena de Bach. Pode ter havido outras, mas essas três foram as que sobreviveram aos séculos. Foram descobertas no fim do século XIX nos arquivos estatais de Moscou na forma de uma carta surpreendentemente franca que Bach escreveu a Georg Erdmann, o colega de escola com quem fez sua longa viagem a Lüneburg com quatorze anos. O assunto eram suas condições de trabalho em Leipzig. "Verifico que o cargo não é de jeito nenhum tão lucrativo quanto me haviam dito", Bach reclamava na carta, "e as autoridades são esquisitas e têm pouco interesse por música, de modo que sou obrigado a viver em meio a aborrecimentos, perseguições e invejas quase contínuas..."

O trabalho de Bach como chantre de São Tomé, que abrangia a Escola de São Tomé, quatro igrejas principais e diversas jurisdições municipais, criava ocasiões para que ele se enredasse em contendas com as autoridades. O que tornou isso inevitável foi seu temperamento teimoso e briguento, sensível a deslizes e extremamente atento a questões de prerrogativa social. Contudo, também havia uma dimensão política nas disputas. Assim como boa parte do mundo do século XVIII, Leipzig estava presa num cabo de guerra entre o absolutismo (o rei) e os chamados Estados, estes últimos um misto de interesses municipais junto com grupos universitários e clericais que defendiam seus próprios direitos da interferência real.

Nessa batalha, Bach está claramente do lado do absolutismo. Para sua época, Bach não era um homem moderno. As novidades das visões iluministas, de Newton a Voltaire, que se espalhavam pela Europa, aparentemente não tinham para ele grande atratividade. Ele tinha suas raízes no passado, sua mentalidade era quase medieval. Contudo, suas ambições profissionais eram maiores do que quaisquer simpatias absolutistas. Quando, por exemplo, o duque de Weimar impediu sua mudança para Cöthen, Bach não pensou nem por um segundo que deveria conhecer seu lugar numa sociedade divinamente ordenada que criava duques para implementar a vontade do Todo-Poderoso. Ele resistiu e foi parar na cadeia do duque, e em última instância superou os obstáculos absolutistas a fim de chegar a Cöthen e à sua nova posição de mestre de capela.

Em Leipzig, Bach foi empregado como chantre, mas tentou o máximo que pode continuar sendo mestre de capela, preferência que o colocou do lado da nobreza e da realeza. Como que para ilustrar isso, pouco antes de se mudar para Leipzig, Bach mandou fazer um novo selo pessoal que sobrepunha suas iniciais em imagem espelhada. Sobre o desenho havia uma elegante coroa.

O conselho municipal de Leipzig que contratou Bach se dividia em duas facções, refletindo as divisões políticas da época.

Suíte nº 4 — Mi Bemol Maior

A facção dos Estados queria contratar um chantre no sentido tradicional, alguém que se concentraria no ensino e na escola e que também fosse responsável pela música nas principais igrejas da cidade. A facção absolutista, ligada ao rei saxão Augusto, o Forte, queria um compositor brilhante cuja arte irradiasse o esplendor da corte real de Dresden – isso é, um mestre de capela, exceto no nome. Bach foi contratado como candidato absolutista.

De todo modo, Bach continuou, no papel, a ser mestre de capela após sua mudança para Leipzig. Ele ainda mantinha o título honorário dado pelo príncipe Leopoldo, que graciosamente permitira que Bach deixasse Cöthen. Bach, acompanhado de Anna Magdalena, retornou a Cöthen ao menos duas vezes, em 1724 e em 1725, para prover música a seu antigo príncipe. Pode-se imaginar o que Leopoldo sentia ao ouvir aqueles dois músicos, de quem ele havia gostado o suficiente para contratar em separado por seus próprios méritos, um casal que havia se apaixonado em sua corte, que se casara na capela principal, e que agora havia subido na vida. Havia devoção nos dois lados. Quando, em 1726, Bach começou a publicar suas obras, dedicou as *Seis Partitas*,[3] seu conjunto de suítes para cravo, ao filho recém-nascido de Leopoldo.

Em Leipzig, Bach continuaria a valorizar e a usar seu título de mestre de capela de Cöthen enquanto Leopoldo reinasse. Quando começavam suas batalhas com as autoridades de Leipzig, o autoproclamado "Mestre de Capela de Sua Sereníssima Alteza, o Príncipe de Cöthen", surgia nas cartas. Ele rapidamente afirmava suas prerrogativas nessas pequenas disputas, peticionando sua demanda a instâncias cada vez mais superiores, até que ela chegasse ao

---

[3] A primeira partita é a única do conjunto que começa com um *praeludium*. O prelúdio dessa quarta suíte é também a única suíte para violoncelo que Bach aparentemente intitulou "Praeludium", o que sugere que a gênese dessa suíte para violoncelo pode ter acontecido no mesmo período que a primeira das *Seis Partitas* – meados da década de 1720.

cume da autoridade, o rei da Saxônia, que deve ter-se perguntado por que estava sendo importunado com aquelas ninharias.

Um exemplo foi quando Bach soube que outro organista na cidade havia usurpado o direito tradicional do chantre de controlar os diversos cultos da igreja da universidade. Esses cultos eram uma parte periférica da carga de trabalho de Bach, mas representavam a perda de um salário anual. As autoridades universitárias de início recusaram-se a ceder, mas sob a pressão do melindroso chantre, concordaram em restabelecer-lhe um dos serviços e metade do salário. Ainda insatisfeito, Bach então levou sua reclamação à maior das autoridades: Augusto, o Forte.

Bach escolheu bem o momento de agir. No outono de 1725, deu um recital de órgão numa igreja de Dresden, a base de Augusto, o Forte. Bach conhecia Dresden. Foi ali que, em 1717, ele desafiara o francês Marchand para um duelo de órgão, saindo vencedor à revelia quando Marchand, supostamente com medo, fugiu da cidade numa carruagem antes da aurora.

O recital de Bach, segundo um jornal de Hamburgo, "foi muito bem recebido pelos virtuoses locais da corte e na cidade, uma vez que ele é muito admirado por todos por sua destreza musical e por sua arte". O chantre de Leipzig então aproveitou a ocasião para registrar sua primeira reclamação junto ao rei quanto ao organista rival. Antes do fim do ano viriam mais duas cartas compostas pelo "humilíssimo e obedientíssimo servo de sua Majestade Real e Sua Serena Alteza Eleitoral". Nas cartas, Bach combate as autoridades universitárias no que diz respeito à perda de responsabilidades e de doze táleres. Usando uma linguagem que sugere que ele poderia ter sido excelente advogado, ele refuta os argumentos da universidade ponto por ponto, presta contas detalhadas dos táleres em questão, e até mesmo inclui depoimentos assinados pelas viúvas de dois chantres anteriores de

Suíte nº 4 — Mi Bemol Maior

São Tomé. Quando a poeira real se assentou no ano seguinte, Augusto, o Forte, tomou uma decisão equitativa, concedendo a Bach os doze táleres e permitindo que o outro organista tocasse nos cultos da universidade.

Desconhecemos a reação de Bach à decisão. Mas ele logo intensificou seus esforços para homenagear o regente da Saxônia. Em 1727, quando os cidadãos de Leipzig celebraram o aniversário de seu monarca, Bach recebeu a encomenda de compor uma obra (hoje perdida) que foi apresentada ao rei por quarenta músicos, tendo como pano de fundo trezentos estudantes segurando tochas na praça do mercado. O texto da cantata de aniversário de Bach – impresso em cetim branco, encadernado em veludo de vermelho intenso, com borlas e franjas banhadas em ouro – foi apresentado a Sua Excelência, o Copeiro Chefe, que demonstrou sua apreciação em nome do rei, o qual permaneceu isolado por um contingente de soldados saxões.

Depois, no mesmo ano, Bach outra vez foi convocado a compor música, dessa vez para marcar a morte de Christiane Eberhardine, a esposa do rei. Um estudante nobre comissionou a obra, pedindo ao conhecido poeta Johann Christoph Gottsched para escrever a letra. Outra altercação aconteceu porque a cerimônia iria ocorrer na igreja da universidade, onde mais uma vez o organista dali tentava bloquear a autoridade de Bach. No fim, Bach venceu a luta pelo terreno e dirigiu do cravo sua ode funeral.

A possibilidade de Bach de identificar-se como mestre de capela foi abalada no ano seguinte com a morte prematura do príncipe Leopoldo aos 33 anos. Pela última vez ele viajou a Cöthen, dessa vez para cuidar da música funeral, acompanhado por sua esposa, por seu filho mais velho, Friedemann, e por diversos músicos contratados. Bach e Anna Magdalena, cercados por velhos amigos e colegas no castelo em que o casal havia tantas vezes feito música enquanto seu amor nascia, só podem ter ficado profundamente entristecidos com esse adeus prematuro a seu falecido príncipe. O funeral, na primavera, aconteceu na catedral iluminada, cujas paredes foram cobertas de preto. A música de Bach recebeu o carro fúnebre, puxado por um cavalo, que trazia o caixão do príncipe. A música hoje está perdida, mas tomou emprestados nada menos do que nove movimentos da *Paixão segundo São Mateus*, que Bach havia estreado dois anos antes. Se vendo essa sublime *Paixão* alguns ouvintes mais devotos se sentiram perturbados, Bach aparentemente não viu problema nenhum, tendo provavelmente considerado a emoção da ocasião à altura da obra-prima.

O compositor provavelmente apreciava a alta qualidade de sua *Paixão segundo São Mateus*. Claro que ele jamais poderia ter imaginado que seria essa a obra que criaria sua fama com o público exatamente cem anos depois, pelas mãos do neto de vinte anos de um celebrado compositor judeu.[4] Também nunca lhe teria passado pela cabeça que ela um dia estaria na disputa pelo troféu de maior obra musical jamais composta. Apesar da auréola religiosa que muitas vezes se põe na cabeça de Bach, ele não tinha o menor problema em reciclar música intensamente sacra para fins seculares. E a atmosfera da corte de Cöthen, onde sua arte sem dúvida encontrava uma plateia receptiva, pode ter sido considerada pelo compositor um local mais digno para uma de suas obras-primas.

Por seus esforços, Bach recebeu a bela soma de 230 táleres da corte de Cöthen. Mas essa seria a última comissão que ele receberia da casa principal. Com a morte de Leopoldo o título de Bach de Mestre de Capela do Príncipe de Cöthen perdeu a validade. E não lhe entusiasmava muito ser apenas o chantre de um colégio interno luterano.

---

[4] Em março de 1729, à época do funeral, na cidade vizinha de Dessau, a mãe de Moses Mendelssohn carregava no ventre o futuro filósofo.

Suíte nº 4   Mi Bemol Maior

As frustrações profissionais de Bach foram apaziguadas por sua afeição por Anna Magdalena e por sua íntima vida familiar. A família Bach havia chegado a Leipzig com cinco filhos. Ao longo das décadas seguintes, Anna Magdalena iria parir treze filhos, seis dos quais chegaram à idade adulta. Ela, uma soprano de talento, havia colocado sua carreira em segundo plano para acompanhar seu marido a Leipzig. Se em Cöthen ela era uma cantora da corte muito bem remunerada, em Leipzig ela não teria grandes oportunidades de cantar em público. O trabalho de Bach consistia em prover música para cultos da igreja, onde as mulheres não podiam se apresentar. Assim, sua carreira de cantora ficou provavelmente reduzida a apresentações nas cortes dos príncipes e a concertos improvisados em casa.

Bach claramente apreciava sua esposa. Ainda que sobrecarregado por suas responsabilidades de chantre e por seus projetos artísticos pessoais, ele conseguia encontrar tempo para mostrar seu afeto com um pássaro cantor, cravos amarelos e poesias românticas.

Ele também obviamente se orgulhava das realizações acadêmicas de seus filhos, oportunidade que ele nunca teve. Sendo o primeiro chantre de São Tomé na história recente a não ter diploma universitário, Bach pode ter tido certa sensibilidade quanto a isso. (Seu predecessor foi Johann Kuhnau, advogado e linguista que tinha até escrito um romance satírico.) Talvez seu limitado preparo acadêmico lhe parecesse uma desvantagem em suas muitas disputas legalistas com as autoridades, e ele estava determinado a garantir um ensino de primeira qualidade para seus filhos. Todos frequentaram a universidade. Friedemann e Emanuel foram da Escola de São Tomé para a renomada Universidade de Leipzig. Em seu primeiro Natal em Leipzig, o pai orgulhoso deu a Friedemann um certificado que marcava simbolicamente seu registro para a futura matrícula na universidade.

Bach tinha uma relação especial com seu primogênito. As lições musicais de pai para filho, que ficaram sérias quando Friedemann tinha dez anos, foram imortalizadas pelo livro de exercícios que Bach escreveu, repleto de breves prelúdios, arranjos para danças e de suítes, e que ficou conhecido como o *Livrinho de Cravo de Wilhelm Friedemann Bach*. "Poucos vislumbres da vida de qualquer compositor, e do afeto de qualquer pai, são mais claros do que aqueles aqui oferecidos por uma pequenina obra musical", escreve o biógrafo Peter Williams. A relação entre pai e filho é detectada em um pequeno item do livro, uma alemanda que Bach aparentemente começou e que o garoto continuou, mas que não conseguiu levar de volta à tonalidade inicial sem a ajuda do pai. Esse livrinho um dia se tornaria um dos guias mais influentes para o ensino de teclado.

Em Leipzig, na década de 1720, o menino, apelidado de "Friede" por seu pai, já tinha idade para acompanhar Bach em diversas viagens para fora da cidade, e, quando ficou mais velho, à ópera em Dresden. Certa vez Bach disse ao filho: "Friedemann, vamos voltar para ouvir as lindas cantigas de Dresden?". Seria de presumir que os dois tivessem gostos musicais mais eruditos. Ou será que não?

Ao fim da década de 1720, Friedemann estava prestes a se tornar um dos melhores organistas da Alemanha – ele viria a ser considerado o melhor. A fim de obter uma formação musical completa, ele foi mandado para Merseburgo para ter aulas particulares de violino e foi o único dos filhos de Bach que teve essa oportunidade. Quando Bach e Anna Magdalena viajaram a Cöthen ao fim da década para o funeral do príncipe Leopoldo, Friedemann participou com eles da apresentação. E quando Bach ficou sabendo que Händel estava visitando sua mãe em Halle, uma cidade próxima, como estava muito doente para viajar,

Suíte nº 4 🎵 Mi Bemol Maior

imediatamente mandou seu primogênito convidar pessoalmente o famoso expatriado alemão a visitá-lo em Leipzig.[5]

Emanuel, o segundo filho de Bach, não era tão próximo dele, mas seu sucesso futuro sugere que ele pode ter se beneficiado por ter uma dívida emocional menor com seu pai do que Friedemann. Bach naturalmente foi seu professor. Diz-se que com onze anos Emanuel conseguia tocar as obras para teclado do pai à primeira vista. E, no fim da década de 1720, os dois filhos trabalhavam como assistentes de Bach em aulas particulares, em ensaios e na cópia de música (e também Anna Magdalena, cuja caligrafia àquela altura havia se tornado indistinguível da de seu marido).

Apesar de sua família crescer cada vez mais, e de sua contínua produção de composições espetaculares, ao fim da década Bach sentia-se preso ao seu emprego. Seu temperamento independente não combinava com uma posição cheia de limites. Ele era por constituição inadequado para o emprego de chantre.

Após a morte do príncipe Leopoldo, quando seu título de mestre de capela perdeu a validade, Bach não perdeu tempo em preencher a lacuna em seu currículo. Rapidamente conseguiu assegurar o título de mestre de capela do duque de Weissenfels. O título era puramente honorário, mas ele obviamente o desejava. De certo modo, Bach chegou até a assumir o controle de sua própria Capelle. Em 1729, tornou-se diretor do Collegium Musicum, uma série de concertos de câmara que aconteciam toda semana no Café Zimmermann. Suas atividades combinadas na época – publicar as partitas para cravo, voltar a ser mestre de

---

[5] Händel, ou por estar ocupado ou por não estar tão interessado em encontrar outro organista da região, educadamente declinou. Foi a segunda vez que Bach tentou encontrar-se com o celebrado compositor. Em 1719 ele viajara a Halle quando soube que Händel estava de visita, mas chegou tarde demais. Ainda que Händel e Bach tivessem nascido com poucas semanas de diferença, e em cidades não muito distantes uma da outra, seus caminhos nunca se cruzaram.

capela titular, reger os concertos no Zimmermann – mostram que Bach estava redirecionando suas energias criativas para longe da igreja e do seu emprego de chantre.

Pode-se perguntar se aos 45 anos ele passava por uma crise de meia-idade. Bach estava acostumado a sentir-se cercado pela morte, mas houve um período de dezoito meses ao fim da década de 1720 que foi fortemente marcado pela perda. Além da morte do príncipe Leopoldo, Bach perdeu dois filhos (um recém-nascido e um de três anos), além de Friedelena, irmã mais velha de sua esposa (que vivia em sua casa havia duas décadas) e de sua última parente viva, sua irmã mais velha, Maria Salomé.

À medida que a década ia terminando, Bach continuou a ter dificuldades com as autoridades escolares e municipais. Ele havia composto um *corpus* impressionante de obras de alto calibre que contava com cerca de duzentas cantatas, cada uma aparentemente melhor do que a outra, pelo menos duas *Paixões*, e diversas obras instrumentais impressionantes, incluindo as *Suítes para Violoncelo*. O modo abrupto como Bach parou de compor cantatas por volta dessa época talvez seja explicado pelo fato de que ele havia reunido mais material do que jamais viria a precisar para cultos da igreja. Enquanto isso, as disputas com as autoridades de Leipzig se intensificavam. Em um ano, o chantre estaria no limite.

Sarabanda

*Capaz de mover as paixões e de perturbar
a tranquilidade da mente.*

James Talbot, 1690

Quando a Alemanha nazista iniciou sua invasão da França, Pablo Casals estava no exílio do outro lado dos Pirineus, em Prades. Ali era o lugar mais próximo da Catalunha, fora da Espanha de Franco. Mas, com a invasão alemã de junho de 1940, sua situação mudou drasticamente. Os nazistas rapidamente ocuparam o coração da França. Nas partes não ocupadas do país, o regime colaboracionista de Vichy logo iria instaurar seu poder. Depois os alemães se estabeleceriam diretamente.

Nesse momento, ir tocar uma suíte de Bach na Holanda ou na Suíça, como tinha feito no começo do ano, estava fora de questão. Os riscos aumentavam. A Espanha também poderia entrar na guerra, e nesse caso os soldados de Franco jorrariam fronteira adentro e cuidariam dos republicanos irritantes, como Casals, de seu jeito favorito: com uma bala na cabeça.

Casals estava provisoriamente ajustado à vida no exílio. Junto com sua amiga viúva Señora Franchisca ("Frasquita") Capdevila e a família Alavedra, Casals se mudou para um pitoresco chalé de dois andares de frente para a prefeitura. Com suas tortuosas ruas calçadas, casas brancas com telhados vermelhos, e acácias em flor, a cidade de Prades facilmente evocava a Catalunha de sua juventude. Ele dava caminhadas matinais com Folett, seu cão, que àquela altura andava devagar. Ele levantava o chapéu para saudar o Monte Canigou, o majestoso pico que desde o século XI era um símbolo da identidade catalã.

Casals estava agora com 66 anos. O dinheiro era pouco, porque sua conta bancária havia sido congelada pelas autoridades colaboracionistas. A comida era escassa – ele vivia com nabos cozidos, feijão, vegetais, e às vezes uma batata. Começou a sofrer de dores de cabeça, de tonturas e de reumatismo no ombro. Suas visitas regulares aos campos de refugiados catalães deixavam-no desalentado; ele sabia que estava vivendo em condições muito superiores. Mas ele também seria um alvo importante se a guerra chegasse mais perto de casa. Em novembro de 1942 os nazistas assumiram o controle da França não ocupada, e Prades caiu nas mãos da milícia de Vichy e da Gestapo. O chalé de Casals era vigiado. Alguns dos habitantes da cidade ficaram hostis, e circulavam rumores sobre o violoncelista catalão: membro da resistência, comunista, anarquista, assassino. Ele vivia em constante ansiedade.

Uma tarde, seus temores mais sombrios se tornaram realidade. Um carro oficial parou diante de seu chalé e três oficiais nazistas bateram na porta. Casals estava escrevendo em sua mesa de trabalho quando ouviu os passos subindo as escadas que levavam a seu quarto. Os alemães entraram no quarto, bateram os calcanhares de suas botas lustrosas, e fizeram a saudação Heil Hitler. Eles foram sinistramente delicados.

"Viemos oferecer nossos respeitos", informaram-no. "Somos grandes admiradores de sua música – nossos pais já falavam de

Suíte nº 4 — Mi Bemol Maior

Casals, dos seus concertos, que eles frequentaram." Perguntaram se ele precisava de alguma coisa, e então indagaram por que ele morava numa casa tão cheia e pobre em vez de estar na Espanha. Casals respondeu explicando sua oposição a Franco. Logo eles chegaram à razão da visita: Casals estava convidado a viajar à Alemanha e a tocar para o povo alemão. Ele recusou a oferta, dizendo que sua posição em relação à Alemanha era igual a sua posição em relação à Espanha. Seguiu-se um silêncio constrangido.

O oficial de maior patente então falou. "O senhor tem uma ideia equivocada da Alemanha", disse. "Der Führer tem muito interesse nas artes e no bem-estar dos artistas. Ele tem um apreço especial pela música. Se o senhor for a Berlim, ele irá em pessoa à sua apresentação. O senhor será bem recebido por todos. E temos autorização para dizer que o senhor terá um vagão especial à sua disposição..."

Casals tinha uma desculpa na manga. Ele não podia dar um concerto porque estava sofrendo de reumatismo no ombro. O trio nazista então pediu uma foto autografada. Relutantemente, ele cedeu. "E já que estamos aqui", continuou o oficial de maior patente, "será que o senhor poderia tocar para nós um pouco de Brahms ou um pouco de Bach?" Casals respondeu que seu reumatismo fazia que isso fosse impossível. O oficial nazista andou até o piano e tocou uma ária de Bach. Em seguida, pediu para ver o violoncelo de Casals, que tirou seu instrumento do estojo e colocou-o na cama. "Um deles o levantou, e os outros o tocaram", contava. "E de repente me sentia mortalmente doente..."

Mas tudo acabou aí. Os alemães saíram, sentaram-se em seu veículo por algum tempo, e depois voltaram para tirar fotografias de Casals sentado na varanda antes de ir embora.

Tivesse Casals concordado em tocar na Alemanha nazista, veria que a música de Bach seria extremamente bem-vinda. A principal obsessão musical de Hitler era Wagner, mas o panteão nazista de compositores incluía Beethoven, Bruckner, Schumann, Brahms e Bach. Mendelssohn, por outro lado, que tanto fez para tornar Bach famoso, foi denunciado como judeu. Sua estátua em Leipzig foi derrubada, e sua música, proibida.

As atitudes dos músicos no regime nazista foram tão variadas quanto as dos demais cidadãos da França e da Alemanha. Os ex-colegas de Casals no trio Cortot-Thibaud-Casals, que haviam-no substituído pelo violoncelista Pierre Fournier em 1940, eram mais flexíveis politicamente. Alfred Cortot ocupou um posto cultural no regime de Vichy e tocou em diversos concertos na Alemanha nazista em 1942. Jacques Thibaud, que perdeu um filho na Segunda Guerra Mundial, tocou com Cortot num festival de Mozart em Paris organizado pelos nazistas.[6]

Em 1944, os aliados invadiram a Normandia, os nazistas saíram da França, e Casals começou a se preparar para seu retorno às salas de concerto. Ainda que tivesse feito diversos concertos locais em benefício das vítimas da guerra, ele não se apresentou publicamente durante a ocupação alemã. "Agora que o inimigo foi forçado a se retirar", escreveu a um amigo, "retomei a prática, e você ficará feliz por saber que faço progressos diariamente".

Ele estava atolado de convites para dar concertos. Um dia antes do Natal, foi publicada no *The New York Times* uma carta informando os leitores de que Casals não estava num campo de concentração espanhol, mas sim "vivendo recluso no sul da França". Apareceu um cheque em branco de um produtor norte-americano. Só de Paris vieram 56 convites para que ele desse seu primeiro concerto do pós-guerra. Mas ele escolheu Londres. Ele passara os anos de guerra sintonizado na BBC para ter notícias,

---

[6] Cortot foi preso depois da guerra. Ao ser libertado, foi proibido de tocar por um ano. Thibaud morreu num desastre de avião em 1953 quando ia se apresentar para as tropas francesas na Indochina. Casals nunca perdoou Thibaud, mas depois fez as pazes com Cortot.

às vezes encolhido debaixo de um cobertor para abafar os sons incriminadores na França ocupada. Ele havia esperado que a Inglaterra garantisse a liberdade da Espanha. Em 1945 Casals embarcou num avião da British Airways – a companhia aérea recusou qualquer pagamento – para dar seu primeiro concerto com uma orquestra desde antes do início da guerra.

A apresentação aconteceu no Royal Albert Hall. Com o apoio da Orquestra Sinfônica da BBC, regida por Sir Adrian Boult, ele tocou os concertos para violoncelo de Schumann e de Elgar, terminando no bis com a transcendental sarabanda da quinta suíte para violoncelo. Havia apenas vinte dias que a Alemanha tinha se rendido, e Casals foi recebido como herói. Doze mil pessoas foram ouvi-lo, e ele precisou de escolta policial para ir do camarim até o carro após o concerto. Ele foi levado diretamente para um estúdio, onde tocou seu arranjo para a melodia popular catalã "Canto dos Pássaros" e falou algumas palavras em catalão, que foram transmitidas junto com o concerto da noite pelo Serviço Estrangeiro da BBC.

Seu entusiasmo pela Inglaterra, contudo, não iria durar. Quatro meses após essa primeira viagem, Casals retornou para uma turnê. Àquela altura já tinha ficado claro para ele que Londres tinha preocupações mais urgentes do que o destino da Catalunha. As potências ocidentais, que tinham acabado de derrotar a Alemanha e o Japão, estavam movendo suas peças num tabuleiro geopolítico contra a Rússia soviética. Depor o regime fascista de Franco na Espanha, regime que de todo modo havia feito do anticomunismo seu cartão de visitas, não era prioridade. Casals estava perplexo. Ele não conseguia entender como o Ocidente podia ficar em paz com o ditador espanhol que havia se aliado com Mussolini e com Hitler.

A fim de protestar contra essa política, Casals interrompeu sua turnê pela Grã-Bretanha e deixou a Inglaterra. A França igualmente o decepcionou. Ele fez alguns concertos na Suíça e depois tomou uma decisão. Em dezembro, ele decidiu que não tocaria mais em nenhum país que reconhecesse o regime de Franco. E depois ele deixou de tocar em qualquer lugar.

Casals plantou seu violoncelo em Prades, naquele vale remoto em que a terra alaranjada nutria pomares e vinhedos luxuriantes. Estava com setenta anos. Talvez tenha sido um alívio não ter mais que tocar, não ter que fazer mais nenhuma concessão a um mundo que o havia desapontado.

Bourrée

> *Quanto mais gasta a corda, melhor seu som.*
> *E sabe quando ela tem o melhor som?*
> *Logo antes de romper.*
>
> Pablo Casals

No fim da década de 1940, Casals tinha se exilado dos palcos de concerto. Na metade de sua sétima década de vida, ele presumia estar se dirigindo para os anos de seu ocaso, e de qualquer ângulo que se olhasse, ele tinha direito a uma aposentadoria digna.

Ainda que Prades fosse provinciana e inacessível, sua paisagem era muito familiar para um catalão deslocado. A aldeia nos Pirineus, que havia sido conquistada pela França no século XVII, guardava grande parte de seu sabor catalão. Casals sentia-se praticamente em casa.

Sua rotina era bastante agradável. Ele começava todos os dias tocando *O Cravo Bem Temperado* de Bach ao piano, e depois dava uma caminhada com seu pastor-alemão, prestando atenção ao canto dos pássaros e saudando o pico nevado do Monte Canigou. Ele tocava seu violoncelo, que, desgastado, já não tinha boa aparência. Sempre acendia seu cachimbo curvo com fósforos, que às vezes caíam nos efes de seu instrumento. Ele conseguia ouvi-los rolar por dentro quando levantava o violoncelo, que àquela altura parecia não passar por uma limpeza desde a Guerra Civil. Um pedaço de papel foi colocado debaixo da voluta para dar apoio, e um pedaço de fósforo foi colocado na caixa das cravelhas para mantê-la retesada.

Casals separou um tempinho para compor, aceitou alguns alunos, escreveu cartas em espanhol, catalão e francês, e continuou a ocupar-se da situação precária dos refugiados catalães. Era um ponto final agradável, ainda que provinciano, para o maior violoncelista do século.

Aqueles, contudo, que conheciam Casals, sobretudo aqueles músicos da nova geração que o conheceram só depois da guerra, viam sua aposentadoria como um isolamento desnecessário, um desperdício prematuro de uma figura histórica. Eles insistiam para que ele voltasse à sala de concertos. Mas Casals, assim como o Monte Canigou, símbolo do patriotismo catalão, não saía do lugar. Se alguém quisesse ir vê-lo, era preciso ir até a montanha.

O homem que finalmente tirou Casals do lugar foi Alexander Schneider, um violinista nascido na Lituânia, e um talento e uma energia que combinavam com seu cabelo eletrificado. Schneider colocou em suspenso uma promissora carreira de música de câmara para ir estudar com Casals em Prades, concentrando-se nas sonatas e nas partitas de Bach para violino solo. Ele estava determinado a tirar Casals do exílio. Aproximava-se o ano de 1950, marcando o bicentenário da morte de Bach, e Casals estava recebendo inúmeros convites para tocar na ocasião. "Produtores, autoridades e admiradores de todas as partes do mundo", noticiava o *The New York Times*, "rogaram-lhe que disponibilizasse sua grande arte em concertos em seus países. Ofereceram-lhe cachês enormes, palácios e títulos honoríficos, mas ele insistiu em recusar".

Suíte nº 4   Mi Bemol Maior

Doía em Casals recusar muitos dos convites, e o mais doído foi um concerto planejado na Igreja de São Tomé em Leipzig. O que lhe tirou da aposentadoria foi a ideia de um festival de Bach em Prades, regido por ele mesmo. Schneider levou o plano a Casals e trabalhou nele por seis meses, até que Casals finalmente concordou. Ele não havia mudado sua política. "A Inglaterra e os Estados Unidos haviam-nos prometido que, após a guerra, os aliados, em quem colocamos toda a nossa fé e a quem demos todo o nosso apoio, tanto moral quanto prático, iriam apoiar-nos", disse à revista *Life*. "Milhares de espanhóis lutaram com os aliados contra os alemães. Eu também arrisquei minha vida várias vezes por acreditar neles. Eles nos abandonaram. Não seria digno ir àqueles países e ganhar o dinheiro deles nessas circunstâncias." Mas a causa estava acumulando pó. O silêncio estava privando Casals de seu meio de protesto mais eficaz. Somente seu violoncelo poderia chamar atenção para sua política. Ele iria voltar a dar corda em sua arma.

A distante cidade montanhosa de 4.300 habitantes era um local improvável para aquilo que acabou sendo um dos mais significativos acontecimentos musicais do pós-guerra. Os aldeães já estavam acostumados a ver o violoncelista, baixinho e cada vez mais calvo, e o punhado de alunos que visitava seu chalé. Agora os automóveis que chegavam à cidade e o trem da manhã, vindo de Perpignan, despejavam alguns dos maiores músicos do planeta, entre os quais Mieczyslaw Horszowski, Clara Haskil, Rudolf Serkin e Isaac Stern.

Os ensaios começaram no refeitório da escola de meninas da cidade, que ocasionalmente era sacudido pelos sons de um trem que passava. Casals recebeu a orquestra de trinta pessoas, dizendo que eles estavam ali para homenagear Bach, mas que, naquele processo, dariam prazer aos ouvintes e a si mesmos. "Agradeço por terem vindo", disse. "Amo vocês. E agora vamos começar."

As Suítes para Violoncelo ♪ Eric Siblin

De batuta em punho, tratou de transformar os músicos, metade dos quais vinha dos Estados Unidos, numa unidade orquestral coesa. O plano era ter seis noites de música de câmara e seis noites orquestrais, que seriam iniciadas com Casals tocando uma das suítes de Bach. Depois ele voltaria sua atenção para a regência da orquestra.

Prades se adaptou a sua nova persona. As lojas na cidade vendiam itens relacionados a Casals – biografias, gravações e fotografias. A padaria local vendia uma torta em forma de violoncelo. Foi montada uma barraca de sorvete. Bandeiras e faixas catalãs tremulavam sobre a praça principal. Até a prostituta da cidade disse que os negócios cresceram.

O primeiro concerto do Festival Bach aconteceu em 2 de junho. Multidões de habitantes da cidade tomaram a praça calçada diante da Igreja de São Pedro, enquanto os portadores de ingressos passavam e adentravam a igreja, com seu altar ornamentado. Na plateia havia membros da pequena realeza, patronos das artes, a esposa do presidente da França, e, incógnito, Juan Negrín, presidente no exílio da Espanha republicana. Havia também um grupo de catalães que havia cruzado a fronteira e descido os Pirineus para participar, apesar do fechamento oficial da fronteira pelo governo de Franco. A razão dada para o fechamento era que Casals estava organizando uma força de guerrilha em Prades – cujo chefe militar seria Schneider, o violinista! – como prelúdio de uma tomada comunista da Espanha. Casals conversou com seus compatriotas após o concerto.

O bispo de Saint-Fleur, potentado religioso local, abriu o festival com um discurso longo e tedioso, em que pediu que ninguém aplaudisse dentro da igreja. Em seguida fez um gesto a Casals, que surgiu do clerestório e prosaicamente caminhou até a simples plataforma de madeira onde sua ressurreição musical iria acontecer.

Suíte nº 4   Mi Bemol Maior

 A Columbia Records havia instalado microfones, e o festival renderia mais de dez discos da gravação ao vivo – com uma exceção: as suítes para violoncelo solo. O número de abertura do Festival não deveria ser gravado, por ordem de Casals. Na verdade, ninguém tinha ideia de como estaria tocando o violoncelista de 73 anos. Havia rumores de que um problema muscular era a verdadeira razão de ele ter parado de tocar. Se ele fosse acompanhado pelo piano, ou se seu violoncelo se fundisse com uma obra orquestral, a pressão não teria sido tão intensa. Mas as suítes de Bach são implacáveis; o instrumentista não tem como se esconder.
 A plateia levantou-se em silêncio, respeitando o pedido do bispo. Casals fez uma rápida mesura. E, com um brusco aceno do violoncelo, fez um gesto para que a plateia se sentasse. Sessenta anos depois de colocar pela primeira vez os olhos nas suítes de Bach numa loja de Barcelona, ele outra vez esvaziou sua mente de tudo que não fosse a obra. Meio século depois de ousar tocar uma suíte para violoncelo em público, ele pressionou seu arco contra a corda sol naquela posição familiar.
 "O toque do arco era como uma seda pesada", noticiou um relato na *The New Yorker*, "cujo vibrato, forte e rápido, parecia vir da garganta de um rapaz. O que Casals apresentou foi a culminação de uma vida dedicada à técnica, enriquecida pelos tristes anos de reclusão recente, e outra vez libertada para o prazer".
 Quando ele chegou à última nota da giga, a plateia novamente se levantou num silêncio arrepiante, mal resistindo à urgência de aplaudir. Todas as dúvidas haviam evaporado.

Giga

O mais exuberante e virtuosístico movimento em todas as seis suítes é elaborado com extrema concentração, e ainda assim parece ter sido escrito por alguém que estava se divertindo muito.

Hans Vogt

    O violoncelo solo foi para mim uma via de entrada perfeita para o mundo sonoro de Bach. Com as *Suítes para Violoncelo*, o violinista em mim facilmente conseguia estabelecer uma relação com o espelho de um instrumento acústico de cordas. E, em se tratando de uma obra instrumental, pude contornar um obstáculo que vem junto com a magnífica música vocal de Bach – o conteúdo religioso luterano, nem sempre em formato tão poético, cantado em alemão.
    Mas não se chega muito longe no mundo de Bach sem perceber que sua música vocal representa o apogeu para legiões de ouvintes. Bach compôs quantidades fenomenais de música vocal – cerca de duzentas cantatas, as duas *Paixões*, alguns oratórios, um *Magnificat*, e a *Missa em Si Menor*. Pode-se classificar tudo isso na categoria de *Sublime*, seja uma voz solo envolvida de

maneira simples por uma linha grave, ou um grande coro apoiado por uma orquestra barroca repleta de trompetes e de percussão. A voz humana, tanto em Bach quanto no pop, é que dá o toque mágico.

Quando fiquei sabendo de um "Fim de Semana Bach" que aconteceria na primavera de 2008 num bucólico centro musical a norte de Montreal, dei uma olhada no programa e percebi que eu poderia – em tese – participar. Tudo que eu teria de fazer seria cantar. Não sei tocar cravo, nem violoncelo, nem qualquer instrumento barroco bem o suficiente para poder sonhar tocar numa cantata de Bach, mas ao que tudo indica minhas cordas vocais funcionam. Então preenchi o formulário de registro para o fim de semana e marquei um x no quadradinho ao lado de coro. Ensaiaríamos e apresentaríamos uma cantata de Bach chamada *Dá aos Famintos Teu Pão* (*Brich dem Hungrigen dein Brot*).

Algumas vezes em minha jornada bachiana lamentei o fato de que minha obra favorita fosse tão austera – um violoncelo apenas. Quanto mais eu conhecia a obra vocal de Bach, tão rica em texturas, mais meu entusiasmo bachiano disparava. Supus que isso era um sinal de que eu tinha chegado lá, de que eu tinha feito com sucesso a transição de neófito para "nerd" da música erudita. Mas eu nunca me desviei muito das *Suítes para Violoncelo*. Agora eu conseguia habitar o lugar sagrado da música mais inspiradora do mestre barroco, e minha voz navegava junto da polifonia oceânica de Bach.

Saí e comprei uma gravação especial da cantata em questão, com John Eliot Gardiner regendo o Monteverdi Choir e os English Baroque Soloists. O CD tinha uma linda embalagem e a melhor produção. Mas *Dá aos Famintos Teu Pão* me pareceu uma peça medíocre na obra de Bach, sem a energia dos trompetes e da percussão de suas cantatas mais contagiantes. Aquela primeira impressão felizmente desapareceu à medida que eu ouvia e ouvia a cantata, que na verdade é espetacular. Meu plano, ao ouvir o disco repetidas vezes antes do "Fim de Semana Bach", era já ir treinando para o coro.

Mas eu não sabia ler música à primeira vista. Eu não era um músico letrado; nunca li música, exceto notações de acordes ou as simples tablaturas de violão feitas para os iniciantes. Ler notação musical tradicional não era algo que eu conseguisse fazer sem um laborioso ato de decodificação. Aprendi a ler à primeira vista da maneira mais rudimentar quando fiz aulas de violoncelo, mas essa capacidade se foi quando as aulas acabaram, e ler linhas vocais para um coro seria algo diferente. Enfim me dei conta de que a cantata era tão complexa vocalmente – com tenores, baixos, contraltos e sopranos entrando e saindo repentinamente da música em momentos diferentes, com linhas diferentes, em prodigiosa polifonia – que cantar Bach não seria moleza.

Com minha ansiedade aumentando, liguei para uma escola de música das redondezas, expliquei a situação e respondi algumas perguntas preocupantes. De quanto tempo eu dispunha?

Numa tarde de sábado, fui à escola de música com minha gravação da cantata e uma partitura da música que os organizadores do "Fim de Semana Bach" tiveram a bondade de escanear e de me mandar por e-mail. Meu professor se chamava Adam, um cantor e violonista de cavanhaque cujo cabelo compridinho era mantido no lugar por uma boina. Ele era gente boa. Ele curtia Bach.

A fim de determinar qual parte eu deveria cantar, Adam me fez fazer vocalize. O mais provável era que eu fosse barítono – algo entre o baixo e o tenor. Ele sugeriu que eu cantasse o baixo; seria mais fácil e mais educativo harmonicamente. Mas nada em *Dá aos Famintos Teu Pão* era fácil.

Mergulhamos na partitura e não demorou para que eu percebesse que eu havia superestimado minhas capacidades. Mesmo Adam às vezes se perdia. As partes vocais entravam

Suíte nº 4 🎵 Mi Bemol Maior

e saíam da mistura como se tivessem sido cortadas e coladas por um diabólico equilibrista. As espinhosas palavras em alemão eram igualmente assustadoras. Adam me mostrou como ler a música e como funcionava o andamento, o que ajudou. Então passamos às notas. Tocamos diversas vezes o disco que eu levara a fim de compreender a partitura. Era maravilhoso – e ridiculamente difícil. Uma discussão sobre o tempo da música entrou em matemática, me deixou perdido, e depois deprimido. O "Fim de Semana Bach" surgiu diante de meus olhos como uma derrota humilhante.

"Admiro você", disse Adam, no fim da aula, "por se jogar nesse" – aqui ele procurou as palavras certas – "espaguete polifônico".

Alguns dias depois tive a segunda lição, dessa vez com Charlotte, uma professora de voz mais experiente, além de cantora profissional. Charlotte me fez cantar um pouco e chegou à mesma conclusão a respeito da minha tessitura. Passamos imediatamente para a partitura. Logo eu estava cantando as notas com Charlotte ao piano, e dirigíamos pela estrada de *Dá aos Famintos Teu Pão*. Ou, para ser mais preciso, ela dirigia e eu ia de carona pelo *autobahn* de *Dá aos Famintos Teu Pão*.

"Isso!", exclamava Charlotte quando eu conseguia mais ou menos imitar o serpenteio de uma frase grave e terminar na nota certa. Ela tinha grande vivacidade musical, e conseguia se achar perfeitamente na cantata, me explicando a dicção alemã e me mostrando os acordes, as outras partes vocais, a orquestração, o ritmo sincopado que beirava o jazz – a lógica fabulosa daquilo tudo.

"É essa a beleza disso aqui", disse. "Faz sentido que o negócio vá para onde vai. Você fica surpreso, mas é maravilhoso. Ele dá um chute com efeito – Bach é das coisas mais complicadas – mas o bom é que ainda assim é muito agradável."

Mas eu ainda tinha minhas dificuldades. "Preferia que Bach fosse italiano", resmunguei depois de fracassar outra vez nos gargarejos teutônicos. Além disso, a letra alemã não necessariamente combinava com meu judaísmo. Como observou o musicólogo Richard Taruskin numa resenha de uma cantata de Bach que tem uma ária chamada "Cala-Te, Razão Cambaleante", há algo aterrorizante, "talvez mais agora do que na época de Bach, já que temos mais razões do que jamais tiveram os contemporâneos de Bach para estremecer ao ouvir uma voz aguda alemã calando estridentemente a razão". O texto religioso também pode ser problemático para ouvidos do século XXI. Um verso particularmente deprê de outra cantata de Bach (a de número 179) diz o seguinte: "Meus pecados me enojam como se fossem pus nos meus ossos; ajudai-me, Jesus, cordeiro de Deus, porque estou me afundando na mais profunda lama".

Por outro lado, dar pão aos famintos era um tema excelente. Fiquei muito aliviado porque a letra da minha cantata, tirada principalmente do Antigo Testamento, era mais filantrópica do que messiânica. Mas quando tive de cantar a plenos pulmões um "*Schnell!*", fiquei com um travo amargo na boca.

Charlotte, porém, não compartilhava meu desejo de cantarolar na ensolarada língua de Verdi. "Ah, não, porque senão o som seria diferente. Eles não tinham as mesmas igrejas nem as mesmas estéticas, aquela mesma dor lúgubre que permite que a parte bonita seja bonita mesmo – está entendendo?"

Gravei a aula para poder treinar sozinho. Charlotte me desejou sorte. "Você já está sabendo mais do que imagina", disse. "A música faz sentido."

Três dias depois, meu carro chegou no Centro Canadense de Música Amadora no lago MacDonald, nos Montes Laurentides, a noroeste de Montreal. Uma vez dentro do rústico prédio principal, de três andares, peguei minha chave de casa e um programa do repleto fim de semana. Cada um dos quarenta quartos do prédio tinha o nome de um compositor famoso; o meu se

Suíte nº 4 — Mi Bemol Maior

chamava Hildegard von Bingen, compositora e visionária alemã medieval. O quarto não poderia ser mais monástico, ainda que oferecesse uma vista agradável e meditativa do bosque e do lago, que acabavam de surgir do inverno.

Numa assembleia geral naquela noite me sentei junto com meus colegas e recebi uma cópia gasta da partitura da cantata. As pessoas pareciam as mesmas do típico concerto de música clássica: brancos mais idosos e alguns jovens estudantes de música. A conversa girava em torno de quem era contralto e de quem era soprano. Duas mulheres na fila à minha frente estavam fazendo crochê. Minha sensação era a de ter feito o *check-in* num asilo de velhinhos.

O diretor do centro repassou as regras. Nada de ir ao lago, que estava congelado só pela metade. Acordar às 7h15. Não praticar depois das 23h. Excursão para ver pássaros às 6h15. Pingue-pongue no andar de baixo. Enquanto isso, os instrumentistas amadores, que já tinham chegado, estavam montando seus instrumentos na parte da frente do salão; uma mulher com traços angulosos apareceu com um violoncelo, e senti uma imensa inveja.

Indicaram-me as cadeiras de trás, onde homens de certa idade gesticulavam e perguntavam "baixo?" ou "tenor?" uns aos outros. Identificando-me como baixo, fui dirigido a uma cadeira na seção designada, entre Louis e Yves. Yves, alto, sério, de postura ereta, apresentou-se como técnico profissional de dicção alemã e cantor. Louis, que tinha vindo da cidade de Quebec, também parecia saber o que estava fazendo. Eles acabaram sendo as principais vozes masculinas da cantata. Yves seduziu a plateia com sua voz altamente polida, tonitruante, e Louis, menos impressionante, forçou as cordas vocais como um amante do karaokê realizando seu último desejo.

A orquestra amadora soava perturbadoramente cambaleante aos ouvidos de quem tinha ficado ouvindo o Bach perfeito de John Eliot Gardiner. Minha primeira impressão foi de estar ouvindo uma bandinha da Oktoberfest que precisava ajustar o suspensório. Lá se ia a beleza indestrutível das composições de Bach. Mas subitamente me ocorreu que era assim que sua música deve ter soado no passado, tocada por orquestras e coros rústicos, que não contavam com gravações e nem com a moderna musicologia. Mesmo Bach tinha dificuldades com músicos inexperientes e com pouco tempo para ensaiar.

O regente, Christopher Jackson, nos ajudou com o andamento. Felizmente consegui cantar a primeira página, mas depois fiquei totalmente perdido. A voz violoncelística e tonitruante de Yves, bem ao meu lado, acabou me ajudando, e ele às vezes era meu GPS particular da partitura. Contudo, ao cantar ao lado daquele modelo de virtude vocal, temi que minha voz instável fosse uma afronta pessoal a Bach, a Lutero, à dicção alemã e ao século XVIII de modo geral.

Na manhã seguinte fui suavemente acordado por sopranos que iam cantando harmonias de porta em porta cumprindo seu dever de despertadoras. Após o café, a volta a Bach. Sem dúvida era eu o elo mais fraco de uma corrente de oito cantores baixos. Seguiu-se uma rápida oficina, em que Yves guiou os baixos e os tenores. Eles estavam ótimos. Também aproveitei a ocasião para marcar em amarelo a minha parte na partitura. Com o alemão, as mudanças de andamento e os sistemas de notação em quatro pautas diferentes, as muletas eram necessárias.

Durante o almoço sentei com três senhoras e fiquei confortado ao saber que duas delas também achavam que a cantata era dureza. Um violinista, registrado no coro, lamentava que "houvesse tantas notas". Depois disso dei um passeio do lado de fora enquanto o sol derrotava as últimas neves do inverno. Parecia haver gente praticando Bach por toda parte. Uma das solistas mais jovens, Anne-Marie, do cabelo flamejante e das lindas flautas, estava no banco da frente de um Pontiac Sunfire

Suíte nº 4 — Mi Bemol Maior

repassando a partitura. Esbarrei numa mulher de Ontário atordoada, que estava procurando uma cabana de ensaio com um piano que estaria em algum lugar no meio do bosque, onde ela poderia praticar sua parte. "Não é óbvio", disse ela sobre a parte vocal. De diversos quartos do prédio era possível ouvir o violino, as flautas e outros instrumentos do conjunto amador, todos se esforçando para aprender a caligrafia velha de trezentos anos de Johann Sebastian Bach.

Decidi não ir à sessão vespertina de dicção alemã e praticar *Dá aos Famintos Teu Pão*. Levei comigo um pequeno gravador com minha aula com Charlotte. Havia cabanas de prática espalhadas pelo bosque, e fui repisando a neve de chinelo enquanto procurava um lugar adequado. A primeira cabana que vi tinha uma placa escrito Telemann em cima da porta. Passei adiante. A seguinte se chamava Bach, então naturalmente entrei na pequena cabine em formato de A, acendi as luzes, e imediatamente vi um grande pôster de Bach na parede. Eu parecia estar no lugar certo. Liguei o gravador e repassei a lição inteira com a alegre Charlotte, minha partitura marcada em amarelo em cima do suporte e a luz do sol a entrar pela janela.

No ensaio da noite consegui acompanhar a partitura do começo ao fim. Mas só lendo. Cantar ainda demandava dar uma cantarolada nas partes que tinham um excesso de notas intricadas. "A cantata é difícil, repararam?", brincou o regente conosco, os coristas. Ele falou que ali "tinha de tudo", porque havia inúmeros estilos e técnicas numa só cantata.

Depois do jantar houve outro ensaio, seguido da diversão da noite – dança folclórica, que dispensei. Fui dormir cedo, sentindo-me como um atleta que se preparou ao máximo antes do grande jogo e que deixa o resto às forças superiores.

Na manhã seguinte, as sopranos despertadoras me tiraram do sono, dando início a um dia que teria café da manhã, mais um ensaio e depois a *"performance"*. Após ouvir algumas obras de Bach tocadas pela orquestra amadora, agora muito melhor, começamos nossa cantata com renovado vigor. Ela foi bem e por um breve momento – enquanto as vozes agudas se misturavam com as graves e os quatro registros se mesclavam com o suporte e com os adornos de violas, violinos, flautas, violoncelo e cravo – tive a experiência de minha voz como uma onda distinta num feliz oceano polifônico de Bach.

Quando chegamos ao último movimento da cantata – o coral, que é um simples hino luterano –, o coro, seguindo as instruções de Bach, deixou a pirotecnia de lado e fundiu-se em algo infinitamente mais humilde. Lembrei que o regente insistira para que cantássemos generosamente. A obra, disse ele, era supremamente generosa, sem que nela houvesse qualquer coisa de triunfalista.

É difícil evitar, nessas circunstâncias, sentimentos muito açucarados. Enquanto eu estava praticando sozinho na minha cabana chamada Bach, ao mesmo tempo em que cerca de cinquenta amadores faziam a mesma coisa em algum outro lugar, cada qual dando o melhor de si para aprender a obra, fiquei impressionado com o quanto esse único indivíduo havia legado à posteridade. Quantas crianças, quantos estudantes, profissionais e amadores, virtuoses e maestros, para nem falar de ouvintes, fizeram o que estávamos fazendo nos últimos trezentos anos, tentando dominar algo puramente estético, tentando decifrar um código que nos conecta a algo maior, mais refinado, mais perfeito do que nós mesmos. Não tenho certeza do que isso seja. Será que isso nos torna pessoas melhores? Ao fim do meu "Fim de Semana Bach", minha tentação era dizer que sim. Mas é preciso ser prudente. Os nazistas também tocavam Bach perfeitamente. Infinitamente mutante, Bach é aquilo que você faz com ele.

Suíte nº 5

(Dó Menor)

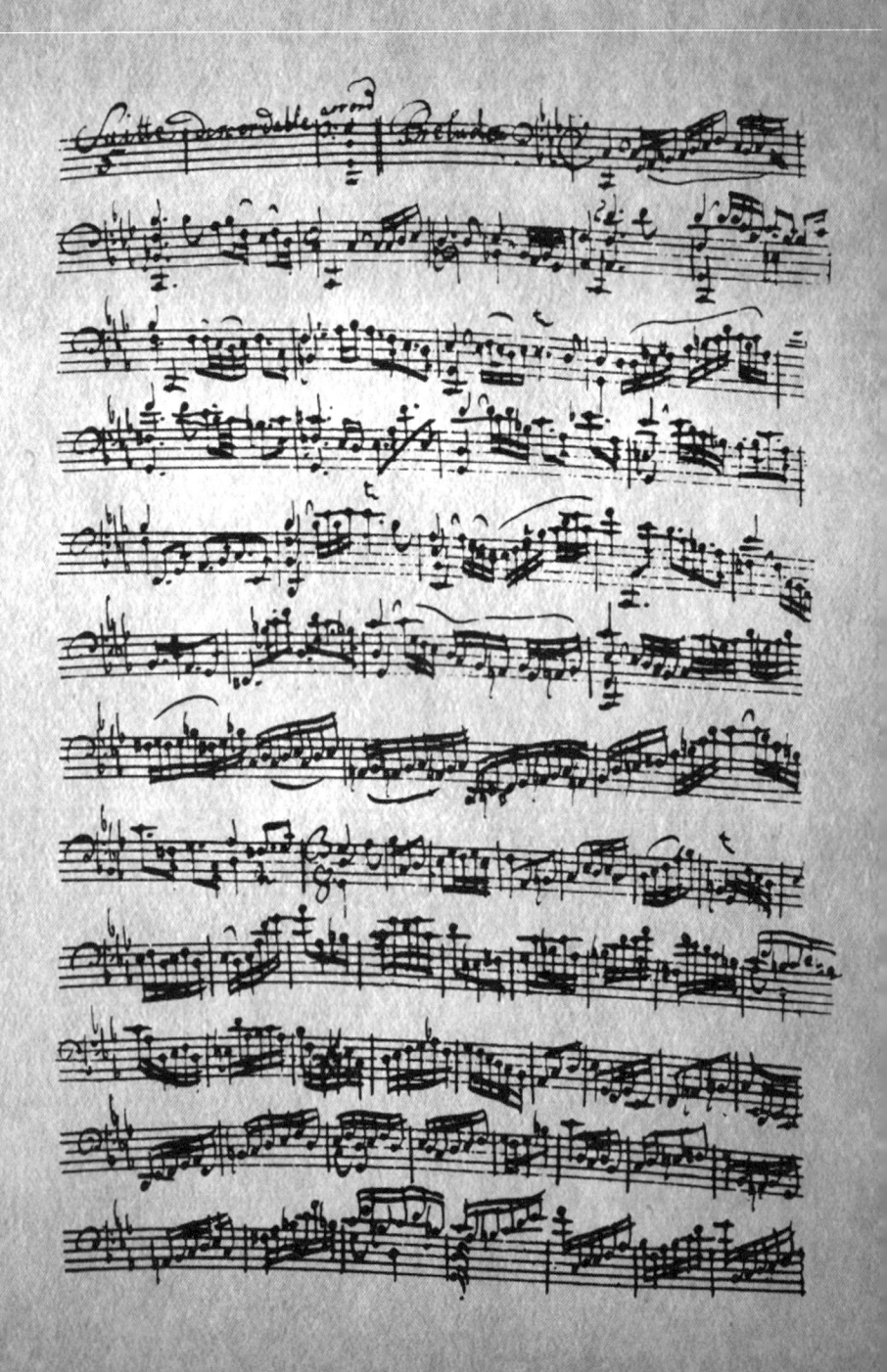
Suitte
Prelude

Prelúdio

> *Pressentimos um colosso acorrentado,*
> *um gigante tentando ajustar suas forças aos*
> *limites de seu meio de expressão.*
> Leopold Godowsky

A nota de agouro é um dó, a corda mais grave do violoncelo, tocada aqui como abertura maciça, um presságio, uma majestade sombria. A tonalidade é menor, e nos primeiros compassos macambúzios um quadro desgastado se esboça a partir dos registros mais profundos – um velho contando uma velha história.

Eis como se chega a isso. Era uma vez, essas mesmas notas estavam entre as mais ilustres da Europa. Elas conheceram o esplendor e a extravagância; elas eram usadas nas camadas mais altas do poder aristocrático. Mas elas estavam cercadas de discórdia e de dificuldades.

Toma forma uma narrativa alegre. Uma voz após a outra entra e sai. A trama se complica. Mas será que estamos ouvindo a história toda, ou apenas um fio dentro de uma polifonia maior? Alguma coisa parece incompleta.

Essa é a única das seis suítes que demanda que se altere a afinação das cordas (o termo técnico é *scordatura*), o que significa que a corda mais aguda do violoncelo, o lá, aqui é afinada um tom abaixo, para sol. Por que Bach mudou a afinação? Os especialistas não têm certeza. É bem possível que tenha sido para criar um clima mais sombrio.

A quinta suíte está envolta em mistério. É a única suíte para a qual existe outra versão composta por Bach, para outro instrumento – o alaúde. E o manuscrito dessa suíte para alaúde sobreviveu, no manuscrito autógrafo de Bach. Ela era dedicada a um misterioso "Monsieur Schouster".

Diversas questões são levantadas pelo tempo que o violoncelo, em sua missão clandestina de fuga, leva para se arrastar até o fim com pesados coturnos. Por que a quinta suíte para violoncelo, no conjunto inteiro, tem uma existência paralela como suíte para alaúde? Qual versão foi composta primeiro, a quinta suíte para violoncelo ou a suíte para alaúde? E quem seria Monsieur Schouster?

Fico até meio tonto quando o bibliotecário na biblioteca real da Bélgica traz o manuscrito autógrafo de Bach da suíte para alaúde e coloca-o sem fazer alarde numa escrivaninha de carvalho. A caligrafia de Bach pula na minha cara numa corrida vertiginosa de notas, pentagramas, volteios, pontos, borrões, hastes e raios com uma determinação bela, ousada, sinuosa.

Fico impressionado por poder virar as páginas sem as obrigatórias luvas de plástico e sem ninguém olhando por cima do meu ombro. Estou tocando algo que Bach tocou. O papel amarelado é grosso e robusto. O título está em francês cortês: *Suite pour la Luth par J. S. Bach*. A caligrafia tem formato elegante, e os Ss parecem os Fs de um instrumento de cordas. O primeiro dos movimentos foi escrito em dois pentagramas, ao estilo do piano, usando claves diferentes para as cordas agudas e graves do alaúde.

Suíte nº 5 🎼 Dó Menor

Viro as páginas. São cinco, escritas dos dois lados por aquilo que já foi chamado de a mão mais bela e fluida da história da música. O papel está mais escuro nas pontas, mas em ótimo estado, sem rugas, sem dobras – talvez não tenha nem sido muito folheado. A música parece ter sido escrita com pressa, como que para atender a uma encomenda. "*Ja*, Monsieur Schouster, posso aprontar uma cópia para essa noite." A caligrafia, porém, é bela, com os Ds, os Ps e os Ss com volteios elaborados. As marcações indicativas do andamento estão gravadas com rapidez, um trabalho necessário. Mas as melodias principais na clave aguda, com suas linhas e volteios duplos, recordam Miró ou Kandinsky. É possível enxergar ondas, bigodes, hieróglifos.

Cerca de 25 compassos após o início do prelúdio há uma marcação de andamento e uma instrução – "*très viste*" [sic] (muito rápido). Parece o tempo em que o escriba estava trabalhando. A caligrafia na partitura varia. O prelúdio é cheio de volteios, e vai ficando apressado e tremido à medida que procede; a alemanda, menos atraente, não está muito clara; a corrente parece estrangeira; a sarabanda é pura elegância; a gavota vai de limpo a luxuriante e depois a quase malfeito; a giga é apressada e precisa. Tudo culmina num "*Fin*" e num floreio que parece um bizarro símbolo vertical em cima de algo do tipo um *emoticon* de carinha sorridente.

Olho pela janela, para a sala de leitura. À volta do pátio pode-se ver a Bibliothèque Royale, a prefeitura, uma rua lateral e a praça com a estátua do rei Alberto a cavalo. O pátio abrange um jardim pontilhado por fontes e por árvores com grandes copas. Alguns adolescentes viraram uma lata de lixo para usá-la como obstáculo em manobras de *skate*. Olho de novo para a folha de rosto. Ela não parece uma dedicatória para uma encomenda real. Parece algo mais casual, como se fosse para um amigo, ou uma transação comercial sem importância. Outro sinal de vida aparece na alemanda, onde o compositor imortal deixou cair uma gota de tinta. Ou teria sido de conhaque?

Depois, os dois bibliotecários naquele departamento ficam agitados quando pergunto sobre a origem do manuscrito. Eles dão uma corridinha para áreas reservadas à equipe, procurando informações para mim. Por um tempo que parece bastante longo, fico sozinho na pequena sala de leitura com a suíte para alaúde largada na escrivaninha principal. Contemplo roubar o manuscrito. Parece uma grande falha de segurança que eu possa com tanta facilidade sair da biblioteca com esse tesouro bachiano. Eu mesmo cuidaria dele com mais carinho, penso comigo. Resisto à tentação.

Os bibliotecários oferecem algumas pistas sobre a proveniência. Os documentos da biblioteca sugerem que o manuscrito já esteve em posse de um controverso estudioso belga da música chamado Fétis. Há também uma sugestão de que a suíte para alaúde tenha sido copiada da suíte para violoncelo. E os documentos identificam o Monsieur Schouster como um cantor da resplandecente corte de Augusto, o Forte, em Dresden.

Alemanda

> *A alemanda, muito contida, quase solene, parece, a muitos instrumentistas, estar à beira de um colapso estrutural; muitos ouvintes também perdem o fio.*
>
> Hans Vogt

As dinastias das potências europeias no começo do século XVIII eram os Habsburgo, da Áustria, e os Bourbon, na França, que estavam brigando pelo poder supremo no continente. Algumas dinastias menores disputavam o controle da Europa central, entre as quais os Wettin, da Saxônia, que, apesar de muitos altos e baixos desde o século X, permaneciam o Estado mais rico do Sacro Império Romano.

O destino da Saxônia passou por uma virada radical em 1697, quando Augusto, o Forte, seu jovem governante, converteu-se do luteranismo ao catolicismo para tornar-se rei da Polônia. Na época, a Polônia ser governada por um rei saxão não parecia tão absurdo quanto hoje parece. As fronteiras europeias eram inconstantes, e as dinastias aristocráticas governavam diversos pedaços de quebra-cabeças de território que passavam por cima de linhas étnicas, linguísticas e religiosas. A Sicília, por exemplo, foi governada pelos

Habsburgo espanhóis até sua extinção em 1700, e depois disso a ilha ficou sob o poder de Filipe V, dos Bourbon, do príncipe piemontês Vítor Amadeus II, e depois de Carlos VI, da Áustria, seguido pelos Bourbon espanhóis – e tudo isso num período de apenas 35 anos.

Mas, com a Polônia, Augusto, o Forte, passava dos limites. Ele tornar-se rei polonês era algo de valor dúbio para a Saxônia; durante a maior parte das duas décadas seguintes, a Polônia tornou-se um teatro sangrento para guerras entre os exércitos saxão, russo e sueco.[1] O resultado foi que o poder saxão, que poderia ter liderado toda a Alemanha (dando talvez à Alemanha um destino mais estético do que agressivo), desgastou-se numa vã busca pelo trono.

Em Dresden, a capital saxã, porém, a vida cortesã florescia. Augusto, o Forte, era um fracasso como chefe militar, mas um sucesso como sensualista, vivendo principalmente para os prazeres das cortes francesa e italiana. O rei gerou pencas de filhos com diversas prostitutas. Ele transformou Dresden numa esplendorosa cidade barroca, uma "Florença do Elba", envernizada com arquitetura *à la* Versalhes, ópera italiana, e uma grande coleção de arte. O melhor de tudo, da porcelana à pintura figurativa, estava em exibição na corte, para mostrar que Augusto, o Forte, não era um reizinho alemão que tinha tomado o trono da Polônia, mas um rei de substância.

Dresden também se gabava da mais brilhante corte musical na Europa. Naquela época, falava-se dos "três Hs" da música: Händel, Heinichen e Hasse, os dois últimos habitantes de Dresden.[2] Como Händel e Hasse, Johann David Heinichen tinha

---

[1] Entre os alemães que se juntaram às forças suecas de Carlos XII estava Jacob Bach, irmão mais velho de Sebastian, que serviu na Polônia como "oboísta da Guarda". Depois ele apareceu em Constantinopla, e morreu em Estocolmo em 1722.

[2] Parte da razão por que Bach nunca rivalizou com os três Hs em sua época está em ele nunca ter ido à Itália e nunca ter composto ópera, que era o trampolim da verdadeira fama musical. Postumamente, porém, ele superou o triunvirato tornando-se um dos três Bs: Bach, Beethoven e Brahms.

viajado à Itália, onde aprimorou suas capacidades e fez fama no mundo da ópera. Em 1717, o mesmo ano em que Bach se tornou mestre de capela em Cöthen, Heinichen foi contratado como mestre de capela em Dresden.

O príncipe herdeiro da Saxônia, filho de Augusto, o Forte, tinha circulado pela Itália em busca de músicos para a corte saxã. Ele contratou não apenas Heinichen, mas toda uma companhia de ópera italiana, que logo começou a se apresentar no novo teatro de Dresden. Construído ao altíssimo custo de 15 mil táleres, o elegante teatro era uma estrutura em forma de ferradura em que Augusto, o Forte, ocupava um camarote real encimado por uma imensa coroa.

Assim começaram os anos de glória da produção musical de Dresden. Heinichen estava no comando de uma grande constelação de músicos, que incluía Sylvius Leopold Weiss, extraordinário alaudista e virtuose de maior salário na corte; Pantaleon Hebenstreit, inventor de um curioso instrumento que leva seu nome; Francesco Veracini, violinista italiano brilhante e talvez louco; o baixista boêmio Jan Dismas Zelenka; os violinistas Johann Georg Pisendel e Jean-Baptiste Volumier; e Pierre-Gabriel Buffardin, o celebrado flautista que havia dado aulas a Jacob Bach em Constantinopla. Logo um "Monsieur Schouster" se juntaria às fileiras como baixo.

A maior parte desses músicos era de personagens pitorescos. Pantaleon Hebenstreit, por exemplo, era uma nova adição à Capelle de Dresden. Ele inventou um instrumento semelhante ao saltério que contava com cinco oitavas, tinha quase três metros de comprimento, e demandava nada menos do que 185 cordas de tripa e de metal. Levou o instrumento para uma turnê pela Alemanha, e parou em Weissenfels, onde foi contratado como mestre de dança do duque. O instrumento de Hebenstreit não tinha nome, até que ele tocou diante de Luís XIV, da França, um grande fã, que imediatamente o batizou com o nome de seu inventor e tocador. Assim nasceu o pantaleon. Ele o tocou diante do imperador em Viena, que lhe deu uma corrente de ouro, mas não uma posição na corte. Sua sorte foi melhor com Augusto, o Forte, que contratou Hebenstreit como músico de câmara da corte e "pantaleonista", com uma compensação extra para cobrir o custo das cordas.

Aparentemente havia algum atrito na corte real saxã entre os músicos da Europa central e os italianos. Em seu elegante relato da música nas capitais setecentistas europeias, Daniel Heartz descreve uma atmosfera tumultuada entre os músicos de Dresden na década de 1720. Ele retoma a história logo depois de uma confusão em que um *castrato* italiano rasgou uma partitura e jogou-a nos pés do compositor da obra.

> O famoso alaudista Silvius Weiss viu seu ganha-pão ameaçado quando foi atacado por um violinista francês chamado Petit, que tentou arrancar com os dentes a falange superior de seu polegar esquerdo. Em 13 de agosto de 1722, Veracini pulou de uma janela do terceiro andar, isso segundo Mattheson, que atribuiu o incidente a um arroubo de loucura causado pela excessiva imersão na música e na alquimia. Veracini fez a soturna sugestão em seu tratado tardio de que havia uma ameaça contra sua vida inspirada pelo ciúme, talvez sugerindo que ela vinha de Pisendel ou de Volumier, seus supervisores. Os anos de Veracini a serviço da Saxônia chegaram ao fim. Ele foi embora e não voltou. Outra curiosa informação relacionada à orquestra é que Pantaleon Hebenstreit ficou incapacitado por causa da vista cansada e teve de parar de tocar sua invenção semelhante ao saltério, o pantaloon [sic].

Apesar do descontrole, a alta qualidade da música feita na capital saxã não tinha rivais. A orquestra da corte de Augusto, o

Suíte nº 5 　 Dó Menor

Forte, por décadas seria considerada o grande modelo por músicos da Europa inteira. De Leipzig, a apenas dois dias de viagem em carruagem, Bach contemplava Dresden com inveja.

À medida que a década ia-se acabando, Bach ficava cada vez mais descontente com as autoridades de Leipzig. Em 1729, quando o mestre de capela Heinichen morreu prematuramente de tuberculose, Bach naturalmente contemplou sua própria adequação para o cargo. Sua falta de experiência com a ópera italiana pode ter diminuído suas chances, mas seu desejo de ter algum cargo permanente em Dresden passou a dominar, porque suas condições de trabalho em Leipzig iam ficando insuportáveis.

A situação chegou a um limite em 1730, quando o conselho municipal ouviu reclamações de que Bach estava ausente de seu posto sem permissão, entre outras transgressões. Um dos conselheiros acusou: "Não apenas o chantre nada fez, como sequer quis explicar-se; ele não deu a aula de canto, e ainda houve outras reclamações...". Outro conselheiro disse que Bach era "incorrigível". Foi feita uma votação, e parte de seu salário foi confiscada.

Não vieram nem desculpas, nem explicações. O chantre brigão antes disparou uma longa carta intitulada "Breve mas Absolutamente Necessário Rascunho para a Música de Igreja Bem Escolhida, com Algumas Modestas Reflexões sobre o seu Declínio". No memorando, Bach faz longas reclamações sobre a inadequação dos cantores e dos instrumentistas de que dispunha. Lamenta o fato de que os instrumentistas ganham pouco e são obrigados a procurar trabalho alhures para pagar as contas. Menciona explicitamente a Capelle saxã para comparar. "Basta ir a Dresden", escreve, "e ver como os músicos não precisam se preocupar com a subsistência, como estão livres de *chagrin* [chateações], e como são obrigados a dominar cada um apenas um instrumento; é preciso que seja algo de excelente qualidade, e excelente de ouvir".

Dois meses após enviar o memorando, Bach pegou da caneta para produzir uma carta pela qual seus biógrafos há muito são gratos. Ela era dirigida a Georg Erdmann, seu antigo colega de escola, com quem ele havia feito a longa jornada de Ohrdruf a Lüneburg aos quatorze anos de idade. Erdmann tinha estudado Direito na universidade; em 1730, ele estava em Danzig, cidade polonesa à época governada por Augusto, o Forte, empregado como agente diplomático russo. Os velhos amigos tinham-se encontrado pela última vez fazia quase quinze anos, quando Erdmann visitou Bach em Weimar. A carta é, de longe, o documento mais revelador da pessoa de Bach a ter sobrevivido, e relato nenhum da vida de Bach é completo sem ele:

> Excelentíssimo Senhor,
> Vossa Excelência terá a bondade de desculpar um servo velho e fiel por tomar a liberdade de perturbá-lo com a presente carta. Já devem ter passado quase quatro anos desde que Vossa Excelência me concedeu o favor de uma resposta a uma carta que enviei; recordo que, à época, graciosamente me pediste para dar notícias do que me acontecera, e humildemente aproveito esta oportunidade para fazer o mesmo. Vossa Excelência conhece o curso de minha vida, de minha juventude até a mudança de minha fortuna, que me levou a Cöthen como mestre de capela. Lá eu tinha um gracioso príncipe, que amava e conhecia a música, e a seu serviço eu pretendia passar o resto da minha vida. Contudo, sucedeu que o referido *Serenissimus* casou-se com uma princesa de Berenburgo, e que então surgiu a impressão de que os interesses musicais do príncipe esmorecessem, sobretudo porque a nova princesa parecia amusical; e a Deus agradou que eu fosse convocado para cá, a fim de tornar-me *Directeur Musices* e chantre da Escola de São Tomé. De início, porém, não me parecia nem um pouco adequado que eu trocasse minha posição de mestre de capela pela de chantre. Assim, adiei minha decisão por três meses, mas o

Suíte nº 5 — Dó Menor

cargo me foi descrito em termos tão favoráveis que enfim (sobretudo porque meus filhos pareciam ter inclinação para os estudos [universitários]), entreguei minha sorte nas mãos de Deus, fiz a viagem até Leipzig, fiz o exame, e mudei de cargo. Aqui, pela vontade de Deus, ainda sirvo. Mas como (1) verifico que o cargo não é de jeito nenhum tão lucrativo quanto inicialmente me fora dito; (2) não obtive diversos emolumentos relacionados ao cargo; (3) a cidade é muito cara; e (4) as autoridades são esquisitas e pouco interessadas em música, de modo que sou obrigado a viver em meio a aborrecimentos, inveja e perseguições quase ininterruptas, serei portanto forçado, com a ajuda de Deus, a ir buscar alhures a minha fortuna. Caso Vossa Excelência conheça ou encontre em sua cidade um cargo adequado para um servo velho e fiel, imploro mui humildemente que recomende a minha pessoa – não deixarei de me esforçar ao máximo para satisfazer e para cumprir sua graciosíssima intercessão em meu nome...

Danzig parece uma escolha estranha, um passo para trás para Bach. Mas talvez ele estivesse na verdade pensando em Dresden. Augusto, o Forte, na época era também rei da Polônia, e sua corte ficava entre Dresden e Varsóvia. Parece que Bach tinha esperanças de que Erdmann, bem relacionado, tivesse contatos nos círculos reais saxões que pudessem ajudá-lo a conseguir um cargo em Dresden.

Foi durante essa época que Bach começou a escrever obras para lisonjear a família real saxã, compondo em estilo mais popular e galante, incluindo obras que se aproximam da ópera. Ele se dedicou à regência do Collegium Musicum, um grupo de música de câmara composto pelos melhores alunos e por alguns músicos profissionais, que fazia concertos semanais no Café Zimmerman no inverno e no jardim do proprietário pertinho da cidade no verão. (É preciso observar que os cafés de Leipzig eram vistos por alguns cidadãos como lugares duvidosos, onde havia prostituição e carteado.)

Foi no Zimmerman que Bach provavelmente estreou *Febo e Pã* e a *Cantata do Café*, divertidas obras vocais que tendem à ópera. A primeira é uma sátira que brinca com as novas tendências musicais, com Febo e Pã fazendo uma disputa de canto. Na *Cantata do Café*, uma jovem, viciada em café, o que vai contra a vontade do pai, concorda em cortar o hábito desde que receba permissão para casar. Essas obras sugerem que Bach estava fazendo experimentos operísticos para impressionar Dresden.

Se estava, ele devia saber que seus competidores eram impressionantes. Quando Bach escreveu sua carta a Erdmann, Johann Adolph Hasse tinha acabado de se casar com Faustina Bordoni, estrela da ópera italiana, e o casal lenta e triunfalmente se dirigia para Dresden a convite de Augusto, o Forte. Bordoni havia poucos anos tinha impressionado Londres com sua voz *mezzo--soprano* em diversas óperas de Händel. Após uma briga em que chegou a trocar socos em cena com uma soprano rival, ela voltou para a Itália, onde conheceu Hasse. Filho de um organista luterano, Hasse havia ganhado fama na Itália antes de abraçar tanto a fé católica quanto a sedutora cantora de ópera. A caminho de Dresden, eles se apresentaram em Milão, em Veneza e em Viena antes de chegar à capital da Saxônia em 1731. Um dia após chegar, Bordoni cantou para Augusto, o Forte, deixando o monarca extasiado e iniciando uma nova era operística em Dresden. Hasse foi nomeado mestre de capela com salário anual de 6 mil táleres; Bordoni também foi contratada pelo rei, com salário duas vezes maior do que o do marido (seus salários juntos davam mais do que dezesseis vezes o salário de Bach).

No outono daquele ano aconteceu a estreia em Dresden da ópera *Cleofide*, de Hasse. A folha de rosto do libreto observava que a produção era "apresentada no teatro da corte real por ordem de sua sacra majestade real [...] sempre grande e invencibilíssima". Entre aqueles que folheavam o libreto na plateia naquela

Suíte nº 5 — Dó Menor

noite estava Bach, acompanhado de seu filho Friedemann. Bach na verdade recebeu um lugar de bastante destaque nas festividades; um dia depois da estreia, ele deu um recital vespertino no famoso órgão da Igreja de Santa Sofia, do outro lado da praça em que ficava o teatro. Seu recital teve até uma resenha positiva num jornal de Dresden, que observava que Bach "permitiu-se tocar no órgão da Igreja de Santa Sofia na presença de todos os músicos e virtuoses da corte de maneira tal que provocou a admiração de todos".[3]

Apesar da nomeação de Hasse, Bach continuava a ter esperanças de obter um cargo ou um título na corte de Dresden. Friedemann acabou tendo sucesso mais rápido ali do que seu pai (ainda que conseguindo um cargo que seria pequeno demais para Bach). O organista da Igreja de Santa Sofia faleceu em 1733, e Friedemann se candidatou ao cargo. Fez o teste com Pantaleon Hebenstreit, que havia subido na hierarquia da corte e agora era vice-mestre de capela. (Por guardar com tanto ciúme o instrumento que tinha seu nome, Hebenstreit não o ajudou: quando Silbermann, famoso construtor de órgãos, começou a produzir o pantaleon em massa, seu inventor obteve um mandado real proibindo sua manufatura.) Friedemann, músico extremamente habilidoso, superou com facilidade os dois outros finalistas, e recebeu grandes elogios de Hebenstreit. A reputação de Bach na capital saxã claramente havia ajudado, mas sua própria tentativa de conseguir emprego ainda não teria sucesso.

Enquanto isso, a vida sibarítica de Augusto, o Forte, chegou ao fim. Ele deixou muito para posteridade, incluindo as obras musicais produzidas em sua corte; uma arquitetura magnífica, em

---

[3] O articulista do jornal depois apresentou um poeminha em homenagem a Bach que terminava assim: "Dizem que, quando Orfeu despertava as cordas de sua lira, / as criaturas todas da floresta respondiam, / mas certamente seria melhor dizer isso de Bach / porque ele, sempre que toca, assombra a todos".

grande parte reduzida a escombros na Segunda Guerra Mundial; e uma boa porcentagem da população local com sua parte de sangue azul, graças à sua luxúria real. Apesar do epíteto heroico, Augusto diversas vezes deixou o campo de batalha quando ameaçado, e chegou a abandonar sua capital para os russos. Mais do que qualquer coisa, sua decisão de abarcar o trono da Polônia condenou um grande Estado a uma rápida queda para uma condição marginal. Contudo, naquele momento a Saxônia ainda florescia, e Frederico Augusto, único filho legítimo do rei, sucedeu-o.

Cinco meses de luto oficial se seguiram à morte de Augusto, durante os quais não se podia tocar música em público. Bach usou esse tempo para compor obras que o ajudariam a obter um título ou um cargo na corte. Quando acabou o período de luto, Bach pôde apresentar ao novo rei um *Kyrie* e um *Gloria* – que depois se tornariam a *Missa em Si Menor* – junto com uma petição por um título real. Bach começa com as reverências de costume e depois vai direto ao ponto:

> A Vossa Alteza Real ofereço com a maior devoção a pequena obra aqui presente, advinda daquela ciência que obtive em *musique*, e rogo de maneira mais integralmente submissa que Vossa Alteza a considere com Graciosíssimos Olhos, segundo a Clemência Mundialmente Famosa de Vossa Alteza, e não segundo a pobre *composition*; e assim digne-se a tomar-me sob vossa poderosa proteção...
>
> Há alguns anos, e até o presente momento, possuo o *Directorium* da Música nas duas principais igrejas de Leipzig, mas tive de inocentemente sofrer injúria após injúria e em certa ocasião também uma diminuição dos emolumentos que me eram devidos nesse cargo; mas essas injúrias desapareceriam completamente se Vossa Alteza Real me concedesse o favor de me conferir um título da Capela da Corte de Vossa Alteza, e permitisse que Vossa Excelsa Ordem para a emissão desse documento fosse encaminhada a seu devido lugar.

Suíte nº 5 — Dó Menor

Como não vinha nem título nem cargo de Dresden, Bach começou a lisonjear a corte com obras em honra do novo rei. No espaço de um ano, Bach compôs seis obras que foram tocadas por seu Collegium Musicum, marcando ocasiões como a festa do santo do mesmo nome, aniversários de nascimento e aniversários da família real. O rei às vezes assistia à *performance*. Em certa ocasião, ele fez uma visita a Leipzig, e a população inteira, usando roupas de festa, teve de colocar-se em fila nos dois lados de uma das ruas principais. Outra vez, Frederico Augusto foi levado numa liteira da igreja até a Bolsa para uma recepção dada pelos aristocratas. E uma *performance* memorável, na presença do casal real, aconteceu certa noite na praça do mercado. Seiscentos estudantes levavam tochas, e quatro estudantes, também jovens condes, ofereceram ao rei o texto de uma das obras de Bach. Os quatro condes "receberam permissão para beijar as mãos Reais", relatou o cronista da cidade, "e depois, Sua Majestade Real, junto com sua Consorte Real e com os Príncipes Reais não deixaram a janela até que a música terminasse, e ouviram da maneira mais graciosa e muito a apreciaram". O principal trompetista de Bach, Gottfried Reiche, de 67 anos, morreu no dia seguinte, exaurido por uma combinação de fumaça de tocha e de notas difíceis.

Bach deve ter ficado desapontado porque, apesar da saraivada de obras em louvor do rei saxão, seu pedido de emprego ou de título parecia não dar em nada.[4] Em 1736 Bach renovou sua petição a Dresden, buscando a ajuda do conde Hermann Carl von Keyserlingk, diplomata russo e patrono solícito. Haveria alguma

---

[4] As composições de Bach durante esse período, como o *Concerto Italiano*, a *Abertura em Si Menor*, e algumas de suas contribuições para o livro de hinos de Schemelli dão sinais de ser claramente mais contagiantes e modernas. A cantata BWV 140 foi comparada a uma das áreas de ópera de Hasse. E, segundo Peter Williams, estudioso de Bach, numa obra como a cantata BWV 30a, "a distância dela em relação à ópera não é grande, fazendo com que os admiradores de hoje, e talvez até o próprio compositor, lamentem profundamente que ele nunca tenha composto nenhuma".

relação entre Erdmann, antigo amigo de Bach e emissário russo em Danzig, e o conde Keyserlingk, embaixador russo na Saxônia? Mesmo que isso não passe de uma suposição, ela parece provável.

Em 1736, o conde Keyserlingk tinha uma relação amigável com Bach; sua filha era aluna de música de Friedemann. Alguns anos depois Bach garantiria o lugar do diplomata na história ao compor as *Variações Goldberg*, a fim de que o conde, que aparentemente sofria de insônia, tivesse algo com que se entreter nas noites em que não dormia. (A obra deve seu nome a Johann Gottlieb Goldberg, o jovem tecladista do conde, que tocava as variações enquanto o resto de Dresden dormia.)

O conde devia ter alguma influência na corte saxã, porque a petição de Bach acabou dando fruto. Ao fim do ano, "por causa de suas capacidades", Bach finalmente foi nomeado compositor real da corte do novo rei saxão. O documento oficial trazia as iniciais do rei, um certificado do primeiro-ministro, e foi dado a Bach pelo conde Keyserlingk. Tratava-se de um título honorário, não de um cargo, mas foi apreciado. Duas semanas depois, Bach estava em Dresden, dando um recital de órgão em agradecimento à corte saxã.

Logo Bach começou a usar seu novo título, especialmente nas picuinhas com as autoridades de Leipzig. Agora ele era o compositor do rei, e não hesitava em dar carteiradas. Mas a oferta em sua petição de compor obras para o rei não se materializou. As cantatas reais acabaram recebendo novo formato, e foram recicladas com nova letra, tornando-se o *Oratório de Natal*. Bach parece ter aceitado o fato de que não iria deixar Leipzig. Ele começou a pensar cada vez mais no seu legado.

Corrente

> *A arte não progride – ela se transforma.*
> François-Joseph Fétis

Quando Bach finalmente recebeu o título de compositor da corte de Dresden, seus três filhos mais velhos já tinham saído de casa e estavam começando suas próprias carreiras de sucesso na música. Friedemann estava em Dresden como organista da Igreja de Santa Sofia. O cargo era um trabalho de meio período que não pagava muito, mas que permitia que o filho mais velho de Bach, e mais dotado musicalmente, tivesse tempo para compor, para dar aulas e para estudar matemática. Ele também pôde aproveitar a vida cultural da capital saxã, incluindo a ópera e o balé, e cultivar amizades com músicos da corte de Dresden, como Hasse e sua esposa, a diva Faustina, Pantaleon Hebenstreit, e o flautista Buffardin, que havia sido professor de seu tio Jacob em Constantinopla havia duas décadas. Ele também teve acesso à corte por meio do conde Keyserlingk, patrono de seu pai. A opulência da corte saxã provavelmente o deslumbrou, considerando o estilo de vida relativamente austero em que ele fora criado. Será que isso fez que ele desejasse ter riqueza, *status* e luxo? Ou será que ele vivia inquieto, assim como seu pai tinha sido na juventude, e preocupado porque, sendo um organista protestante numa corte católica, ele nunca conseguiria realmente progredir na carreira?

Assim como seu irmão mais velho, Carl Philipp Emanuel (C. P. E.) formou-se na Universidade de Leipzig. Enquanto estudava Direito, continuou a trabalhar como assistente musical do pai, e aos vinte anos de idade já tinha composto um bom número de obras para teclado. Em 1734, ele deixou a casa da família para aprofundar seus estudos de Direito na Universidade de Frankfurt. C. P. E. pagava seus estudos dando aulas, regendo e compondo para eventos públicos numa cidade cujos recursos musicais eram modestos. O estudo do Direito, assim como hoje, era uma formação em artes liberais que levava a diversos caminhos profissionais. Não se sabe se o segundo filho de Bach, que também era afilhado de Telemann, pretendia ter uma carreira musical. Em 1738 ele recebeu a oferta de um trabalho de sonho: ser o tutor de um jovem nobre que embarcava na grande excursão pela Europa, tão comum. O jovem era o filho do conde Keyserlingk, o diplomata insone. Mas, quando ele estava prestes a embarcar, o príncipe herdeiro da Prússia – que um dia viria a ser conhecido como Frederico, o Grande – ofereceu-lhe a posição de tecladista em sua comitiva.

O terceiro filho de Bach, Gottfried Bernhard, também saiu de casa em meados da década de 1730. Seu primeiro emprego foi o de organista de igreja na cidade de Mühlhausen, onde o próprio Bach havia trabalhado quando jovem. A influência de Bach ajudou-o a conseguir o emprego, mas as coisas não deram certo. Ao que parece, Gottfried Bernhard teve algum conflito com as autoridades locais, e ficou endividado. Após pouco mais de um ano, Bach outra vez usou sua influência para arrumar-lhe um emprego em Sangerhausen, onde a situação não melhorou. Um ano depois, ele desapareceu da cidade, deixando grandes dívidas.

Suíte nº 5 🎼 Dó Menor

O burgomestre da cidade escreveu a Bach informando-lhe o que sucedera. Bach deu uma longa resposta:

> Excelência, sendo o senhor mesmo um pai amoroso e carinhoso, pode julgar com que dor e com que tristeza escrevo esta resposta. Não vejo meu filho incontrolável desde o ano passado, quando tive o privilégio de desfrutar das muitas gentilezas de Vossa Excelência. O senhor há de recordar que eu não apenas paguei à época sua hospedagem, como também paguei a conta de Mühlhausen (que foi provavelmente a causa de ele ter saído daquela cidade) e deixei alguns ducados para acertar algumas dívidas, na crença de que agora ele adotaria um *genus vitae* [gênero de vida] diferente. Agora fico sabendo, com a mais profunda consternação, que ele outra vez contraiu dívidas aqui e ali, que não modificou minimamente seu comportamento, e ainda fugiu sem me dar a menor indicação de onde está.
>
> O que mais posso dizer ou fazer? Como nenhuma admoestação, nem mesmo a *assistance* e as provisões amorosas serão suficientes, devo suportar minha cruz com paciência e simplesmente abandonar meu filho à misericórdia de Deus, sem duvidar de que Ele um dia vá ouvir minhas entristecidas preces e enfim, segundo Sua Santa Vontade, faça com que ele perceba que a conversão só pode vir da Bondade Divina. Como agora abri meu coração a Sua Excelência, tenho toda confiança de que o senhor não imputará a mim a má conduta de meu filho, antes reconhecendo que um pai devotado, cujos filhos lhe são caros, fará tudo que pode para ajudar a promover seu bem-estar. Também não duvido de que Sua Excelência tentará convencer seu Nobilíssimo Conselho a adiar a mutação ameaçada até que seja possível determinar seu paradeiro (Deus é minha testemunha onisciente de que não o vejo desde o ano passado), de modo que possamos saber o que ele pretende fazer: permanecer e mudar seus costumes, ou procurar sua *fortun* alhures. Eu não teria perturbado seu Nobilíssimo Conselho por vontade própria, mas peço apenas *patience* até que ele apareça, ou até que se descubra onde ele está...

Um ano depois de escrever essa carta, Bach descobriria o paradeiro e o fim trágico da vida de seu filho. Gottfried Bernhard de fato estava na cidade de Jena, não muito longe, onde se matriculou com a intenção de estudar Direito. Porém, em maio de 1739, ele desenvolveu uma febre aguda, e morreu. Tinha 24 anos.

Mais tarde naquele ano, Friedemann veio de Dresden com alguns músicos para visitar seu pai. Era agosto, e ele ficou cerca de um mês, uma visita que teria consolado seu pai após a morte de Gottfried Bernhard. Os colegas de Friedemann também tocavam alaúde – Johann Kropfgans e o renomadíssimo Silvius Weiss.

Silvius Leopold Weiss era o membro mais bem remunerado da orquestra da corte de Dresden, o alaudista mais famoso de sua época e talvez o maior de todos os tempos. Também compositor, deixou uma quantidade sem paralelo de cerca de seiscentas obras para alaúde. Conhecia Bach bastante bem, e esteve em sua casa diversas vezes durante sua visita de 1739 a Leipzig. Se Bach tivesse dedicado a quinta suíte para violoncelo ao "Monsieur Weiss", isso teria sido perfeitamente compreensível. Contudo, o destinatário da dedicatória, "Monsieur Schouster", permaneceu por muito tempo um mistério para os estudiosos de Bach. Na verdade, Weiss oferece uma das grandes pistas que ajudaram a identificar o misterioso Schouster.

Os estudiosos começaram a voltar sua atenção para a suíte para alaúde somente na virada do século XX, quando o manuscrito autógrafo de Bach apareceu na Biblioteca Real da Bélgica. Ele já tinha estado em posse do estudioso e compositor belga François-Joseph Fétis. Mais de um século antes de isso entrar na moda, Fétis fazia "concertos de época" em Paris e em Bruxelas com certo sucesso. Em suas próprias palavras, seu objetivo era programar composições de antigamente "com a instrumentação e com o sistema de execução intencionado pelos autores, de modo que

Suíte nº 5 — Dó Menor

os ouvintes do século XIX tivessem a ilusão de participar de diversões quinhentistas no palácio de um nobre florentino". Infelizmente, as credenciais de autenticidade de Fétis foram abaladas por seu hábito de apresentar suas próprias composições como se fossem obras de grandes mestres do passado. Sua reputação ainda sofreu mais um golpe quando ele fugiu com uma valiosa coleção de partituras e de manuscritos de seu antigo emprego numa biblioteca em Paris, levando-a para seu novo emprego em Bruxelas.

Julga-se que Fétis adquiriu o manuscrito da suíte para alaúde num leilão em 1836 na editora Breitkopf; após sua morte, ele foi depositado, junto com o resto de seus documentos e partituras, na Biblioteca Real da Bélgica. Assim que o manuscrito foi conhecido pelos estudiosos do início do século XX, começou a procura pelo Monsieur Schouster. A caligrafia floreada da folha de rosto diz, em francês: *"Pièces pour la Luth à Monsieur Schouster"*. Mas os rastros de indícios rapidamente se apagaram. Não havia nenhum registro de Bach conhecer qualquer Schouster.

Havia em Dresden um Schouster digno de nota: Joseph Schouster, cantor baixo na corte de Augusto, o Forte, que, segundo se julga, também tocava alaúde. Os detetives bachianos julgavam ter encontrado seu *monsieur*, mas ele era o Schouster errado. Uma análise da marca d'água do manuscrito da suíte para alaúde mostrou que a obra foi escrita em algum momento entre 1727 e 1731. A data de nascimento de Joseph Schouster, porém, era 1721. Isso significaria que Bach havia dedicado a música a um menino de não mais de dez anos, o que é altamente improvável.

Então, em 1968, os musicólogos encontraram uma carta que havia sido enviada mais de dois séculos antes. Ela havia sido escrita em 1741 por Silvius Weiss, e enviada a Luise Adelgunde Gottsched, autora prolífica, considerada a mulher mais erudita da Alemanha. Ela também era alaudista amadora, e tinha aulas de composição com um dos alunos de Bach.

"É uma grande presunção", começava a carta de Weiss para Luise, "eu ter a ousadia de tomar da pena, porque tanto a minha caligrafia quanto meu texto são igualmente fracos. Contudo, não encontrei nenhum outro meio para me libertar de uma angústia prévia que não fosse oferecer meus respeitos com a presente carta". Weiss estava angustiado porque achava que uma obra para alaúde que tinha dado a Luise era algo que ela já possuía. E Weiss ficara sabendo da obra para alaúde que ela possuía por meio de um certo "Monsieur Schuster".

A referência sugere um Schuster que Luise conhecia em Leipzig mas que também tinha relações em Dresden. Esse Schuster, que ou tocava alaúde ou estava intimamente associado ao instrumento, era alguém que estava ao alcance de Bach no período que vai de 1727 a 1731. Esse novo indício levou Hans-Joachim Schulze, estudioso de Bach, a descobrir um livreiro e editor de Leipzig chamado Jacob Schuster.

Jacob Schuster desempenhou um papel modesto na cena literária de Leipzig nas décadas de 1720 e de 1730. Ele tinha relações com alguns professores da Universidade de Leipzig, entre os quais Johann Christoph Gottsched, marido de Luise, que viria a se tornar o crítico literário mais celebrado de sua época. (Após uma discordância, Schuster uma vez chegou a zombar de Gottsched, dizendo que ele era "um homem arrogante, que acha que sua própria voz é um oráculo".) Ele também teve algum sucesso publicando Johann Jacob Mascov, autor acadêmico que também fazia parte do conselho municipal. Mas suas tentativas de publicar obras musicais parecem nunca ter ido além da fase de planejamento, e a suíte para alaúde de Bach talvez seja um exemplo disso. Não se sabe se Schuster efetivamente tocava o alaúde. É possível que "ele apenas estivesse planejando imprimir uma coletânea, da qual a suíte de Bach viria a fazer parte", escreve Schulze. Contudo, é óbvio que Schuster era próximo de

Suíte nº 5 — Dó Menor

Weiss, de Luise e de outro músico, Adam Falkenhagen – todos os quais alaudistas –, o que sugere que por alguma razão ele tinha interesse no instrumento.

Será que Bach poderia ter tido alguma motivação para fazer uma cópia para alaúde da quinta suíte para violoncelo e dedicá-la a Schuster? Há uma possibilidade intrigante. Schuster e Luise, além do influente acadêmico Mascov (professor de muitos estudantes aristocráticos), eram todos originalmente de Danzig. E Danzig era onde Erdmann, o velho amigo de Bach, trabalhava como emissário russo na corte saxã. A carta de Bach a Erdmann, escrita na mesma época e com a mesma caligrafia, também pedia que seu velho amigo ficasse de olho em oportunidades de emprego.

Danzig poderia ser uma provinciana cidade polonesa, mas era regida por Augusto, o Forte, em Dresden. Ao dedicar sua suíte para alaúde para Schuster, Bach parece estar trabalhando seus contatos entre habitantes influentes de Danzig para arrumar trabalho em Dresden. Infelizmente, se era esse o objetivo da suíte de Bach para alaúde, ela cairia em ouvidos moucos.

Por acaso, quando visitei Leipzig, havia um recital das *Suítes para Violoncelo* programado no calendário de concertos. Tratava-se de uma *performance* heterodoxa de Maria Magdalena Wiesmaier, jovem violoncelista alemã. Ela tocaria as suítes em três ambientes diferentes, e a plateia teria à disposição um ônibus para o transporte. O espetáculo se chamava "6 x Bach".

O primeiro local era um armazém genérico não muito distante do museu municipal onde está o retrato de Bach. Wiesmaier, de rosto limpo e alegre, de rabo de cavalo, tocou as suítes um e seis, rapidamente, sem as chamadas repetições, o que eliminava as partes duplicadas mas mantinha a essência da obra. Era uma arquitetura musical revigorante reduzida à sua mínima estrutura e tocada num espaço nu, sem nenhum adorno.

O local seguinte, onde as suítes quatro e cinco seriam tocadas, era igualmente heterodoxo. A plateia foi levada da Augustplatz, no centro da cidade, para o lugar da antiga feira, e deixada na frente de um prédio neoclássico com um domo. Do lado de dentro ganhamos vinho e aperitivos, e então fomos levados ao salão central. Sentamo-nos debaixo da abóbada, cercados por colunas estriadas e cobertos pela escuridão, excetuando meia dúzia de luzinhas que vinham do piso. Nacos de luz aqui e ali ampliavam um tornozelo, um ouvido, um programa. Cada som – passos, risadinhas, tosses, cadeiras rangendo, ribombos de sintaxe alemã – reverberava naquela acústica fantasmagórica. O local possuía a matéria-prima de um pesadelo convincente.

Wiesmaier apareceu nas sombras e iniciou um prelúdio. O espaço parecia uma câmara de eco; cada nota era supersustentada, e as unidades melódicas, esticadas quase até romper. Os sobretons eram despejados sobre os tons e os tons eram despejados uns sobre os outros. Para alguns ouvintes aquilo pode ter tido um encanto luxuriante, mas para mim a melodia foi achatada e virou um monótono *om*-novaerístico. As linhas, sangradas, borravam-se. As notas vigorosamente individuais de Bach eram forçadas a marchar numa coletividade indistinta (afinal, era na antiga Alemanha Oriental que estávamos). Logo esqueci quais suítes estavam sendo tocadas. Quando o ônibus partiu do local triste e morto da feira, senti-me exaurido pelo processo todo, e decidi não ir ao último concerto.

Mas toda aquela sensual sobreposição de notas numa câmara de eco levanta uma questão sobre a quinta suíte para violoncelo. Será ela uma composição sem grande densidade? Será que ela é imensamente inferior à versão para alaúde, que tem harmonias muito mais sensuais, com acordes que brotam dos galhos nus das linhas para violoncelo? A versão para alaúde é belíssima, e em diversas partes parece superior à quinta suíte para violoncelo.

Suíte nº 5 Dó Menor

É de perguntar se Bach a teria composto primeiro, e depois a transcrito para o violoncelo, quando decidiu reunir as suítes no grupo padrão de seis. O debate, de certo modo, remete a um dos grandes desafios enfrentados pelas *Suítes para Violoncelo*, que era ter sido consideradas secas demais, difíceis demais – estudos, na verdade – que necessitavam de mais camadas harmônicas. A quinta suíte é a mais difícil sob esse aspecto, e em diversas partes tem-se a impressão de que está faltando algum feixe musical.

Ao mesmo tempo, há partes em que o minimalismo é soberbo, como na sarabanda, um triunfo da economia musical. Não há cordas duplas na sarabanda, nunca se toca mais de uma nota ao mesmo tempo. Os vazios na tela chamam a atenção; o efeito é uma espaçosidade musical. É o movimento favorito de muitos violoncelistas, uma obra que consegue parecer incrivelmente moderna.

A sarabanda também tem uma óbvia semelhança com outra obra, uma composição anterior de Domenico Gabrielli. Nascido em 1659, Gabrielli era um violoncelista virtuose que, aos dezessete anos, era membro da Accademia Filarmonica de Bolonha. Após tornar-se presidente da orquestra, foi despedido por questões de disciplina, e em seguida recontratado por ser considerado indispensável; depois, foi enviado para a corte de Modena. Recebeu o apelido Minghain dal Viulunzel, o que, no dialeto, significava "Domingos do Violoncelo". Morreu com 31 anos, e suas composições que restaram, ainda que quase desconhecidas, representam o primeiro passo importante no desenvolvimento da música para violoncelo antes das suítes de Bach. Em seu *Ricercar nº 7*, as primeiras notas são a perfeita imagem da dramática abertura da sarabanda da quinta suíte de Bach. Não temos nenhum indício de que Bach ouviu a obra, que faz parte dos *Sete Ricercares para Violoncelo Solo* de Gabrielli, publicados em 1687. Mas para qualquer um parece que Bach estava citando aquela obra pioneira para violoncelo. E há outra pista. Gabrielli afinava a corda mais aguda de seu violoncelo um tom abaixo, a mesma afinação misteriosa que Bach usa para essa suíte para violoncelo.

    Quer tenha ouvido pela primeira vez a sarabanda na composição de Gabrielli ou em sua própria cabeça, a imaginação de Bach foi posta em movimento pela eloquente austeridade. Na hora de fazer sua versão para alaúde, Bach resistiu a acumular camadas a mais de harmonia no instrumento de quatorze cordas. Não sabemos se Bach escreveu a sarabanda originalmente para a riqueza do alaúde ou para a austeridade do violoncelo. De todo modo, está claro que ele ficava feliz em dizer mais com menos. A versão para alaúde da quinta sarabanda foi despojada, num grau não menor do que o da versão para violoncelo, até que ficasse só seu núcleo musical – uma meditação que se coloca fora do tempo e que renuncia ao mundo.

Sarabanda

> *Seu sombrio desenho melódico é tão peculiar que ela parece música contemporânea.*
>
> Mstislav Rostropovich

Um forte sentimento de honra ibérica foi o que enfim e inesperadamente levou Casals de volta à Espanha. Durante seus primeiros anos de exílio, ele com frequência estava em companhia de Frasquita Vidal de Capdevila. Seu marido, que havia sido tesoureiro da orquestra Casals em Barcelona, havia feito em seu leito de morte um pedido para que Casals cuidasse de sua viúva. Uma bela mulher, de certa idade, Capdevila tornou-se amiga íntima, ainda que às vezes fosse confundida com sua empregada. Quando começou a Segunda Guerra Mundial, os dois, junto com outros refugiados catalães, continuaram na França; depois da guerra, em Prades, ela passou a cuidar de seus assuntos domésticos. Nas palavras de um visitante, ela era "uma agradável doméstica grisalha que cuida de sua dieta leve e cuida de suas poucas necessidades".

No começo da década de 1950, quando o Festival de Prades crescia, a saúde de Capdevila diminuía. Por sofrer de mal de

Parkinson, ela passou seus últimos dias de cama, e não conseguia suportar a ausência de Casals. Um padre foi convocado para casá-los. "Foi um gesto quase medieval de cavalheirismo e de grato afeto pela dedicada mulher", escreve H. L. Kirk. Ela morreu em 1955.

O último desejo de Capdevila foi ser enterrada em Vendrell, onde Casals nascera. Assim, pela primeira vez desde 1939, ele retornou à Espanha para o funeral. Visitou sua casa, que havia sido tomada pelo governo de Franco, mas entregue a Luís, irmão de Casals, após o pagamento de um milhão de pesetas (Casals chamou isso de resgate). O violoncelista mundialmente famoso, cercado de velhos amigos, foi tomado de emoção. Havia rumores de que ele havia voltado de vez, mas ele só tinha ido lá por deferência à mulher que o havia ajudado por duas décadas. Ele voltou para a França um dia depois do funeral de Capdevila.

De volta a Prades, Casals teve mais uma daquelas depressões profundas que periodicamente o afligiam. Um raro tônico era uma jovem estudante de Porto Rico, cuja presença parecia melhorar seu ânimo. Maria Montañez tinha apenas treze anos quando seu tio a levou a Prades em 1951. Ela não interagia muito com Casals, que a ela parecia "um homem adorável e caloroso", "como um vovô". Ela retornou cinco anos depois para ter aulas com o maestro. Àquela altura ela tinha pouco mais do que dezoito anos, era inteligente, engraçada e bonita, de um jeito que Casals imaginava ser o mesmo de sua mãe com a mesma idade. Sua mãe também era uma jovem de Porto Rico que refez sua vida na Europa. O sotaque, o rosto, o cabelo escuro, a tez – tudo era muito familiar, num nível visceral. Logo Martita, como todos a chamavam, estava sempre ao lado do maestro de 78 anos. Ela era fluente em espanhol, em inglês e em francês, e aprendia rápido o catalão; ela datilografava, dirigia e era tão eficiente quanto vivaz.

Suíte nº 5 🎵 Dó Menor

Eles conversavam sobre Porto Rico. As turnês de Casals até o haviam levado ali perto, mas ele nunca tinha ido à ilha. A família de sua mãe, de nome Defilló, vivia lá. O oceano estava ali. Ele queria ver seu lar ancestral.

Se Porto Rico não existisse, Casals talvez o tivesse inventado. Em termos geopolíticos, o país permitia que ele tivesse uma experiência ibérica sem cruzar a fronteira para a Espanha de Franco, e dava-lhe proximidade com os Estados Unidos sem comprometer demais seu boicote aos países que reconheciam o regime de Franco. Tratava-se de um ato de delicado equilíbrio moral, mas ele já havia sofrido bastante na empoeirada cidade de montanha na França, e tinha direito a algum sol tropical nos últimos dias de sua vida.

O Estado-ilha caribenho tinha o mesmo calor intenso de sua pátria há tanto perdida, e a terra, a vegetação e as praias recordavam a Catalunha. Sua mãe, Doña Pilar, tinha oito irmãos e irmãs que haviam ficado na ilha; em Porto Rico, o que não faltava eram parentes, muitos dos quais esperavam no cais quando Casals e Martita desceram as escadas do Flandre em 11 de dezembro de 1955.

Porto Rico tinha se preparado bastante para a visita. O governo emitiu uma proclamação de boas-vindas, os jornais dedicaram muito espaço a Casals, e o deputado local fez um discurso de uma hora em que celebrou Casals como um dos três pilares do mundo contemporâneo (junto com Einstein e com Schweitzer). O prefeito de San Juan e a esposa do governador foram receber Casals, que foi contagiado pela emoção da multidão, repetindo *"la tierra de mi madre"*, beijando as pessoas e derramando lágrimas. O maestro e sua jovem colega foram levados numa limusine oficial com escolta de policiais em motocicleta pela velha cidade, onde houve uma cerimônia de boas-vindas. Dali eles foram levados a um apartamento oferecido pelo governo.

No dia seguinte, foi realizada uma cerimônia mais suntuosa em honra de Casals em La Fortaleza, um palácio-fortaleza do século XVI. Para Casals, porém, foi mais comovente a ocasião em que, uma semana depois, ele dirigiu pela ilha até Mayagüez, para visitar a casa em que sua mãe havia nascido. Numa coincidência que beirava o bizarro, aquela era a mesma casa em que a mãe de Martita havia nascido. Uma multidão se reuniu do lado de fora da casa, e, na varanda, Casals tocou um canção de ninar que sua mãe cantava para ele, seguida de uma pastoral de Bach.

No fim do mês, Casals celebrou seu aniversário de 79 anos cercado de amigos dos Estados Unidos, com um bolo em forma de violoncelo e serenatas de alunos universitários. Em janeiro, outra festa de gala em La Fortaleza começou com um pianista tocando o *Concerto Italiano* de Bach, depois do qual Casals e Martita tocaram algumas sonatas de Händel e de Beethoven para dois violoncelos. Martita, cuja apresentação sozinha trouxe algumas suítes de Couperin, recebeu entusiasmados elogios na imprensa local. Ao fim de fevereiro, Casals estava tão apaixonado pelo país quanto por Martita. "Amo esse país", escreveu a Alexander Schneider, "... e estou tristíssimo por deixá-lo. Sinto-me tão em casa aqui que tive uma ideia maravilhosa. O que você acha de um Festival de Prades em Porto Rico em abril de 1957?" Casals havia decidido fazer da ilha seu novo lar.

Casals e Martita voltaram de avião para a França ao fim de março, mas estavam de volta a Porto Rico em novembro. Casals celebrou seu octogésimo aniversário na ilha caribenha que viria a ser seu novo lar. Foram feitos os últimos ajustes nos planos do Festival de Porto Rico, com Casals regendo e Schneider como organizador principal. Casals abriria o festival com uma *performance* da exuberante terceira suíte para violoncelo.

Em abril de 1957, o primeiro ensaio da orquestra aconteceu no Teatro da Universidade. Casals repassou uma sinfonia de Mozart

Suíte nº 5 — Dó Menor

com a orquestra para "que eles se conhecessem melhor". Adorou o que ouviu. Centenas de pessoas estavam presentes. O teatro parecia uma sauna – Casals era contra o ar-condicionado (que ele achava "antinatural") e ele havia sido desligado. Sua camisa estava encharcada. Na maior parte do tempo, ele ignorou a cadeira alta que havia sido colocada no pódio do maestro para aliviar seus esforços. Casals então regeu a *Sinfonia Inacabada* de Schubert. Subitamente seus pensamentos tinham voltado duas décadas, até aquele último ensaio que ele havia regido com sua orquestra em Barcelona, às vésperas, assustadoras, da Guerra Civil Espanhola. O biógrafo Robert Baldock descreve o que sucedeu:

> Vinte compassos após o começo do primeiro movimento em *Allegro moderato*, ele chamou a atenção para um tempo forte, batendo no peito com força e gritando "Vrum! Vrum!" para marcar o andamento, como de hábito. Ele completou o movimento e começou o segundo. Alguns minutos depois, e de maneira muito repentina, ele deitou a batuta, murmurou um pedido generalizado de desculpas à orquestra, e saiu cambaleando do pódio. Seu rosto, absolutamente pálido, demonstrava uma dor aguda. Dos bastidores, ele foi levado para o camarim.

Casals recuperou-se daquilo que posteriormente receberia o diagnóstico de ataque do coração. Ele não pôde participar do primeiro Festival de Porto Rico, que havia sido feito sob medida para ele. Schneider assumiu os deveres de maestro, mas na qualidade de primeiro-violinista. Foi colocada no palco uma cadeira vazia para recordar a ausência do maestro. Após uma convalescência de alguns meses em seu apartamento, onde foram montados uma cama de hospital e um balão de oxigênio (Casals detestava hospitais e recusava-se a ficar neles), ele logo voltou a praticar o violoncelo e a recuperar sua força técnica.

Sua recuperação foi ajudada pela amorosa presença de muitos amigos e colegas, e acima de tudo de Martita. A cunhada de Casals perguntou a um dos médicos se era saudável para o maestro ter "uma jovem tão bonita" tanto tempo perto dele. Aparentemente, era muito saudável. Casals agora via o coração humano como a mais sofisticada das máquinas, capaz de curar a si própria e de ganhar mais tempo de vida.

Casals e Martita casaram-se no verão de 1957 numa cerimônia civil praticamente secreta; ela aconteceu em seu apartamento, com apenas duas testemunhas. O noivo tinha 80 anos, e a noiva, 21. Os pais de Martita, chocados com a diferença de idade, não compareceram. Uma cerimônia religiosa, celebrada por um padre passionista amigo do casal, aconteceu pouco depois numa capela de San Juan.

Uma fotografia mostra um Casals radiante, com toda a aparência de avô orgulhoso, de terno escuro, com uma pequena franja de cabelos ladeando a calva, e com um evidente brilho em seus pálidos olhos azuis por trás de óculos sem aro. A noiva tem aparência cerimoniosa, feliz e infinitamente mais jovem. Em branco de noiva, Martita parecia uma freira. Na verdade, seus pais eram protestantes, e quando criança ela se converteu ao catolicismo. Enquanto frequentava a Escola Marymount do Convento do Sagrado Coração de Maria, uma escola secundária em Nova York, ela contemplou seriamente devotar sua vida a uma ordem religiosa.

Muitos anos após o casamento, Marta disse numa entrevista que "havia alguma coisa que me movia e que ainda não compreendo". A decisão de casar-se com Casals significava abdicar de muitas coisas na vida, incluindo a carreira de violoncelista. Mas ela estava determinada a ser a companheira de Casals. "Eu tinha muita certeza de que queria contribuir para sua vida, e foi isso que eu fiz."

Suíte nº 5   Dó Menor

Casals, por sua vez, num certo sentido completou um ciclo. "Tem um negócio estranho", disse ele à revista *McCall's* algum tempo depois.

> Minha esposa, em seu rosto, em seu jeito de ver as coisas, tem algo da minha mãe. Eu mostro o retrato da minha mãe para as pessoas, e a primeira coisa que elas veem é a semelhança extraordinária com a minha esposa. Eis outra coisa impressionante: o mundo é grande, não é? Pois bem, minha mãe nasceu na mesma casa em que nasceu a mãe da minha mulher. A casa fica em Mayagüez, em Porto Rico. Há 110 anos minha mãe nasceu naquela cidade, naquela casa – e no mesmo dia do ano, treze de novembro. Olha só esse retrato da minha mãe.

Gavota

*... normalmente graciosa, muitas vezes alegre,
e às vezes também terna e lenta.*
Jean-Jacques Rousseau, *Dictionnaire de Musique*, 1768

Quando o evento foi transmitido em outubro de 1958, ele chegou a mais ouvintes do que qualquer concerto anterior na história. A principal atração, a improvável estrela de um show que se valia da última palavra em tecnologia de TV, era um violoncelista de 81 anos.

Um emissário da ONU passou três dias em Porto Rico tentando convencer Pablo Casals a participar de um concerto especial em honra da Organização. Casals tinha interesse, mas era fundamentalmente contrário à ideia porque ela significava tocar nos Estados Unidos, o que violaria seu juramento de não tocar em países que reconhecem a ditadura de Franco. Desde o começo da Guerra Fria, a Espanha de Franco, com seu viés anticomunista, havia se tornado um parceiro efetivo da aliança ocidental. Os Estados Unidos davam ajuda militar ao regime, e Franco permitia a existência de bases militares norte-americanas em território espanhol.

Suíte nº 5 — Dó Menor

Casals, contudo, estava cada vez mais preocupado com a ameaça que as armas nucleares representavam para o mundo em plena Guerra Fria. Ele estava plenamente de acordo com intelectuais que conhecia, como Albert Schweitzer, outro pioneiro da música de Bach, que havia transmitido uma série de apelos via rádio no começo daquele ano intitulada "Paz ou Guerra Atômica?". Por mais que a Catalunha permanecesse próxima do coração de Casals, o mundo não era o mesmo lugar que tinha sido durante a antiga luta contra o fascismo. Agora, para ele, todas as disputas políticas eram eclipsadas pelo risco nuclear.

Finalmente ele aceitou tocar, convencendo-se de que o quartel-general da ONU em Manhattan era um enclave extraterritorial politicamente neutro. Ele também não tocaria a obra que para ele tinha mais valor pessoal – as *Suítes para Violoncelo* de Bach, sua assinatura espiritual. Assim, ele também podia manter seu boicote político. Mas ele tocaria Bach. Com Mieczyslaw Horszowski no piano, os dois velhos amigos tocariam a *Sonata nº 2 para Piano em Ré Maior* de Bach. O concerto do Dia da ONU foi um programa de duas horas transmitido para 48 países. Incluiu *performances* em Paris feitas por Yehudi Menuhin e David Oistrakh, que tocaram o concerto para dois violinos de Bach; a Orquestra Sinfônica de Boston; Ravi Shankar, na cítara; e o último movimento da *Nona Sinfonia* de Beethoven, de Genebra.

Trinta anos já tinham passado desde a última apresentação de Casals nos Estados Unidos. Seu retorno aconteceu na tarde de 24 de outubro de 1958, depois de o Comitê Político da Assembleia Geral ter sido palco de um cáustico debate entre representantes nacionais do Oriente e do Ocidente sobre o desarmamento. De terno cinza, e carregando seu violoncelo, Casals adentrou cerimoniosamente o grande salão da Assembleia Geral, onde uma imensa plateia de 3 mil delegados da ONU o recebeu com aplausos de pé.

Recurvado sobre seu instrumento setecentista, de olhos fechados na concentração de costume, o violoncelista idoso era uma figura pequenina e solitária no vasto salão das nações. "Seu rosto, porém, era uma visão de força e de determinação", escreveu um repórter na seção de TV do *The New York Times*, "a mandíbula firme, os olhos que eram como dardos, e o óbvio domínio do salão repleto quando ele silenciou os vivas dos representantes das nações do mundo". Até mesmo suas mãos foram capturadas pelas câmeras naquilo que foi uma das primeiras transmissões em alta definição; isso permitiu que os críticos de música analisassem suas palmas e seus dedos largos: a direita era rechonchuda, a esquerda tinha ficado magra após décadas se esticando. O resultado sonoro era um timbre enorme que chegava firme e puro ao último mezanino.

"Foi uma bela *performance*", escreveu o famoso crítico Harold C. Schonberg. "O braço com que o Señor Casals segurava o arco parecia ter a força de sempre. Ele enfrentou as longas frases sem qualquer tremor. A amplitude de seu fraseado, a pungência rítmica do último movimento, e a concepção calorosa deram testemunho de uma herança musical e de uma mente musical que muitos consideraram insuperável nesse século."

Após a sonata de Bach, Casals ofereceu um bis, seu arranjo de uma melodia que apresentou como canção folclórica catalã, o "Canto dos Pássaros". Quando Casals acabou, o salão inteiro se ergueu numa explosão de aplausos. Ele não pôde falar à plateia da Assembleia Geral (o que só é permitido a delegados de Estados membros), de modo que uma declaração gravada foi transmitida durante o intervalo do concerto. Em suas observações – transmitidas pela CBS e por mais de 76 estações de rádio no mundo inteiro (ele fez versões em inglês, em francês, em espanhol e em italiano) – Casals afirmava que sua *performance* não deveria ser vista como mudança de posição política.

Suíte nº 5 　 Dó Menor

Sua motivação era "a angústia que a contínua ameaça nuclear representava para o mundo".

"A confusão e o medo invadiram o mundo inteiro", disse. "O nacionalismo incompreendido, o fanatismo, os dogmas políticos e a falta de liberdade e de justiça alimentam a desconfiança e a hostilidade que fazem com que o perigo coletivo aumente a cada dia. Contudo, todo ser humano sente o desejo de paz..."

Sua *performance* saiu na primeira página do *The New York Times*, acompanhada de uma fotografia do violoncelista e da manchete "Multidão na ONU Saúda Performance de Casals". Sua aparição na ONU, segundo o biógrafo Robert Baldock, "transformou-o, quase que instantaneamente, num símbolo reconhecido globalmente de paz e, numa expressão desconfortável mas precisa, num 'superastro geriátrico'".

Giga

> *Produz um efeito quase satânico com suas repetições de motivos similares.*
> Dimitri Markevitch

Os instrumentos de Bach muitas vezes parecem irrelevantes, como se ele compusesse música ideal, música que transcende os instrumentos, música que foi inventada para reinventar-se. Costuma-se presumir que cada obra de Bach é tão indestrutível do ponto de vista musical que pode ser tocada com resultados excelentes no kazoo, no tin whistle, no banjo, na marimba, no saxofone – em qualquer coisa. Isso é a força de Bach.

Seus companheiros no panteão clássico, Mozart e Beethoven, não são tão modificados; nem vagamente são tão transpostos, transcritos e transformados. Talvez isso se deva em parte à batida constante da música barroca, às vozes sobrepostas do contraponto, ou à possibilidade de que a grande habilidade que se diz que Bach teria para o improviso de algum jeito entrou na própria composição. Há também uma rica tradição barroca de pegar obras emprestadas como inspiração. O mais provável é que isso

Suíte nº 5 — Dó Menor

se deva a algo peculiar à música de Bach. Desde o começo, suas obras passaram por transformações radicais.

O próprio Bach abriu caminho rearranjando suas próprias composições, e também as de Vivaldi, para diversos instrumentos e propósitos. Os concertos para violino foram transformados em concertos para cravo; movimentos das cantatas viraram solos de órgão. Ele não hesitava em rearranjar uma obra de grande escala como a *Paixão segundo São Mateus* para o funeral do príncipe Leopoldo, ele reembalou diversas cantatas seculares, como o *Oratório de Natal*, e transcreveu inúmeras outras obras, como a quinta suíte para violoncelo (ou suíte para alaúde, o que quer que tenha vindo antes).

A tendência de transformar Bach aumentava à medida que sua obra ficava conhecida por cada vez mais músicos. Ela começou com seus filhos Friedemann e C. P. E.: os dois faziam apresentações das obras do pai com acréscimos próprios. Depois, Mozart fez um famoso rearranjo na forma de quarteto de cordas de algumas fugas do *Cravo Bem Temperado*. No século XIX, compositores românticos tendiam a adaptar as obras de Bach para o piano, a começar por Mendelssohn e por Schumann, que acrescentaram acompanhamento de piano às obras para violino solo e, no malfadado caso de Schumann, às *Suítes para Violoncelo*.

Um dos mais famosos exemplos de reinvenções de Bach veio do compositor francês Charles Gounod, que, na década de 1850, pegou o primeiro prelúdio do *Cravo Bem Temperado*, acrescentou uma melodia de soprano, e criou um clássico *kitsch*, a "Ave Maria", usando a letra da oração em latim. Outros compositores tirariam trechinhos das obras de Bach e os transformariam em peças mais simples e grudentas, prática que resultou em melodias populares como "Ária na Corda Sol" e "As Ovelhas Podem Pastar Seguras".

As Suítes para Violoncelo ♪ Eric Siblin

O século XX testemunhou versões mais aventureiras e de maior escala. Na década de 1920, o maestro Leopold Stokowski criou a primeira de suas muitas transcrições orquestrais de Bach – luxuriante, suntuosa, imensa. Os puristas de Bach acharam-na sacrílega, mas elas contavam com uma grandiosidade majestática que aumentou o apelo do compositor. E até hoje vendem. O filme *Fantasia*, feito pela Disney em 1940, trazia a versão de Stokowski para a *Tocata e Fuga em Ré Menor*, pioneira no uso do som estéreo, que mostrava o maestro apertando a mão de Mickey Mouse, e que apresentou Bach a uma plateia mais popular.

Sempre, contudo, houve controvérsias entre quaisquer tentativas heterodoxas de mexer na todo-poderosa obra. O jazz era um grande culpado. Já em 1938 a Federal Communications Commission [Comissão Federal de Comunicações] (FCC) dos Estados Unidos recebeu uma reclamação sobre as versões "suingadas" de obras de Bach no rádio. Uma carta escrita por ninguém menos do que o presidente da Bach Society de Nova Jersey ao presidente da FCC apresentava a questão de maneira inequívoca:

> Como os senhores sem dúvida estão cientes, o país está sendo varrido por uma febre de versões de músicas clássicas e tradicionais com andamento de suingue. Isso está deixando os amantes da boa música realmente aflitos. Recentemente, em duas ocasiões, ouvimos uma banda de jazz apresentar sua versão da *Tocata em Ré Menor* de Bach. Todos os belos efeitos da fuga foram destruídos pelos selvagens balbucios do saxofone, e pelos urros ferozes da clarineta. Não há como imaginar que essas *performances* possam ser toleradas, exceto por gente sem qualquer critério.

O presidente da Bach Society instava a FCC a suspender ou a revogar as licenças das estações de rádio criminosas. Mas os esforços para proibir leituras imaginativas de Bach foram em vão.

Suíte nº 5 — Dó Menor

A Bach Society de Nova Jersey seria outra vez perturbada pela versão de Benny Goodman para "Bach Goes to Town", ou talvez pela versão em suingue de 1937 do concerto para dois violinos de Bach feita pelos violinistas Stephane Grappelli e Eddie South junto com a lenda do violão Django Rheinhardt. E ainda surgiria mais Bach jazzificado. Na década de 1950, o pianista francês Jacques Loussier formou um trio chamado Play Bach, que fez muitas turnês e lançou diversos discos que deram ao compositor setecentista uma brilhante roupagem de suingue.

No começo dos anos 1960, quem trouxe um número inesperado foram os Swingle Singers, um coro de oito vozes que se especializou em cantar Bach como se fosse suingue. Seus primeiros dois discos, *Bach's Greatest Hits* e *Going Baroque*, venderam muito e renderam um Grammy de revelação de 1964. Nem todos os músicos que tocavam Bach ficaram escandalizados. O pianista canadense Glenn Gould, cuja idiossincrática versão das *Variações Goldberg* havia causado choque uma década antes, elogiou o grupo: "Quando os ouvi pela primeira vez, tive vontade de deitar no chão e ficar batendo os calcanhares de tão bons que eles eram". (O Swingle, assim como Loussier, também gravou movimentos das *Suítes para Violoncelo*.)

O rock também assimilaria Bach. Um exemplo memorável disso é "A Whiter Shade of Pale", o megassucesso de 1967 do Procol Harum que chegou ao topo da parada britânica, vendeu 6 milhões de cópias e recentemente foi colocado no 57º lugar das cem melhores músicas de todos os tempos pela revista *Rolling Stone*. Uma canção de rock progressivo com um *riff* contagiante de teclado, ela foi na verdade roubada da *Ária na Corda Sol* (mais precisamente, foi roubada de um anúncio dos Charutos Hamlet, que a havia roubado de Bach). Quatro décadas depois, uma disputa pelos direitos da canção irrompeu entre dois dos antigos membros da banda e chegou aos tribunais. Um comentarista,

Rod Liddle, de *The Spectator*, sugeriu que era "Bach quem realmente deveria estar sentado no tribunal com cara amarga e reclamona e cercado por uma falange de advogados carnívoros".

Em 1968, Walter Carlos lançou *Switched-On Bach*, disco de transcrições eletrônicas de algumas das obras mais conhecidas de Bach, tocadas num sintetizador. O disco disparou nas paradas pop e clássica, vendendo um milhão de cópias e tornando-se o primeiro disco de ouro da música clássica em uma década. *Switched-On Bach* contribuiu muito para popularizar a música eletrônica e o sintetizador Moog, e também para colocar J. S. Bach na moda na década de 1960. E o disco pode ter popularizado outra coisa: após seu lançamento, Walter Carlos decidiu resolver uma antiga crise de identidade e fazer uma operação de mudança de sexo, passando a ser conhecido a partir de então como Wendy Carlos.

Tirando suas credenciais de gênero, *Switched-On Bach* foi um choque para a antiquada base de fãs barrocos. "Pus o disco para tocar algumas semanas atrás e imediatamente senti um profundo choque cultural", confessou Harold C. Schonberg no *The New York Times*. "Após transfusões, compressas de água fria, ataques histéricos e alimentação intravenosa, pus o disco novamente. A reação foi menos severa, ainda que tenha havido um leve ataque de convulsões e de risos."

Schonberg disse que o disco era uma inovação na música eletrônica, algo que, a seu modo, era de "tirar o fôlego". Mas, no fim das contas, ele não tinha gostado de "Bach-Carlos", assim como não tinha gostado de "Bach-Stokowski". Por que os compositores modernos têm essa necessidade de pospor seu nome com um hífen ao de Bach?, ele se perguntava. Por que deveria haver, perguntava, uma nova abordagem de Bach? Mas o gênio do gênero já tinha saído da garrafa há muito tempo. Como disse uma vez a revista *Time*, Bach já passou por "mais traduções modernas do que a *Ilíada*".

Suíte nº 5 🎼 Dó Menor

Transcrever as *Suítes para Violoncelo* para outros instrumentos faz parte do território bachiano. Robert Schumann, um dos maiores divulgadores de Bach no século XIX, foi o primeiro a escrever um acompanhamento de piano para as suítes. Ele teve a ideia de acrescentar piano ao violoncelo graças ao tratamento similar que Mendelssohn deu às obras de Bach para violino solo. Na visão de Schumann, o acréscimo do piano foi um jeito de criar "escoras harmônicas". O objetivo era dar peso à obra, tornando-a mais vívida para um público não acostumado a música para cordas solo.

Schumann completou aquilo que chamou de projeto "Bachiana" em 1853. Mas, por razões desconhecidas, as obras não foram aceitas para publicação; a música ficou na cabeça dele. No *réveillon* de 1853, ou Schumann ou Clara, sua esposa, tocaram as três primeiras suítes com um violoncelista de Düsseldorf. No dia seguinte, eles tocaram as últimas três. No mês seguinte, Schumann começou a sofrer de uma doença psicológica e tentou o suicídio. As *Suítes para Violoncelo* estavam entre suas últimas experiências musicais antes do declínio. Ele foi internado num sanatório em março de 1854, e morreu dois anos depois.[5]

Um voo imaginativo mais ousado foi feito pelo lendário Leopold Godowsky na década de 1920. Godowsky, músico heterodoxo dotado de uma técnica sem igual, era considerado o pianista dos pianistas; o seguro de suas pequeninas mãos valia

---

[5] Em 1981, "graças a um golpe de sorte", Joachim Draheim, estudioso de música, descobriu numa biblioteca em Speyer, cidade da Alemanha Ocidental, uma cópia do trabalho de Schumann para a Suíte nº 3. A obra finalmente foi divulgada em 2003 com o lançamento de um disco do selo Hanssler. Tocada pelo violoncelista Peter Bruns e pelo pianista Roglit Ishay, a obra é adorável. A parte do piano é respeitosa, roçando a orla do violoncelo; o resultado, embora seja anátema para muitos puristas de Bach e violoncelistas, é muito fácil de gostar. Para aqueles não acostumados à música barroca ou ao violoncelo solo, ela também poderia servir como uma espécie de Bach para iniciantes, uma suíte para violoncelo com rodinhas.

um milhão de dólares. No começo da década de 1920, sofrendo de uma espécie de desespero existencial, Godowsky encontrou um refrigério em viagens a lugares exóticos e nas obras de Bach.

Ele partiu numa turnê de concertos pelo Extremo Oriente, visitando Singapura, Xangai, Java, Manila e Honolulu, entre outros lugares. Durante a longa jornada, ele ficou enfeitiçado pela música da Indonésia e começou a transcrever três das *Suítes para Violoncelo* para piano. Ele escreveu que, se o "grande gênio" de Bach é evidente por toda parte nas *Suítes para Violoncelo*, as limitações do violoncelo eram um obstáculo inevitável que limitava "as supremas capacidades do mestre no estilo do contraponto e na polifonia emocional". Ao escrever as *Suítes para Violoncelo* para o violoncelo, Bach havia forçado a ficar na posição de um "colosso acorrentado". Godowsky pretendia libertar aquele gênio.

Trabalhando em lugares tão variados quanto Osaka, Xangai e em um navio que viajava entre Java e Hong Kong, Godowsky completou suas transcrições das Suítes nº 2, nº 3 e nº 5. O arranjo recebeu o título de três suítes de Bach "transcritas e adaptadas para o piano com grande liberdade". Elas são extraordinárias, tão detalhadas quanto um concerto de Bach para teclado, mas conseguindo ter a mesma sombria majestade do violoncelo quando necessário. Contudo, as transcrições, completadas em Nova York em 1923, foram em grande parte ignoradas, levando Godowsky a mais dúvidas sobre suas realizações e a questionar seu lugar no cosmos.

A década de 1920 ainda era o começo da história das gravações das *Suítes para Violoncelo*; faltavam algumas décadas para que Casals lançasse seus discos pioneiros. Mas, à medida que o tempo passou, outros instrumentos entraram na febre. Minha própria coleção de discos inclui as suítes tocadas na viola (o instrumento preferido por Bach quando ia reger uma orquestra), no piano, no contrabaixo duplo, no alaúde, na flauta, no saxofone, na marimba e na teorba, que tem vinte cordas.

Tudo funciona maravilhosamente, assim como o Swingle Singers fazendo uma giga com oito vozes. Idem para uma linda versão de uma sarabanda que tenho, feita com nada menos do que 32 violoncelos. Entre meus atuais favoritos estão um obscuro duo de piano e baixo, Kalman Olah e Mini Schulz, que dão às *Suítes para Violoncelo* uma roupagem jazz/pop, e um disco sensacional chamado *Lambarena: Bach to Africa*, que traz percussão e xilofone, combinando a giga de uma suíte para violoncelo com uma melodia do Gabão.

Todas essas versões fariam o presidente da Bach Society de Nova Jersey revirar no túmulo. Mas elas podem representar o futuro da música "clássica". Num simpósio de 2003 na cidade de Nova York chamado "Re-Imaginando Bach para o Século XXI", muito se falou sobre rearranjos para Bach. Um curador tocou seus arranjos favoritos de Bach, de Stokowski ao Swingles, e especulou se cheiro ou cores viriam a fazer parte de futuras gravações do chantre de Leipzig. Houve palestras sobre Bach e a dança, e também sobre Bach e jazz.

Aliás, o seminário, que aconteceu no Lincoln Center, voltou-se para as *Suítes para Violoncelo* para ilustrar as possibilidades criativas de Bach. Um pianista e um violoncelista tocaram três arranjos diferentes da Suíte nº 3 com acompanhamento de piano, incluindo a versão de Schumann. Gostei de todas. Mas, para mim, o destaque ficou com uma interpretação alucinante da mesma suíte na marimba, um xilofone de timbre grave tocado com baquetas de pontas macias. A instrumentista se chamava She-e Wu, e ela deu à suíte uma qualidade aveludada e percussiva maravilhosa. Naquela noite, o violoncelista Pieter Wispelwey encerrou a conferência tocando todas as seis suítes. Era o caso de se perguntar se Bach algum dia pretendeu que as suítes fossem tocadas de maneira tão obsessiva, ou se essa é uma vaidade de violoncelistas excessivamente desejosos de exercitar seus músculos. Pareceu um exagero. O bom é uma suíte aqui ou ali, talvez duas ou no máximo três de uma vez. Mais do que isso parece demais. (Wispelwey levou aproximadamente duas horas e vinte minutos para tocar todas as seis.)

Mas continua a busca pelas possibilidades intrínsecas à obra. Quando ouço a violinista Lara St. John tocar as obras para violino solo nos ritmos da tabla, não consigo deixar de querer ouvir as *Suítes para Violoncelo* num arranjo similar. "Marimbach", *Bach to Africa* e Jacques Loussier me deixam mesmo muito empolgado. A ideia de tocar Bach exatamente como era tocado no castelo do príncipe Leopoldo também me intriga, mas esse não deveria ser o único jeito de tocá-lo. Se fosse assim, Casals nunca teria ressuscitado as *Suítes*. A conclusão desgastada mas verdadeira é que cada época reimagina Bach em seus próprios termos. E essa capacidade de ser reimaginado explica muito da longevidade de Bach.

Um exemplo recente é a chamada *Pequena Fuga em Sol Menor* de Bach. Stokowski deu à obra a monumentalidade que era sua marca registrada, amortecida por faustosos violinos e puxada por uma divisão de metais. O arranjo é talvez antiquado, provavelmente excessivo, mas completamente convincente. A mesma obra, em 2006, foi objeto de uma competição de DJs que aconteceu em Eugene, Oregon. A Competição de Remixes de Bach, patrocinada pelo famoso Festival de Bach de Oregon, tinha o propósito de aumentar o apelo do festival. Cada DJ usava uma cópia em vinil do arranjo de Stokowski com a Orquestra da Filadélfia. A pequena fuga de Bach para órgão foi mixada com batidas de hip-hop e com rimas por DJs competidores. O vencedor foi Danny Straton, de vinte anos, também conhecido como DV8, cujo remix impressionante lhe valeu 500 dólares e uma apresentação no festival.

O teste definitivo de uma grande *performance* é ver se ela deixa a sensação de que não há rigorosamente nenhum outro jeito de tocar aquela obra. Casals transmitiu essa sensação de maneira tremenda, tão tremenda que dizem que ele "arruinou" a obra para toda uma geração de violoncelistas, que não conseguiria se libertar de seu fortíssimo imprimátur. Mas, se o momento for propício, essa sensação também pode ser encontrada em Wispelwey, em Stokowski, em Godowsky, em Loussier e em Danny "DV8" Straton.

Num momento propício, consigo tocar o prelúdio da primeira suíte para violoncelo no meu violão. Assim que percebi a quantos anos-luz eu estava de me tornar um violoncelista com algum grau de competência, fiz a única coisa razoável e comecei a estudar uma suíte de Bach no único instrumento que consigo realmente tocar, ainda que não haja no meu repertório nenhuma melodia clássica. Além disso, o violão é tão distante do alaúde, que para Bach não tinha problema nenhum – nem para o Monsieur Schouster.

Comprei um livro que tinha o prelúdio da Suíte nº 1 em formato de tablatura para violão. A "tablatura para violão", como é conhecida por gratos violonistas que nunca foram ao conservatório, ilustra de maneira fácil de entender o jeito de ler a música. Comecei a trabalhar, compasso por compasso, no primeiro prelúdio de Bach.

Há quase 2 mil compassos nas *Suítes para Violoncelo*. No primeiro prelúdio, que é o mais curto de todos, há 41 compassos, cada qual contendo 16 notas. Entender como tocar apenas um compasso – cerca de três segundos de música – chegava a demandar semanas de prática irregular até que eu conseguisse tocá-lo competentemente. Alguns compassos eram fáceis de fazer, ao passo que outros me forçavam a deformar bizarramente os dedos da mão esquerda na escala.

Conectar os diversos compassos numa declaração musical inconsútil era ainda mais intimidador. "Cada nota é como um elo numa corrente", entoou Casals certa vez, "importante em si mesma e também como conexão entre aquilo que foi e aquilo que será." Às vezes eu ficava agrilhoado em alguns elos da corrente por um período relativamente longo.

Os primeiros quatro compassos exerciam sobre mim um efeito hipnótico. Para dominá-los, eu os repetia num *loop* de doze segundos, tocando o que parecia uma canção perfeitamente aceitável para os padrões da música pop. Como uma ilha isolada do resto do prelúdio, a frase tem uma beleza circular que funciona. Aquela frase, *motiv*, *riff*, ou como quer que se queira chamá-la, fica voltando nas suítes, especialmente na primeira, na terceira e na sexta. No fundo ela é um acorde "partido", pronunciando – sugerindo – as notas individuais de um acorde de maneira fragmentária. Dependendo de quando estou ouvindo, ela parece um berço sendo balançado, uma onda suave, o início de uma jornada, ou um instrumentista de cordas se aquecendo com um exercício básico.

Há outros compassos que ficaram na minha cabeça, recortes do prelúdio que, quando tocados e tocados e tocados, começaram a soar como, para dar um exemplo, um enérgico *riff* de jazz-funk. Isole os compassos quinze e dezesseis e faça um *loop*, e você já tem uma levada que, por si, faria maravilhas no mundo do rock. Isso é parte daquilo que faz de Bach uma fonte tão rica. E não acredito que isso seja explicado apenas pela maior complexidade da música clássica. Por exemplo, o guitarrista de blues Robert Johnson, que gravou sua obra seminal na década de 1930, ainda que trabalhasse num gênero muito mais simples, também tem frases em suas melodias que duram três segundos inteiros, mas que, sozinhas, poderiam puxar um refrão de rock totalmente aceitável. O *riff* zeppelinesco de Bach na terceira giga é um exemplo similar. Mas o *riff* que, para a maior parte dos ouvintes, move a ideia das *Suítes para Violoncelo*, é aquela simples sequência de acordes partidos nos compassos iniciais, a assinatura das suítes.

Suíte nº 5 🎼 Dó Menor

Bach também deixou algumas assinaturas extremamente pessoais. Em pelo menos uma ocasião ele inscreveu seu próprio nome – B-A-C-H – nas *Suítes para Violoncelo*. Ele pôde fazer isso porque em alemão a letra B refere o si bemol, enquanto a letra H representa o si. Ao colocar em sequência as notas si bemol, lá, dó e si, ele na verdade está soletrando seu próprio nome. Essa assinatura musical aparece na nobre sarabanda da terceira suíte.

Encontrar simbolismo numérico nas composições de Bach é um dos passatempos favoritos dos estudiosos de Bach. Parece que o compositor aqui e ali codificou números em sua música, usando um método cabalístico judaico chamado gematria, segundo o qual A = 1, B = 2, C = 3, etc. As letras de J. S. Bach, por exemplo, somam 41, enquanto as letras de Bach totalizam 14, e muitos musicólogos veem esse número aparecendo de diversas maneiras nas composições de Bach. Enquanto eu estudava o prelúdio da primeira suíte para violoncelo, contei o número de compassos e fiquei impressionado com o resultado: 41. Pode perfeitamente ser uma coincidência sem sentido, mas, como eu estava imerso nas pesquisas de Bach, aquilo me pareceu um sinal gloriosamente pessoal do compositor, visível apenas para aqueles iniciados imersos nos arcanos de sua obra.

Após cerca de seis meses de prática do prelúdio da Suíte nº 1, eu conseguia mais ou menos fazer todos os 41 compassos. Não era nada fantástico, mas eu conseguia ligar os pontos. O problema, até onde eu percebia, era que eu tocava mecanicamente, como se fosse uma máquina de costura, do jeito que a música instrumental de Bach era supostamente (e terrivelmente) tocada durante boa parte do século XIX. Como é que eu poderia juntar devidamente as notas? Agora eu tinha uma mínima ideia do desafio enfrentado por Casals quando ele tentou entender as *Suítes para Violoncelo* sem qualquer violoncelista ou gravação para guiá-lo. Depois de dominar o básico – a capacidade técnica de tocar cada uma das notas individuais que formam o prelúdio – deparei com o desafio de conectar todos os pontinhos de algum jeito que fizesse sentido.

De alguma forma eu tinha de me livrar da sensação de ser um metrônomo. Enfim percebi que a única maneira de dar eloquência às notas em sintonia com um andamento era tirar finas fatias de valor temporal de algumas das notas e deixar um pedacinho a mais nas outras. Será que isso significava tomar liberdades com a partitura? Se sim, parecia estar funcionando.

À medida que o tempo passou, as notas de Bach entraram no meu sangue, e minha *performance* melhorou. Eu me sentia mais capaz de me colocar no estado de espírito do violoncelo, tentando expressar o fraseado dos grandes violoncelistas, principalmente de Casals, que reverberava na minha cabeça. O timbre do violão era outra paisagem sonora, mais afável, mais branda e mais evanescente, porque suas ondas desapareciam em pleno ar, ao passo que o violoncelo deixa ecos retumbantes. Porém, aprender esse trecho breve mas crucial da obra no violão mudou minha maneira de ouvir as *Suítes para Violoncelo*. Muitos compassos corporificam certas ideias, ainda que as ideias sejam abstratas e difíceis de dizer em palavras, ideias que têm a ver com formatos de dedos, com sons abstratos, com minha recordação de como meus dedos reagiram aos primeiros obstáculos técnicos – ou com a ideia de uma levada jazz-funk embutida na retórica barroca.

De certo modo, no que diz respeito ao prelúdio que hoje consigo tocar no violão, fiquei igual a um mecânico que escuta o funcionamento de uma marcha ou de um motor em que ele fez manutenção, trabalhou, ou que ele consertou. A técnica é agora o que mais ouço quando escuto a primeira suíte para violoncelo. Mas ainda consigo desligar isso. Minha entrada nas questões técnicas relacionadas foi tardia. E é só um prelúdio, 41 compassos num oceano de Bach.

Como ouvinte, também sou influenciado pelos enredos que enxerguei na música. O primeiro prelúdio sempre me fez pensar num menino violoncelista andando com seu pai pelo velho porto de Barcelona em 1890, à beira de descobrir uma partitura num sebo de música com cheiro de mofo. Se Bach não inseriu um violoncelista catalão adolescente na primeira suíte para violoncelo, ele inseriu juventude, inocência e a sensação de que tudo é possível. A segunda suíte para mim será sempre uma suíte de tragédia; a terceira, de amor; a quarta, de luta; e a quinta, de mistério. E cada suíte tem suas próprias letrinhas miúdas. Os mistérios da Suíte nº 5 são o de uma afinação estranha, de um fugidio Monsieur Schouster, de alaudistas, da brilhosa vida cortesã do século XVIII, e de personagens que vão de Augusto, o Forte, a Luise Gottsched.

A sexta suíte é de transcendência.

Suite nº 6
(Ré Maior)

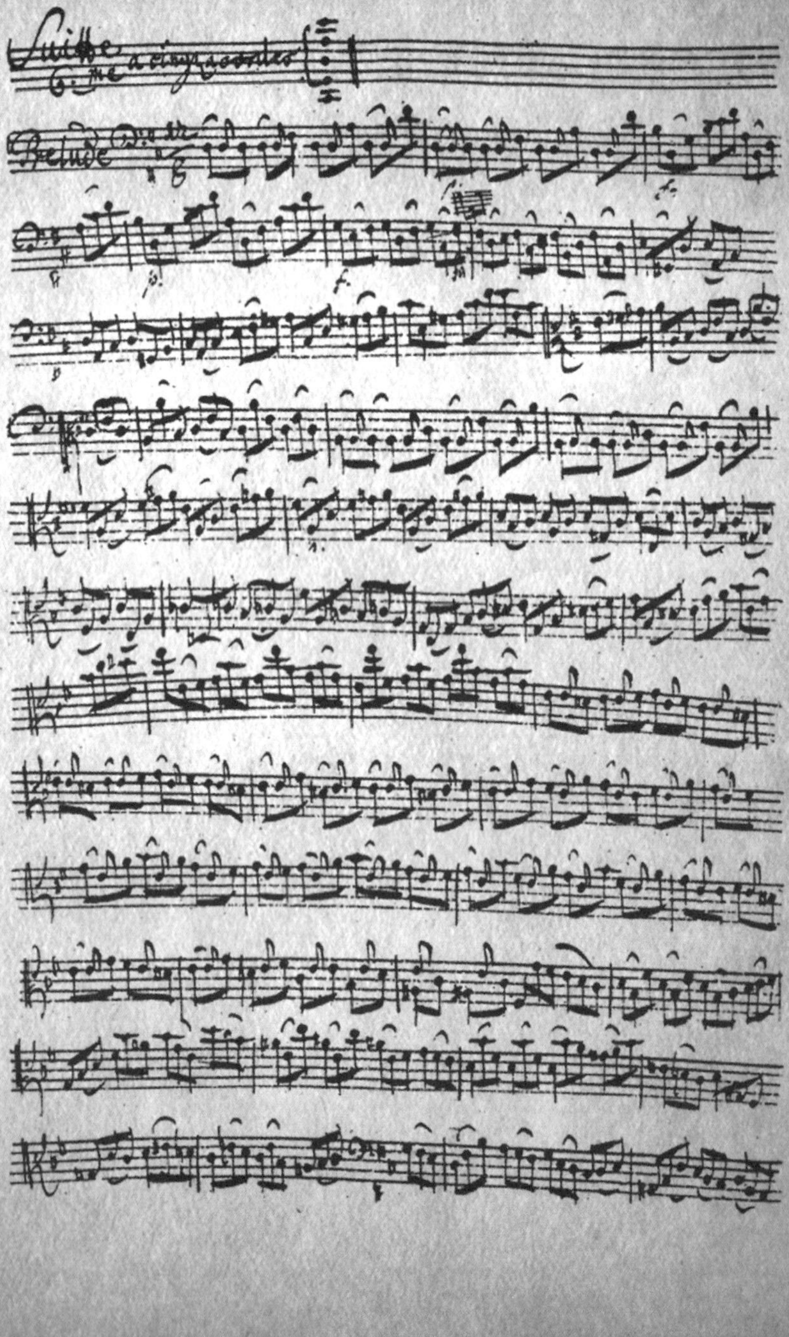
Suitte 6.me a cinq acordes
Prelude

Prelúdio

No fundo ele concebia tudo para um instrumento ideal.
Albert Schweitzer

O último prelúdio é um relâmpago – abrasador, rapsódico, eletrizado com êxtase. Com sua corrente ondulante, ele remete à primeira suíte. Porém, cinco suítes depois, ele salta e pula com energia pirotécnica. Nele, Bach trabalha em tela grande. Tocam as trombetas, soam as cordas, rufam os tambores. O compositor tira o efeito sinfônico de uma orquestra inteira com um arco e um punhado de cordas.

Uma corda a mais do que o habitual, deve-se observar. A sexta suíte foi escrita para um instrumento não especificado de cinco cordas, um instrumento que parece ter desaparecido da história tão completamente quanto as *Suítes para Violoncelo* após a morte de Bach. Que instrumento era esse? E por que Bach, após escrever cinco suítes altamente simétricas para um violoncelo normal, subitamente mudou o padrão e elaborou essa suíte para um instrumento com uma corda a mais?

Talvez ele estivesse distante, lá dentro de sua imaginação, sem se preocupar com a logística da *performance*. Ou talvez ele tenha pego algum instrumento de cinco cordas que estivesse à disposição e começado a bolar outra suíte virtuosística. Outra possibilidade é ele ter efetivamente inventado um instrumento para a ocasião.

A prometeica introdução rapidamente assume dimensões humanas, ajustando o volume de trovão para sussurro, e depois voltando. Trata-se de um prelúdio de celebração e de nostalgia – um sublime resumo que enfim se eleva, se estende, indo tão longe que é preciso uma outra corda, até finalmente chegar ao cume numa dança febril de notas que, em última instância, é uma volta para casa. Para chegar lá, Bach nos faz descer por uma colina exuberante, lançando acordes para segurar as rédeas, e a parada final é um volteio decorativo da melodia que começou a primeira suíte. Se as seis suítes terminassem aqui e agora, a conclusão seria perfeitamente convincente.

Em 1747, Bach teve seu único contato com a história: um acontecimento que registrou sua presença, mesmo que só como nota de rodapé, no cenário mundial. A ocasião foi um encontro com Frederico, o Grande, o governante flautista de punho de ferro da Prússia, que encarnava tanto a filosofia iluminista quanto o militarismo alemão. Quando Bach visitou a corte de Frederico, a Prússia tinha se tornado uma grande força militar e uma verdadeira potência europeia. Bach teria ido visitar C. P. E., tecladista na Capelle de Frederico, àquela altura casado e pai do primeiro neto de Bach.

Não se sabe quem conseguiu que Bach se apresentasse ao rei prussiano, mas o momento político era bom. Seis meses antes a Áustria fora obrigada a aceitar a tomada da Silésia pela Prússia, e as tropas prussianas encerraram sua ocupação de Leipzig.

No começo de maio, Bach e seu filho Friedemann mal haviam chegado a Berlim quando ele foi convocado ao palácio de Frederico, o Grande, em Potsdam, uma cidade próxima. O que há de mais próximo de um testemunho ocular, baseado nas recordações de Friedemann, está na biografia de Forkel:

Suíte nº 6   Ré Maior

O rei tinha o hábito de fazer toda noite um concerto privado, em que ele mesmo costumava apresentar alguns concertos de flauta. Uma noite, logo quando ele estava aprontando sua flauta e seus músicos estavam reunidos, um oficial lhe trouxe uma lista dos estrangeiros que haviam chegado. De flauta na mão, ele correu os olhos pela lista, e imediatamente voltou-se para os músicos reunidos dizendo, um pouco agitado: "Senhores, o velho Bach está por aqui". A flauta foi posta de lado; e o velho Bach, que estava nos aposentos de seu filho, foi imediatamente convocado ao Palácio.

Frederico, o Grande, convidou Bach a experimentar seus diversos pianofortes (uma versão antiga do piano), localizados em vários cômodos de seu palácio. Depois Bach pediu ao rei que lhe desse um tema para que ele improvisasse uma fuga, e o rei atendeu ao pedido. A apresentação de Bach desse "tema real" impressionou a comitiva do rei e os músicos da corte, aglomerados em torno do teclado. O rei então pediu a Bach que improvisasse sobre o tema de uma fuga de seis partes, o que ele não conseguiu fazer ali na hora. Contudo, ele tocou uma fuga de seis partes a partir de um tema de sua própria autoria, novamente impressionando a plateia do palácio.

Quatro dias depois, notícias da visita de Bach foram publicadas num jornal de Berlim. "Ouve-se de Potsdam", começava, "que no último domingo, Herr Bach, o famoso mestre de capela de Leipzig, chegou com a intenção de ouvir a excelente música real naquele lugar". O jornal reportava que a improvisação de Bach sobre o tema real "foi feita de modo tão feliz pelo referido mestre de capela que não só Sua Majestade dignou-se a mostrar sua satisfação imediatamente, como também os presentes foram tomados de assombro". Bach, dizia a notícia, achara o tema real "tão impressionantemente belo que pretende escrevê-lo na forma de fuga e gravá-lo em cobre".

Fiel à notícia, Bach já estava com sua elaborada composição, a *Oferenda Musical*, pronta para ser impressa apenas dois meses depois. Foram impressas duzentas cópias pagas pelo próprio Bach, incluindo uma cópia especial que foi enviada ao rei que inspirara seu tema real. A obra chegou ao palácio Sans Souci, recentemente concluído por Frederico, alguns dias depois, contando naturalmente com a dedicatória de Bach a um "Monarca cuja grandeza e cujo poder, em todas as ciências da guerra e da paz, e de modo especial na música, todos devem admirar e reverenciar".

Considerando que a Prússia tinha recentemente derrotado a Saxônia no campo de batalha e ocupado Leipzig, alguns observadores sugeriram que Bach encontrou-se com Frederico, o Grande, na qualidade de mensageiro da paz. Outra interpretação é que Bach não tinha grande opinião do rei que era inimigo mortal de seu próprio patrono real, o rei da Saxônia. Também pode ter havido algum conflito no terreno musical. As inclinações "modernas" do rei de 35 anos pendiam mais para o estilo galante de música, mais simples, do que para a antiquada polifonia de Bach. E também é razoável supor que Bach, como de costume, estivesse procurando um título, uma comissão, um trabalho.

É impossível saber se Frederico tinha grande estima por Bach ou se o olhava de cima, como se ele não passasse de um empolado mestre das fugas. Provavelmente ele sentia uma mistura de ambos. Os dois eram os alemães mais diferentes que poderiam existir no século XVIII. Numa envolvente história do encontro, James R. Gaines escreve que "o rei e o compositor encaravam-se como encarnações de valores em conflito".

Bach era um homem de família luterano que tinha tido vinte filhos. Frederico tinha orgulho de seu ateísmo, e era ou homossexual reprimido, bissexual não praticante, ou assexuado, preso num casamento arranjado que jamais se consumou. Bach falava alemão; Frederico preferia o francês literário. Bach tinha uma

Suíte nº 6 — Ré Maior

mente espiritual, quase medieval; a perspectiva de Frederico era ultrarracional, própria de um iluminista. E cada qual defendia estilos diferentes de música. Gaines afirma que o pedido de Frederico para que Bach improvisasse na hora uma fuga de seis partes sobre o "tema real" tinha o objetivo de deixar o músico mais velho embaraçado, porque o desafio era simplesmente impossível.[1]

Mas é duvidoso que Bach tivesse tanta lealdade política à Saxônia e a seu rei. Ele possuía o título de compositor real da corte saxã, mas sua origem era turíngia e ele nunca abdicou de sua cidadania de Eisenach. Seu filho C. P. E. era empregado do rei prussiano. Friedemann também havia recentemente passado a morar sob a jurisdição de Frederico quando se mudou de Dresden para Halle. Jacob, irmão mais velho de Bach, havia entrado para o exército sueco quando este país estava em guerra com a Saxônia. Também recordamos como o famoso compositor Hasse se comportou quando Frederico ocupou Dresden alguns anos antes. Ainda que Hasse fosse o excelentemente remunerado mestre de capela do rei saxão, ele atendeu ao desejo do invasor prussiano de ver a apresentação de sua ópera mais recente. Hasse depois dedicou uma nova sonata de flauta a Frederico e, no cravo, acompanhou o rei prussiano, na flauta. Frederico deu-lhe um anel de diamante por seus esforços.

A guerra, por mais que fosse destrutiva para a maioria das pessoas, era uma atividade comum para os príncipes e para os reis. As fronteiras mudavam, o sangue jorrava, as dinastias iam e vinham.

A corte prussiana não compensou Bach pela *Oferenda Musical*, o que teria sido um procedimento padrão. Não há qualquer registro de que Frederico sequer tenha tomado conhecimento da monumental composição que inspirou. Tratava-se de uma

---

[1] Vencer o desafio de Frederico teria sido semelhante a "jogar de olhos vendados sessenta jogos de xadrez ao mesmo tempo, e vencer todos", escreve Douglas R. Hofstadter no clássico cult *Gödel, Escher, Bach: An Eternal Golden Braid*.

obra que ele provavelmente teria considerado convoluta e antiquada, mas que sobreviveria às centenas e centenas de concertos da moda, e supostamente superiores, que ele defendia como rei.

Àquela altura Bach não tinha grandes expectativas em relação aos detentores do poder, fossem eles conselheiros municipais, autoridades eclesiásticas, reitores universitários, ou monarcas esclarecidos. Ele estava em paz com o fato de que Leipzig era decepcionante sob muitos aspectos profissionais. Sua carreira havia atolado em Dresden após ele finalmente receber o título cerimonial de compositor da corte saxã. Não veio nenhuma oferta de trabalho.

Em casa, Anna Magdalena havia parido em 1742 o vigésimo filho de Bach, Regina Susanna.[2] Seus dois filhos mais jovens, ambos nascidos na década de 1730, rapidamente se tornavam músicos habilidosos: Johann Christoph Friedrich, que viria a ficar conhecido como o Bach de Bückeburg, e Johann Christian, que ganharia fama como compositor em Londres. Tanto C. P. E. quanto Wilhelm Friedemann já estavam adquirindo fama impressionante como músicos.

Bach manteve cuidadosamente o Antigo Arquivo Bachiano, uma coleção de composições de seus antepassados passada de geração em geração, remontando até Johann Bach, que tinha nascido em 1604. Ele também guardava uma genealogia e uma árvore genealógica que davam breves biografias de cada músico bem-sucedido, incluindo seus três filhos mais jovens, que ainda não eram músicos de renome, mas cuja ocupação futura era óbvia para o pai. Bach voltava-se para os antepassados e lançava um olhar para seus filhos, todos representando elos numa cadeia musical e espiritual maior.

---

[2] Bach teve sete filhos com sua primeira esposa, Maria Barbara, quatro dos quais sobreviveram. Anna Magdalena deu à luz treze filhos, seis dos quais chegaram à idade adulta. A única das quatro filhas de Bach a se casar foi Lieschen, que se casou com um dos melhores alunos do pai.

Suíte nº 6 — Ré Maior

Durante a década de 1740, Bach ficou cada vez mais introspectivo, concentrando-se em seu legado e em sua arte em vez de criar obras para atender as necessidades de seus patronos. Após 1746, só em raras vezes ele tocou fora de sua própria casa. Em obras como *A Arte da Fuga* e *Oferenda Musical*, escreve o biógrafo Malcolm Boyd, ele estava dirigindo sua criatividade para um pequeno círculo de conhecedores, "obras em que Bach, o compositor-filósofo, está a sós com mistérios impenetráveis de sua arte". Para um compositor que era um artesão em sentido quase medieval, criando por comissões e para ocasiões específicas, Bach parecia cada vez mais preocupado com a posteridade e em dar forma a seu legado musical.

Em 1749, sua saúde piorou. O primeiro-ministro saxão, Heinrich von Brühl, mandou uma carta ao burgomestre de Leipzig em que recomendava um candidato para preencher a vaga de São Tomé "em caso de... falecimento do Sr. Bach". Não se sabe do que sofria o compositor de 64 anos, ainda que aparentemente fosse diabetes. A vista de Bach havia piorado e sua caligrafia estava mais fraca. Contudo, ele conseguiu se recuperar.

No ano seguinte, um famoso oftalmologista inglês chamado John Taylor chegou a Leipzig para dar palestras sobre oftalmologia e para demonstrar suas habilidades cirúrgicas. Taylor, acompanhado de dez servos, viajava em duas carruagens ornadas com dois olhos pintados. Bach decidiu enfrentar a cirurgia para sua vista cansada e doída.

A cirurgia foi considerada um sucesso, mas cerca de uma semana depois foi feita uma segunda operação. Bach então piorou. "Não apenas ele não conseguia usar os olhos", escreveu C. P. E. Bach, "como todo seu organismo, que era amplamente saudável, foi completamente avassalado pela operação e pelo acréscimo de medicamentos prejudiciais e de outras coisas, de modo que ele ficou continuamente doente por meio ano".

Uma das últimas composições em que Bach trabalhou foi *A Arte da Fuga*, que contém quatorze fugas baseadas em um único tema. Quatorze, deve-se recordar, era o valor numérico das letras do nome de Bach. Em seu manuscrito, a última fuga, a 14ª, vagueia na incompletude, inconclusa. Segundo C. P. E., que mandou imprimir a obra após a morte do pai, Bach morreu enquanto tentava concluir a 14ª fuga. E o lugar em que ela para é onde Bach estava escrevendo seu próprio nome na música, compondo uma frase musical baseada nas letras B-A-C-H. Foi como se o compositor estivesse tentando inscrever seu ser mortal na música eterna.

Por mais comovente que seja a história, é improvável que Bach tenha literalmente morrido enquanto tentava terminar a fuga. Como ele passou os últimos dias cego, ele não teria sido capaz de escrever. Alguns meses depois da segunda operação, porém, a vista de Bach subitamente melhorou, e ele conseguia de novo enxergar e tolerar a luz. "Mas algumas horas depois", escreveu C. P. E., "ele teve um infarto, o qual foi seguido de febre aguda, e como vítima dela, apesar de todos os cuidados possíveis dispensados por dois dos mais habilidosos médicos de Leipzig, em 28 de julho de 1750, pouco depois de oito e quinze da noite, no 66º ano de sua vida, ele, em paz e em quietude, pelo mérito de seu Redentor, deixou esta vida".

Bach foi enterrado no cemitério da Igreja de São João. O conselho municipal de Leipzig rapidamente contratou seu sucessor no cargo de chantre, escolhendo o músico que havia sido recomendado pelo primeiro-ministro saxão. Um conselheiro municipal comentou que, se Bach foi um grande compositor, não foi um professor muito bom.

Bach não deixou testamento. Assim, de acordo com a lei saxã, seu espólio foi dividido entre sua esposa, Anna Magdalena, que

Suíte nº 6　Ré Maior

recebeu um terço dele, e seus nove filhos sobreviventes, que receberam o restante. O inventário do espólio sobreviveu – ele incluía, entre outros itens, ativos na forma de ouro, de prata e de moedas; ações de uma mina da Silésia; roupas, como onze camisas de linho; móveis e utensílios domésticos; e oitenta volumes de livros de teologia. Havia também dezenove instrumentos, entre os quais cinco cravos, três violas, três violinos, um alaúde e dois violoncelos.

A parte mais valiosa do espólio de Bach, contudo, não foi listada: sua obra. Não havia qualquer referência a nenhum de seus manuscritos. Fossem eles manuscritos de obras de outros compositores, manuais de música, ou composições do próprio Bach, esses itens tinham um valor "ideal" – para músicos – muito maior do que seu valor efetivo. Para Bach, os destinatários naturais dessas obras teriam sido sua esposa e seus filhos, todos músicos. E é de presumir que entre os manuscritos estivesse o "autógrafo" original do compositor das *Suítes para Violoncelo*.

A morte de Bach lançou sua família em desordem, espalhando seus membros remanescentes. Anna Magdalena estava com 48 anos, e cinco de seus filhos ainda moravam com ela – uma enteada solteira, duas filhas menores e dois filhos. Não havia muito dinheiro disponível; em vez de acumular poupança, Bach gastou a maior parte de sua renda extra em interesses profissionais como concertos, instrumentos e livros, e também publicando obras. Após o pagamento de diversas dívidas e despesas, Anna Magdalena recebeu aproximadamente 335 táleres, o que representava cerca de metade do salário anual de seu falecido marido. Não é possível que a herança tenha durado muito, e assim que acabou a viúva deve ter recebido alguma renda do departamento de previdência do conselho municipal. Ela deu algumas das cantatas de Bach para a Escola de São Tomé a fim de manter sua casa por mais seis meses; ela também recebeu a costumeira metade do salário anual de seu marido durante esse período de prorrogação.

Posteriormente, ela recebeu 40 táleres do conselho municipal em troca de algumas cópias de *A Arte da Fuga*.

Os dois filhos que moravam em casa – Johann Christian e Gottfried Heinrich, intelectualmente desfavorecido – foram viver com outros parentes, como era a prática comum naquelas circunstâncias. Anna Magdalena se mudou com suas três filhas para um apartamento na casa de um amigo próximo da família, o juiz Friedrich Heinrich Graff. Quase nada se sabe sobre seus últimos anos. Aparentemente os filhos mais velhos de Bach não sentiam nenhuma obrigação de ajudar sua madrasta. Quando ela morreu, em 1760, aos 59 anos, ela foi listada no registro funeral como "mendiga" sustentada pela caridade.

Alemanda

*Incomoda que as coisas de meu pai
fiquem desse jeito vagando por aí.*

C. P. E. Bach

O manuscrito de Bach das *Suítes para Violoncelo* desapareceu. Provavelmente ele o deixou para algum dos filhos, que entre si receberam praticamente toda sua obra. No momento de sua morte, cinco dos filhos de Bach eram vivos, e todos eram bem-sucedidos musicalmente. Na verdade, dois rapidamente ficaram famosos, indo além da reputação provinciana de seu pai e reclamando o nome Bach para si.

O filho que compreensivelmente atraiu menos atenção foi Gottfried Heinrich, o filho mais velho de Anna Magdalena, que sofria de alguma dificuldade de aprendizado ou de problema mental. Ele era um grande tecladista, "um grande gênio que não se desenvolveu integralmente" nas palavras de seu irmão C. P. E. Após a morte de Bach, ele foi morar com Lieschen, sua irmã casada, e seu cunhado Christoph Altnikol em Naumberg, onde morreu em 1763, sem que se saiba que ele tenha herdado nenhum manuscrito do pai.

Johann (John) Christian Bach, o caçula dos filhos de Bach, obteve a fama com que seu pai apenas sonhou. Conhecido como o "Bach de Londres", ele viajou à Itália, converteu-se ao catolicismo, virou celebridade na Inglaterra, usando o nome de John Bach. Com apenas quatorze anos quando Bach morreu, Johann Christian aparentemente ocupava um lugar especial no coração do pai. Bach deixou uma generosa herança ao filho que chamava "Christel", legando-lhe três cravos e provavelmente muitos manuscritos. Ele também recebeu uma pequena quantia em dinheiro e um terço das camisas de linho do pai.

Alguns meses após a morte de Bach, Johann Christian foi morar em Berlim na casa de seu irmão C. P. E., que lhe deu aulas de teclado e o apresentou aos principais músicos da cidade. Antes da irrupção da Guerra dos Sete Anos, ele já era independente o bastante para deixar Berlim, aparentemente encantado com algumas cantoras italianas e possivelmente viajando com alguma delas. Foi atraído para a Itália, onde continuou seus estudos, obteve o patrocínio de um jovem nobre, converteu-se ao catolicismo, e logo se estabeleceu como compositor de ópera de sucesso.[3]

Em 1762 Johann Christian Bach estava em Londres, onde lhe foram comissionadas duas óperas para o King's Theatre, o principal teatro de ópera da cidade. A partir daquele momento "Mr. John Bach" era um compositor inglês. Sua carreira teve a ajuda dos monarcas britânicos; ele se tornou "mestre de música" da rainha Charlotte, que fora princesa na Alemanha e aluna de música de C. P. E. antes de ascender ao trono.

---

[3] Ele também encontrou tempo para escapadas românticas, sobretudo com uma bailarina de Nápoles, o que lhe rendeu uma censura formal de uma autoridade do governo. Em outra ocasião, recebeu uma reprimenda por "juntar-se às cantoras na parte reservada a elas". O incidente recorda um episódio de cinquenta anos antes, em que um jovem Johann Sebastian Bach recebeu uma bronca das autoridades em Arnstadt por passar tempo com uma "donzela estranha" na parte de cima de uma igreja.

Suíte nº 6   Ré Maior

Ao contrário da biografia de seu pai, a história nos legou mais detalhes sobre a vida pessoal de John Bach. Não muito depois de chegar à Inglaterra, ele fez uma parceria com outro compositor alemão da Saxônia, Carl Friedrich Abel, e iniciou uma série de concertos que durou quase vinte anos. Os dois, que podem ter-se conhecido em Leipzig, compartilhavam o gosto pelas coisas boas da vida: tornaram-se amigos inseparáveis e moravam juntos no bairro do Soho, que tinha acabado de entrar na moda.

Abel nasceu em 1723 em Cöthen, aquele pequeno ducado em que J. S. Bach compôs boa parte das suítes enquanto estava a serviço do príncipe Leopoldo. O pai de Abel era Christian Ferdinand Abel, o violoncelista e gambista da orquestra de Leopoldo, que era regida por Bach. Abel pai e Bach eram evidentemente próximos: Bach foi padrinho de Sophia Charlotta, filha de Abel, em 1720. É até possível que Bach tenha escrito algumas das *Suítes para Violoncelo* para Christian Ferdinand, grande virtuose do violoncelo.

Abel filho tornou-se gambista virtuose e pode ter tido aulas com Bach em Leipzig. Em fins de 1740, ele estava empregado como gambista da orquestra de Dresden, onde também teria conhecido Friedemann. Uma década depois, ele estava em Londres com John Bach. Não é difícil imaginar que ele talvez tenha tido contato com as *Suítes para Violoncelo* em diversos momentos de sua carreira, ou que possuísse uma cópia manuscrita da obra.

Na verdade, a levada essencial do prelúdio da primeira suíte para violoncelo pode ser ouvida nas obras para viola da gamba solo de Abel.[4] Parece que o prelúdio de Bach foi sub-repticiamente embutido na música, uma roupa de baixo que só os íntimos conseguem perceber. O mais provável é que Abel

---

[4] Principalmente nas obras WKO 205 (*arpeggio*), WKO 208 (*moderato*) e WKO 198 (*allegro*), disponíveis no disco *Mr. Abel's Fine Airs*, com Susanne Heinrich, do selo Hyperion.

estivesse pegando algumas velhas ideias para criar alguma coisa nova. Talvez tenha sido até uma reprodução inconsciente, mas ali está ele.

John Bach e Abel continuaram a fazer sua série de concertos e a tocar juntos na Banda da Rainha, exatamente como seus pais tocaram juntos muitos anos antes na orquestra do príncipe Leopoldo. Mas, graças à sua prodigiosa produção de composições de alta qualidade, John Bach brilhava muito mais do que seu colega. "As melhores sinfonias de Bach", escreve Daniel Heartz, historiador da música, "colocam-no junto com Haydn e Mozart no nível mais alto de sinfonistas de que aquela época poderia se vangloriar".

A sorte de John Bach diminuiu em seus últimos anos. A moda preferiu outros músicos que apareciam, sua faxineira lhe aplicou um golpe financeiro, e sua saúde piorou subitamente. Morreu em 1782, aos 46 anos. Abel passou por tempos difíceis, aparentemente devastado pela perda de seu amigo, e, ainda que na viola da gamba ele permanecesse sem par, seus últimos anos foram eclipsados pela bebida. Tendo sido o último grande virtuose do instrumento, sua morte também marcou o fim da popularidade da viola da gamba, preparando ainda mais o caminho para a ascensão do violoncelo.

Parece provável que Abel conhecesse as *Suítes para Violoncelo*. Mas ele poderia simplesmente se lembrar delas de sua época na Alemanha. É improvável que John Bach algum dia tenha possuído o manuscrito original das suítes. E, quaisquer que fossem os manuscritos que ele tenha herdado de seu pai, crê-se que eles foram deixados em Berlim, com seu irmão C. P. E.

Carl Philipp Emanuel Bach, conhecido como C. P. E., foi um cuidadoso guardião dos manuscritos de seu pai. Ainda que ele estivesse antes de tudo ocupado com sua própria carreira – que fez dele o mais famoso Bach da Europa no século XVIII – e ainda que sua visão da música fosse marcadamente distinta da de seu pai, C. P. E., muito mais do que qualquer outro filho de Bach, protegeu o legado musical do pai.

Quando o jovem John Christian trocou Berlim pela Itália, provavelmente C. P. E. comprou quaisquer manuscritos que ele tivesse herdado do pai. Somando-os a sua considerável porção do espólio musical do pai, isso fez de C. P. E. o principal guardião do legado de Bach. Seu estilo de vida e sua carreira eram mais estáveis do que os de seus irmãos; graças a seu temperamento constante, o armazém bachiano de C. P. E. teve grande chance de sobreviver.

Cravista da corte de Frederico, o Grande, por quase três décadas, C. P. E. foi uma figura-chave para a construção da fama de seu pai em Berlim. Alguns anos depois da morte de Bach, C. P. E. e J. F. Agricola, aluno de seu pai, publicaram um longo obituário dele. Além dos manuscritos das obras musicais, ele tinha um retrato do pai e uma cópia da árvore genealógica da família Bach. E ele regeu algumas obras do pai, incluindo uma apresentação da épica *Missa em Si Menor*.

Membro ativo do iluminismo europeu, C. P. E. circulava em ambientes intelectuais e de classe média, sendo amigo tanto de filósofos e de poetas quanto de músicos. Ele conhecia as famílias de Itzig e de Mendelssohn, membros de destaque da comunidade judaica de Berlim, que desempenharam um papel fundamental na transmissão do legado de J. S. Bach. Também teve contato próximo com Forkel, o primeiro biógrafo de Bach, dando valiosas informações para a biografia pioneira que seria publicada em 1802.

A história de C. P. E. vendendo as chapas de cobre usadas para imprimir a monumental *Arte da Fuga* de seu pai costuma ser citada para mostrá-lo numa luz negativa. Mas somente trinta cópias da obra-prima, publicada postumamente, haviam sido impressas até 1756, e provavelmente era grande para C. P. E. o ônus de ficar com elas. Esse ônus provavelmente era maior ainda durante a Guerra dos Sete Anos, em que C. P. E. chegou até a servir na milícia de Berlim, sendo depois forçado a deixar Berlim em nome da segurança da Saxônia.

Apesar de sua habilidade suprema e de sua fama cada vez maior, C. P. E. teve seu quinhão de infortúnios. Frederico, o Grande, não tinha o costume nem de apreciá-lo, nem de remunerá-lo devidamente. O monarca tinha um gosto musical estreito, que não abrangia as aventureiras composições de C. P. E. Ele era tratado como mero acompanhador, e, ao contrário de outros músicos da Capelle real, que reverencialmente toleravam os defeitos musicais do rei, C. P. E. não conseguia esconder seu desgosto profissional em relação à "incapacidade real quanto à precisão e à marcação do tempo".

Quando a Guerra dos Sete Anos acabou, o zelo musical do rei prussiano minguou. C. P. E. procurou emprego alhures, e em 1768 foi contratado na cidade-Estado de Hamburgo, sucedendo Telemann, seu padrinho. Àquela altura C. P. E. era o mais famoso tecladista e professor da Europa. Sua obra era excêntrica e experimental para a época. Porém, ainda que ele encarnasse (assim como John Bach) o estilo galante que destronou o barroco e que levaria diretamente ao estilo clássico de Mozart e de Haydn, às vezes é possível ouvir a influência de seu pai.

Para os entusiastas das *Suítes para Violoncelo* de Bach, há na obra de C. P. E. pelo menos dois exemplos impressionantes. Sua *Sonata em Sol Menor* para viola da gamba e teclado *obligatto* contém um movimento intermediário, o *larghetto*, que ecoa a dilacerante sarabanda da quinta suíte para violoncelo. E sua efervescente *Sonata em Dó Maior* para viola da gamba e baixo contínuo recorda a primeira suíte para violoncelo. O prelúdio daquela suíte parece estar sempre borbulhando à superfície do segundo movimento de C. P. E., o *allegretto*.

Estima-se que mais de um terço do espólio musical de Bach tenha sido dado a C. P. E., que, junto com outros itens que adquiriu, formava o maior componente da obra de seu pai. Ele tomava todos os cuidados para que a obra de Bach e outros tesouros da família sobrevivessem. Mas não era fácil. Numa carta a Forkel, ele escreveu: "Incomoda que as coisas de meu pai fiquem desse jeito vagando por aí; estou muito velho e muito ocupado para ficar juntando tudo".

C. P. E. morreu aos 74 anos de algum problema agudo do peito. Após sua morte, em 1788, sua viúva[5] colocou seu espólio à venda para o público. No meio havia um retrato a óleo de seu pai, e muitos de seus manuscritos, entre os quais grandes obras como a *Paixão segundo São Mateus*, a *Paixão segundo São João*, a *Missa em Si Menor* e *A Arte da Fuga*. A maior parte do espólio foi adquirida por Georg Poelchau, estudioso privado e caçador de manuscritos de Bach, que por sua vez vendeu seu espólio à Biblioteca Real Prussiana em Berlim em 1841.

Pode-se presumir que, se C. P. E. tivesse recebido os manuscritos de Bach das *Suítes para Violoncelo*, ele teria ficado com eles e os teria guardado para o futuro. Porém, mesmo no caso de C. P. E., algumas coisas se perderam.

A coleção de C. P. E. – que incluía itens da obra do pai e da de outros compositores – estava na Biblioteca Real Prussiana durante a Segunda Guerra Mundial. Com os Aliados bombardeando Berlim na década de 1940, as autoridades alemãs tiraram milhares de tesouros culturais da capital a fim de protegê-los.

---

[5] A esposa de C. P. E. era filha de um mercador de vinhos de sucesso; eles tiveram três filhos, uma menina e dois meninos – um advogado e um pintor muito talentoso que recebeu o nome de seu avô. Johann Sebastian Bach, neto, foi à Itália em 1770 para aprimorar sua arte, mas sua saúde piorou prematuramente e C. P. E. foi forçado a enviar-lhe fundos para "três das mais assustadoras operações de vida ou morte". Pintor muito promissor, morreu antes de chegar aos trinta anos.

Grande parte do espólio de C. P. E. foi escondida num castelo chamado Ullersdorf na Silésia (hoje parte da Polônia). À medida que as brigadas faziam um pente fino na área em 1945, o motorista de um tanque descobriu o arquivo. A KGB transferiu os manuscritos para um conservatório musical em Kiev. Em 1973 o material foi transferido para os arquivos estatais da Ucrânia, e foram necessários outros 25 anos até que Christoph Wolff, musicólogo de Harvard e especialista em Bach, descobrisse o espólio musical há tanto perdido.

Não apareceu nenhum manuscrito das *Suítes para Violoncelo*. Se C. P. E. algum dia teve a posse deles – e talvez tenha tido – eles desapareceram no meio do caminho entre a Prússia setecentista e os arquivos estatais ucranianos.

Ser filho de um grande homem traz consigo diversas pressões. A maior parte dos filhos de Bach parece ter-se reconciliado psicologicamente com seu caráter formidável e depois ter tido carreiras musicais altamente produtivas e vidas responsáveis. Não foi esse o caso do primogênito de Bach, que aparentemente tinha mais do talento do pai do que seus irmãos. Nas palavras de Percy Young, "o ônus de ser filho de Johann Sebastian Bach, ao que parece, pesava mais para Wilhelm Friedemann do que para seus irmãos". Como outros observadores do filho mais velho de Bach, Young enumera uma lista de falhas de caráter que macularam a reputação de Friedemann: instabilidade psicológica, rudeza, um gosto por disputas, e um obstinado orgulho artístico. A embriaguez também costuma entrar na lista.

O gatilho emocional da queda de Friedemann na lama parece ter sido a morte do pai. Até então sua carreira tinha sido mais ou menos perfeita. Preferido do pai, o jovem Friedemann recebeu uma formação musical mais abrangente do que seus irmãos. Ele também se formou em Direito na Universidade de

Suíte n° 6 — Ré Maior

Leipzig. Aos 22 anos foi contratado (seu pai escreveu a carta da candidatura) como organista da igreja da cintilante Dresden. Ele era industrioso, bem relacionado, e ainda conseguia se dedicar à matemática. Todavia, Dresden acabou tendo pouco a oferecer à carreira de Friedemann, e ele se mudou para Halle, onde obteve o importante cargo de organista e diretor musical. Assim como em Dresden, sua candidatura beneficiou-se outra vez da influência do pai. Friedemann era protegido pelo nome de Bach e dependia de seus conselhos, mas era um músico tremendamente bem-sucedido – considerado o melhor organista da Alemanha, com um dom especial para a improvisação.

A morte do pai parece ter sido um grande baque para Friedemann. Após receber a notícia, ele foi imediatamente para Leipzig. Após o funeral e a divisão do espólio, ele foi com seu jovem meio-irmão Johann (John) Christian para Berlim, onde o garoto iria morar com C. P. E. Quando Friedemann finalmente voltou para Halle, recebeu uma reprimenda por sua longa ausência. Talvez ele também tenha usado o tempo para pensar um pouco; logo depois se casou pela primeira vez, aos 41 anos.

A Guerra dos Sete Anos, como era de esperar, freou sua carreira, assim como seu relacionamento espinhoso com seus superiores, mas sua sorte pareceu estar virando com uma vantajosa oferta de emprego em Darmstadt. Friedemann se candidatou e foi contratado, mas o emprego escapou-lhe por entre os dedos: ao que parece, houve algum problema de comportamento inadequado. Em 1764, ele já tinha engolido suficientes decepções profissionais, e do nada demitiu-se do cargo em Halle. Foi o último emprego regular que teve. Quatro anos depois, o compositor de 57 anos, junto com esposa e filha, mudou-se para Brunswig e começou a procurar trabalho. Seu comportamento começou a parecer excêntrico; sem nenhum motivo aparente, ele logo se mudou para Berlim.⁶ Entre as coisas que abandonou estava sua preciosa coleção dos manuscritos do pai, que foram deixados com um conhecido para ser leiloados. Boa parte do que foi vendido jamais foi encontrado.

"Endurecido agora em sua indiferença", escreve Eugene Helm em seu relato da vida de Friedemann, "em sua indisposição de enxergar com os olhos dos outros, e em sua incapacidade de terminar suas tarefas, o compositor de meia-idade permaneceu dez anos em Berlim, pobre e doente, cada vez mais se afastando da realidade". O filho mais velho de Bach morreu de alguma doença pulmonar em 1784, deixando esposa e filha na total pobreza. Também deixou um vasto número de composições, muitas das quais brilhantes e ousadas, com densas texturas graves. Contudo, se foi Friedemann quem herdou o manuscrito do pai das *Suítes para Violoncelo*, este – junto com quase tudo mais que ele herdou – foi espalhado aos quatro ventos.

A história da vida de Friedemann traz uma intrigante nota de rodapé. Seus dois filhos não chegaram à idade adulta, mas sua filha, Frederica Sophia Bach, levou uma vida nada convencional. Após a morte de seus pais, aos 35 anos ela se casou com um soldado profissional do exército prussiano chamado Johann Schmidt. Teve duas filhas com Schmidt, uma das quais nasceu pouco depois de eles se casarem. Contudo, depois de 1802, Frederica some dos registros, o que levou os historiadores a supor que ela tivesse morrido. Na década de 1980, porém, os estudiosos de Bach descobriram que Frederica não tinha morrido com

---

⁶ Friedemann aceitou um número muito pequeno de alunos em Berlim, entre os quais Sara Levy, tia-avó de Felix Mendelssohn. E ele de início desfrutava das boas graças da irmã de Frederico, o Grande, princesa Amalia, amante da música, a quem dedicou um conjunto de fugas. Em troca, recebeu um jogo de café de prata e algum dinheiro, mas logo caiu em descrédito em seu palácio por tentar tomar o lugar do compositor de sua corte.

quarenta e poucos anos; na verdade, ela tinha trocado o marido mosqueteiro por um estilista da Silésia chamado Schwartzschulz. Frederica teve uma filha chamada Karoline em algum momento depois de 1798; não se sabe mais detalhes sobre sua vida.

Karoline Schwartzschulz casou-se com um empresário têxtil cujo nome, por coincidência, era Johann Gustav Friedemann, e teve três filhos com ele. Um desses filhos, Gustav Wilhelm Friedemann, se mudou para uma parte alemã da Ucrânia, que à época era parte do império russo, antes de emigrar com sua família estendida para os Estados Unidos em 1892. Esse ramo americano dos descendentes de Friedemann Bach vive em Oklahoma.

O filho mais velho de Bach aparentemente confiou diversas prendas e relíquias familiares à sua filha nada convencional, as quais por sua vez foram passadas a seus descendentes no centro-oeste americano. Lydia Paul du Château, descendente de Bach de sexta geração, herdou um velho baú de madeira com os objetos de Friedemann Bach. Infelizmente, nunca saberemos se as *Suítes para Violoncelo* estavam entre eles. Quando Christoph Wolff entrou em contato com Lydia no fim da década de 1970, ela lamentou informar ao estudioso de Harvard que o baú se perdera por volta de 1950, durante uma mudança da família para Highland Park, em Illinois.

Dos quatro filhos de Bach que obtiveram distinção musical, aquele que recebeu menos atenção foi o segundo mais moço, Johann Christoph Friedrich. J. C. F. Bach era aluno de Direito quando largou os estudos em Leipzig, no ano em que a saúde do pai piorou. Começou a trabalhar como músico de câmara para um conde de Bückeburg, jamais abandonou o cargo, e ficou conhecido como o Bach de Bückeburg. Sua carreira, ao menos em comparação com as de seus irmãos, parece mortalmente tediosa, qualificação que também foi atribuída à sua obra. A parte do espólio do pai que o Bach de Bückeburg recebeu é mais uma decepcionante história de tesouros perdidos. Após sua morte em 1795, sua esposa leiloou todos os manuscritos que ele possuía. Parece que a parte do legado do pai que foi parar em suas mãos não foi grande, mas há uma exceção notável: o manuscrito autógrafo de Bach das sonatas e partitas para violino foi dado a J. C. F. Bach. Elas sobreviveram às ações do tempo. E se o Bach de Bückeburg recebeu as obras para violino solo – que eram uma espécie de composição irmã das *Suítes para Violoncelo* – parece lógico que ele tenha igualmente recebido o manuscrito das *Suítes para Violoncelo*.

J. C. F. Bach é digno de nota por outra razão. Ele teve um filho, que recebeu o sonífero nome de Wilhelm Friedrich Ernst Bach, que veio a ser o único neto de J. S. Bach a atingir algum grau de eminência musical. Quando W. F. E. Bach tinha dezoito anos, seu pai o levou para Hamburgo para visitar seu famoso tio C. P. E. Então eles foram a Londres, onde se banharam na glória que seu tio John, então no auge da fama, experimentou. W. F. E. ficou em Londres, vivendo com o tio e trabalhando como professor e como virtuose de piano. Deixou a Inglaterra após a morte de John e embarcou numa turnê de concertos pela Europa. Acabou nomeado mestre de capela e cravista da rainha da Prússia em Berlim.

Em 1843, quando o primeiro monumento a J. S. Bach foi finalmente erigido em Leipzig, Felix Mendelssohn teve a grata surpresa de conhecer um neto do grande Bach. W. F. E., que viajara de Berlim para Leipzig a fim de comparecer ao evento, tinha à época 82 anos. Era o único neto de Bach a ter se tornado músico. Sua morte, dois anos depois, marcou o fim da longa linhagem musical da família Bach.

Enquanto isso, aparentemente o manuscrito de Bach das *Suítes para Violoncelo* tinha sido encontrado em Berlim.

Corrente

> *As transformações da corrente podem ser comparadas aos divertimentos de um peixe que mergulha, desaparece e volta outra vez para a superfície.*
>
> Jules Ecorcheville

Quase dois séculos após sua morte, a viúva de Bach apareceu duas vezes no noticiário. O ano de 1925 viu a publicação anônima, em Londres, de um livro surpreendente, vendido como se fosse uma obra genuína da segunda esposa de Bach. "Pobre que sou, além de esquecida", diz um trecho de *The Little Chronicle of Magdalena Bach* [A Pequena Crônica de Magdalena Bach], "vivo da caridade na cidade de Leipzig, e estou velha – ontem eu tinha 57 anos, apenas 8 anos a menos do que ele quando morreu – eu não preferiria outra situação, se o custo fosse nunca tê-lo conhecido, nunca ter sido sua esposa". A imagem da família Bach ali pintada era pungente, historicamente fiel e altamente romântica. O livro teve muito sucesso, com diversas tiragens e traduções. Mas era falso. A autora era na verdade uma escritora inglesa chamada Esther Meynell. Porém, ainda hoje o livro está nas bibliotecas, sendo às vezes citado como obra autêntica, além de permanecer assunto de fofoca nos fóruns da internet dedicados a Bach.

Depois, em abril de 2006, a viúva de Bach reapareceu. Os jornais do mundo inteiro publicaram uma notícia que levou Anna Magdalena para as manchetes. "Acadêmico Diz Que Obras de Bach Foram Escritas por Sua Segunda Esposa" foi a chamada de *The Telegraph*, de Londres.

> Um estudo de um acadêmico que passou mais de trinta anos estudando a obra de Bach afirma que Anna Magdalena Bach, habitualmente considerada a copista de Bach, na verdade escreveu algumas de suas obras mais populares, incluindo as *Seis Suítes para Violoncelo*. Martin Jarvis, professor da Escola de Música da Charles Darwin University e regente da orquestra sinfônica da cidade disse que "diversos livros teriam de ser reescritos" após apresentar suas descobertas a um simpósio de Bach semana passada. As descobertas foram chamadas de "muito importantes" pelos estudiosos de Bach e serão publicadas num doutorado ainda este ano. O professor Jarvis, natural do País de Gales, usou técnicas de perícia policial para analisar manuscritos atribuídos a Anna Magdalena.

Jarvis disse à imprensa que, desde que começou a estudar as *Suítes para Violoncelo* na Academia Real de Música de Londres, achou que havia algo de estranho na obra. "Ela não parece muito madura musicalmente", disse. "Parece um exercício, e você tem de dar um duro danado para fazer com que ela soe como uma obra musical." Jarvis especulou que Anna Magdalena a escreveu quando era estudante de música, acrescentando que o trabalho de uma mulher como compositora jamais teria sido reconhecido na época de Bach.

A teoria de Jarvis não encontrou grande apoio entre os estudiosos de Bach do *mainstream*. Mas, como disse o violoncelista britânico Steven Isserlis, "não podemos dizer que isso com certeza não é verdade, do mesmo jeito que não podemos provar que Anne Hathaway não escreveu parte da obra de Shakespeare, mas não creio que essa teoria seja séria".

É graças a Anna Magdalena, porém, que as *Suítes para Violoncelo* sobreviveram. Em algum momento entre 1727 e 1731, ela fez uma cópia do manuscrito original de Bach para um violinista, Georg Heinrich Ludwig Schwanenberger. Quase três séculos depois, aquilo que é conhecido como o manuscrito de Anna Magdalena ainda é o que se tem de mais próximo do original de Bach.

Schwanenberger, que se tornou músico de câmara na corte de Brunswick-Wolfenbüttel, foi aluno de Bach no fim da década de 1720. Também era agente de vendas das partitas de Bach para teclado, e foi padrinho de Regina Johanna, filha de Bach. Foi Schwanenberger quem fez a capa do manuscrito; sua meticulosa referência a Bach e a sua esposa são outro indício de que ele era próximo da família. A capa do manuscrito refere em francês as obras para violino solo na "pars 1", e, na "pars 2", "*Violoncello Solo Senza Basso composée par Sr. J. S. Bach, Maître de la Chapelle et Directeur de la Musique a Leipsic / écrite par Madame Bachen Son Épouse*".[7]

Após a morte de Schwanenberger em 1774, o manuscrito das *Suítes para Violoncelo* de algum modo se separou das obras para violino contidas no mesmo volume; ele passou pelas mãos de diversos proprietários desconhecidos até chegar a Johann Nikolaus Forkel, o primeiro biógrafo de Bach. Algum tempo depois da morte de Forkel em 1818, o manuscrito chegou a um grande colecionador, Georg Poelchau. Após sua morte, Poelchau deixou

---

[7] O que se traduz mais ou menos como "Violoncelo Solo sem Acompanhamento Baixo Composto pelo Sr. J. S. Bach, Mestre de Capela e Diretor Musical em Leipzig / Escrito por Sua Esposa, Sra. Bach".

sua coleção, incluindo o manuscrito de Anna Magdalena, à Biblioteca Real Prussiana em Berlim. O manuscrito passou a fazer parte da biblioteca em 1841, onde parece ter ficado ignorado a maior parte do tempo.

A caligrafia de Anna Magdalena, com suas linhas sinuosas e com suas formas harmoniosas, suas elegantes irradiações e interrupções, tinha se tornado tão semelhante à de seu marido que os estudiosos por muito tempo presumiram que o manuscrito tinha sido escrito por Bach. Somente em 1873 que Philipp Spitta, grande biógrafo de Bach, descobriu que o manuscrito era obra de Anna Magdalena. (A notação musical usada para ilustrar os capítulos deste livro é tirada do manuscrito de Anna Magdalena.)

Aquilo que Pablo Casals encontrou em 1890 em Barcelona, e que mudou para sempre a história das *Suítes para Violoncelo*, baseava-se no manuscrito de Anna Magdalena. A edição das suítes que ele achou era na verdade o manuscrito de Anna Magdalena, editado e publicado por um certo Friedrich Wilhelm Ludwig Grützmacher.

Grützmacher, violoncelista alemão de espessa barba e severa aparência, julgava que era sua missão editar grandes obras musicais como se estivesse agindo segundo as instruções secretas de compositores mortos há muito tempo. Ele tomou liberdades com o texto de Anna Magdalena e em alguns casos embelezou a música de Bach com acordes, ornamentos e floreios virtuosísticos acrescentados para dar um toque especial. Em certa ocasião, uma grande editora rejeitou um de seus arranjos por causa dos embelezamentos, e Grützmacher respondeu, lívido, numa carta:

> Alguns grandes mestres, como Schumann e como Mendelssohn, nunca se deram ao trabalho de anotar todas as indicações e nuances necessárias. [...] Meu grande propósito é determinar o que esses

mestres teriam em mente, e escrever tudo aquilo que eles mesmos poderiam ter indicado [...] Creio que tenho mais direito do que qualquer outra pessoa de fazer esse trabalho.

Num certo sentido, Grützmacher estava agindo segundo instruções secretas de Bach. Há uma longa tradição na música clássica de um músico ser aluno de alguém que era aluno de, digamos, Beethoven ou de Liszt. No caso de Grützmacher, seu professor de violoncelo foi Dreschler, que tinha sido aluno de Dotzauer, que tinha tido aulas com Ruttinger, que tinha sido aluno de Johann Christian Kittel, aluno de Bach – um dos últimos, entre 1748 e 1750.

Kittel, contudo, era organista, não violoncelista, e as práticas musicais mudaram muito até a publicação da edição de Grützmacher em 1866. Mesmo assim, a abordagem de Grützmacher, apesar de todos os seus excessos, teve um grande impacto em um certo violoncelista. Uma dissertação de doutorado defendida recentemente na Florida State University indaga: "Será que os olhos de um Casals de treze anos tiveram sua perspectiva influenciada pela dinâmica expressiva e por outras marcas editoriais anacrônicas de Grützmacher?". Será que a história, especula Bradley James Knobel, teria sido diferente se a edição encontrada por Casals fosse uma versão menos rebuscada e subjetiva? "As *performances* de Casals e as marcações de Grützmacher mostram que ao menos em um aspecto eles concordavam: eles acreditavam que as Suítes eram uma obra expressiva, capaz de ter apelo musical direto para os ouvintes de sua época", escreve Knobel. "A edição de Grützmacher representa um claro passo para a apresentação das Suítes ao público ouvinte e Casals representa a realização dessa visão."

Anna Magdalena também merece parte do crédito. Seu manuscrito contém diversos erros de manejo do arco – ela não era violoncelista e assim não estava em posição de corrigir erros, nem de exercer grande vigilância sobre a técnica das cordas. Ao longo dos anos, os erros levaram muitos observadores a atacar o manuscrito, julgando-o indigno de seu marido. Outros defenderam seus esforços, por considerá-los mais próximos do manuscrito original de Bach do que poderia parecer de imediato. O que não se pode negar é que seu manuscrito era relaxado e incoerente em diversos detalhes musicais. O feliz resultado é um teste de Rorschach que forçou violoncelistas, de Grützmacher a Casals, a colocar sua marca pessoal na obra. Ao copiar fielmente as *Suítes para Violoncelo* do manuscrito de seu próprio marido – o manuscrito historicamente perdido – Anna Magdalena construiu uma máquina do tempo de 36 movimentos, dando a ouvintes distantes no futuro uma obra-prima em timbres graves da música ocidental.

Sarabanda

> Ele inventou e mandou fazer um instrumento para atender a uma necessidade particular que ele julgava existir nas cordas – um instrumento que batizou de *"viola pomposa"*, que tinha cinco cordas e que era algo entre um violino e um violoncelo: ele escreveu uma Suíte para ele.
>
> Esther Meynell, *The Little Chronicle of Magdalena Bach*

Com o manuscrito de Anna Magdalena sabemos quais notas Bach queria que fossem tocadas. O que não sabemos é em qual instrumento ele necessariamente queria que a música fosse tocada. Por mais escandaloso que pareça, é até possível que a maior obra para violoncelo do mundo na verdade não tenha sido escrita para o violoncelo.

O mistério gira em torno da sexta suíte para violoncelo, que no manuscrito de Anna Magdalena claramente pede um instrumento de cinco cordas, uma a mais do que o habitual para o violoncelo. A obscura identidade desse instrumento, segundo a autorizada edição Bärenreiter das *Suítes para Violoncelo*, é "uma questão que permanece hoje uma das charadas sem solução do mundo acadêmico".

As Suítes para Violoncelo ♪ Eric Siblin

A charada supostamente foi resolvida logo no começo pelos biógrafos de Bach, com uma teoria de que o compositor tinha na verdade inventado um instrumento para a sexta suíte, algo chamado de viola pomposa. Mas essa ideia parece exagerada; Bach era muitas coisas, mas não era, até onde sabemos, um fabricante de instrumentos. Ele pode ter colaborado com um fabricante de violinos para conceber um violoncelo de cinco cordas, mas isso parece improvável, sobretudo porque isso já existia – era o violoncelo piccolo.

Instrumento do tamanho de um violino e afinado como violoncelo, o violoncelo piccolo era na época de Bach segurado horizontalmente, preso por uma faixa que passava por cima do ombro, como se fosse um violão. Bach compôs algumas cantatas especificamente para esse instrumento, que era tocado por um violinista, não por um violoncelista.[8]

A história dos instrumentos de corda por volta de 1700 é complicada: eles variavam muito e muitos deixavam de existir ao mesmo tempo em que novas invenções iam ficando populares. Mesmo dentro da família do violoncelo, os tamanhos, o número de cordas e as afinações variavam muitíssimo. Alguns instrumentos semelhantes ao violoncelo eram tocados *da spalla*, isto é, apoiados no ombro, e outros *da gamba* – apoiados entre as pernas, como o violoncelo moderno. Para citar um indício, Leopold, pai de Mozart, observou em seu livro sobre o método para violino na década de 1750 que a viola da gamba era tocada entre as pernas, acrescentando que "hoje em dia até o violoncelo é tocado desse jeito" – o que sugere que antes não era. Isso dá apoio à ideia de que o violoncelo pode, com validade histórica, ser tocado no ombro, como no caso do violoncelo piccolo.

---

[8] As cantatas são obras musicais adoráveis; a maioria delas foi escrita em 1724 e em 1725 em Leipzig, o que sugere que a sexta *Suíte para Violoncelo* foi composta no mesmo período – bem depois de 1720, a data em que tradicionalmente se presume terem sido compostas todas as *Suítes para Violoncelo*.

Suíte nº 6 🎼 Ré Maior

Alguns violoncelos piccolo do século XVIII sobreviveram, mas o instrumento ficou extinto nos anos que se seguiram à morte de Bach. Alguns foram recriados com braços menores para virar instrumentos para crianças. Há um deles num museu de Bruxelas; outro, construído por Hoffman, amigo de Bach, perdeu-se durante a Segunda Guerra Mundial; e outro recentemente apareceu na África do Sul.

Há um fabricante contemporâneo de violinos tentando reavivar o instrumento perdido. Dmitry Badiarov, imigrante russo que toca e constrói violoncelos piccolo, fez uma grande defesa deles quando o visitei em seu pequeno apartamento num arranha-céu de Bruxelas. Badiarov, de 35 anos e aparência intensa, tem penetrantes olhos azul-acinzentado que ficariam bem num lobo, maçãs do rosto salientes, finas suíças a descer pelas mandíbulas, e cabelo preto puxado para trás em rabo de cavalo. Seus traços são crispados e angulares, seus movimentos, delicados e lentos, e seus olhos brilham com convicção – a impressão geral é a de um preso político que está fazendo greve de fome.

Badiarov estava ansioso para defender sua opinião: que Bach pensava no violoncelo piccolo não só para a sexta suíte, mas para todas as suítes para violoncelo – um violoncelo piccolo de cinco cordas para a sexta suíte e um violoncelo piccolo de quatro cordas para todas as outras suítes (o instrumento existia em versões de quatro e de cinco cordas no começo do século XVIII). Do ponto de vista de Badiarov, as *Suítes para Violoncelo*, da maneira como são tocadas pela maioria dos violoncelistas, carecem de certa sutileza, de certa intimidade. "Eu tinha a impressão de não estar captando alguma coisa na obra", ele me falou, "alguma coisa que eu sei que existe em Bach." Ele encontrou o elemento faltante no violoncelo piccolo.

Formado pelo Conservatório Estatal de São Petersburgo e pelo Conservatório Real de Bruxelas, Badiarov encontrou sua teoria de cordas por acaso. Um de seus professores em Bruxelas foi o famoso violinista barroco Sigiswald Kuijken, pioneiro do movimento de música antiga, que alguns anos atrás pediu a Badiarov que construísse para ele um violoncelo piccolo. Quanto mais Badiarov pesquisava o instrumento, mais convencido ficava de que as *Suítes para Violoncelo* de Bach são na verdade suítes para violoncelo piccolo. A seu favor ele tem ao menos um fato incontestável: o manuscrito de Anna Magdalena não identifica o instrumento para o qual as suítes foram escritas.[9] Na sexta suíte, acima do prelúdio, Anna Magdalena não especifica um instrumento diferente, limitando-se a mencionar que ele tem cinco cordas ("*à cinq cordes*").

"Acho estranho", disse Badiarov, "que Bach fosse escrever a última suíte para um instrumento diferente, porque nem ele nem seus contemporâneos escreviam ciclos de obras para um dado instrumento em que a última suíte era para outro instrumento". Esse raciocínio faz certo sentido. Por que Bach subitamente mudaria de marcha e escreveria a última suíte de seu ciclo para um instrumento diferente?

Talvez uma explicação esteja em ele querer usar uma paleta sonora mais completa – ter uma corda a mais lhe dava mais possibilidades – para fazer jus à última suíte, que deixa as outras comendo poeira no que diz respeito à velocidade com que os dedos correm. Mas, para Badiarov, seu instrumento menor tem uma gama dinâmica mais sutil, especialmente quando o volume diminui, com um timbre delicado e uma resposta mais rápida do que o violoncelo. "É impressionante", diz, "como a música se encaixa bem no instrumento para o qual foi escrita".

---

[9] A capa do manuscrito de Anna Magdalena faz referência a um violoncelo – "violoncello solo" – mas acredita-se que a referência tenha sido feita por Schwanenberger, o músico para quem a cópia foi feita.

Suíte nº 6 — Ré Maior

Para ilustrar o que dizia, Badiarov colocou o violoncelo piccolo no ombro com uma corda em volta da ponta. Inclinou a cabeça do instrumento cor de âmbar para baixo em 45 graus. E, quando ele começou a tocar aquelas ondas introdutórias do prelúdio da primeira suíte, o som dela parecia revigorantemente leve, com notas de contornos pequenos e precisos – nada tão estridente quanto o violino, nem tão energético quanto o violoncelo.

Se Bach queria ou não que as *Suítes para Violoncelo* fossem tocadas nesse instrumento, chama a minha atenção essa ideia nova: que esse era o instrumento em que o próprio Bach costumava tocar as suítes. Sabe-se que Bach tinha uma preferência pessoal pela viola. O violoncelo piccolo tem mais ou menos o tamanho de uma viola e alcance semelhante. Se fosse afinado como violoncelo, Bach teria conseguido tocar as *Suítes para Violoncelo* – ou qualquer que fosse o nome que ele dava a elas – no violoncelo piccolo. O mestre compositor não estava apenas criando música em sua mente como uma arcana fórmula matemática, mas efetivamente tocando as suítes num instrumento que ele conseguia sentir. Imagino que ele amasse o som visceral, as notações em carne e osso, vencendo as passagens difíceis largando a pena e experimentando tocá-las no instrumento. E quando uma de suas suítes estava pronta, ele pode ter pego o violoncelo piccolo, o colocado no ombro como um violão, e tocado a música.

Gavota

> *Sua melodia fica gravada na memória com tanta força que ela praticamente adquiriu o status de música pop.*
>
> Wilfred Mellers, *Bach and the Dance of God*

Bach pode ter escrito obras ideais, que transcendem as sonoridades específicas de qualquer instrumento particular, mas as *Suítes para Violoncelo* ficaram famosas porque funcionam perfeitamente no violoncelo. É difícil imaginar um alaudista fazendo das *Suítes para Violoncelo* uma das obras de maior sucesso da história, por mais encantadoras que elas fiquem no alaúde. Ou na marimba, no violão, ou no saxofone, todos instrumentos que fazem jus às suítes, mas que carecem do timbre único do violoncelo, de sua potente voz de trovão e de prece.

É dramática a obra, e um instrumento dramático contribuiu para sua causa. E, para uma obra que era considerada seca, fria e matemática, o fator humano trazido por Pablo Casals fez uma diferença dramática. Tivesse Casals virado carpinteiro, como queria seu pai, qual teria sido o destino das *Suítes para Violoncelo*? É improvável que as estivéssemos ouvindo hoje do mesmo jeito.

Suíte nº 6 🎵 Ré Maior

Em sua velhice, Casals transcendeu as sonoridades particulares de seu famoso instrumento, voltando-se para a regência, para a composição e para uma cruzada pela paz mundial. Contudo, as *Suítes para Violoncelo* permaneceram parte de sua meditação diária e oferenda musical. Ele deu à obra uma plataforma nas salas de concerto do mundo inteiro. A obra, por sua vez, deu-lhe uma plataforma política.

Em 13 de novembro de 1961, foi concedida a Casals uma conversa particular de 45 minutos com o presidente dos Estados Unidos. Casals admirava Kennedy desde a eleição de 1960, quando apoiou os Democratas por julgá-los o partido mais capaz de libertar o mundo das forças ditatoriais. Após a vitória de Kennedy, houve uma polida troca de cartas em que Casals insistiu para que o governo Kennedy encerrasse suas confortáveis relações com a Espanha de Franco.

No ano seguinte, chegou uma carta da Casa Branca, propondo que Casals fosse honrado com um jantar de Estado. Isso provocou certa ambivalência política em Casals. Ao concordar em tocar nos Estados Unidos, ele daria a impressão de estar abrandando sua oposição ao regime de Franco. No fim das contas, chegou-se a uma solução intermediária, em que o evento da Casa Branca honraria o governador de Porto Rico. Casals tocaria junto com seus amigos Schneider e Horszowski.

No dia do concerto da Casa Branca, Casals teve sua conversa particular com o presidente Kennedy. Eles discutiram diversos assuntos, incluindo a apresentação anterior de Casals na Casa Branca, 57 anos antes, feita para Theodore Roosevelt. Sobre a questão espanhola, Kennedy fez questão de observar que cada presidente herda diversas políticas de que ele talvez pessoalmente não goste, acrescentando que ele mesmo tinha um compromisso com a expansão das liberdades no mundo. Casals recorda que Kennedy lhe disse: "O senhor tem razão, mas o senhor sabe que nem sempre um presidente pode fazer aquilo que gostaria". Ele ficou impressionado com a franqueza e com o idealismo do jovem líder.

Naquela noite, antes do concerto, Kennedy disse algumas palavras para a reunião de cerca de duzentos diplomatas, regentes, críticos de música e *insiders* de Washington. "A obra de todos os artistas", disse, "é um símbolo da liberdade humana, e ninguém enriqueceu mais marcadamente essa liberdade do que Pablo Casals." O recital aconteceu em meio aos cristais do Salão Leste, centrado num piano Steinway que recordava a Casals o Cadillac conversível que ele tinha comprado recentemente para a esposa. Os músicos então iniciaram uma apresentação desequilibrada com Mendelssohn, Schumann e Couperin, seguida do "Canto dos Pássaros" na versão de Casals.

Foi uma noite que evocava o século XVIII, segundo noticiou a revista *Time*, lembrando uma apresentação de Haydn ou de C. P. E. Bach a mando de um de seus soberanos. Porém, em 1960 Casals tinha mais aceitação do que qualquer músico de qualquer corte. O concerto foi transmitido pela NBC e pela ABC, recebeu vasta cobertura da imprensa, e foi gravado pela Columbia.

O superastro geriátrico estava por toda parte. Alguns anos depois o *The New York Times* fez um perfil dele com a manchete "Aos 89 anos, Casals É uma Figura Impressionante com o Calendário Cheio em Dois Continentes". A obra descrevia como sua recente "cruzada pela paz" o havia levado de Porto Rico a Buffalo, dos Pirineus a Perúgia, de um festival de música na parte rural de Vermont a um mosteiro do século IX no sul da França.

Era comum que alguns críticos manifestassem sua reprovação às "distorções românticas" de Casals quando eram lançadas gravações regidas por ele em meados dos anos 1960, como os *Concertos de Brandenburgo*. Ele não se abalava com os ataques. Defendia a si mesmo vigorosamente, erguendo o indicador num

Suíte nº 6 — Ré Maior

gesto tipicamente espanhol e dizendo: "Fui o primeiro a combater os puristas da escola alemã, que queriam um Bach abstrato e intelectual. Agora não vou ficar com medo porque alguns críticos não querem mais que a música seja humana".

Aos noventa anos, ele era infatigável. Durante os ensaios do Festival Casals de Porto Rico em 1967, ele "regia a orquestra com uma batuta vigorosa e às vezes com gritos". Ele pedia "mais timbre, mais intensidade e andamento mais rápido". E exortava os jovens músicos a "se mexer mais". Henry Raymont, do *The New York Times*, escreveu que, num dado momento, enquanto repassava com a orquestra *Tristão e Isolda*, de Wagner, Casals saiu do palco, com os olhos repletos de lágrimas, aparentemente tomado pela intensidade da vigorosa música que evocava a morte.

Naturalmente havia rumores a respeito de sua saúde. Recentemente ele havia feito cirurgia de próstata. Casals sofria de angina periódica, de diverticulite, e de artrite nas mãos e nos pés. Mas continuava tremendamente enérgico, regendo ensaios de três horas como aquele de Porto Rico. Ele viajava com um tanque de oxigênio portátil, ainda que este regularmente fosse usado não para o idoso maestro, mas para velhinhas emocionadas em seus concertos.

A saúde de Casals parecia estar ligada à sua música. Seus dias começavam por volta das oito da manhã, quando Marta o ajudava a se vestir. Depois disso ele ia para a sala de estar. Ele parecia respirar com dificuldade, e caminhava arrastando os pés, com postura ruim, e a cabeça tombada para a frente. Mas ele ia direto para o piano. "Não era muito fácil ele achar uma posição no banquinho do piano", conta Norman Cousins, escritor e pacifista. "Mas depois que achava, ele com visível esforço colocava os dedos inchados e retorcidos acima do teclado."

O que se seguia era como um milagre: "seus dedos lentamente se destravavam e buscavam as teclas como os botões de uma planta buscando a luz do sol. Suas costas ficavam eretas.

Ele parecia respirar com mais liberdade". A obra que ele tocava, como fazia todas as manhãs, era *O Cravo Bem Temperado*. Ele explicava a Cousins que Bach tocava nele "aqui", enquanto colocava a mão no coração. Depois de tocar, ele parecia mais ereto e mais alto, e parava de arrastar os pés.

Após o café, ele dava uma caminhada na praia. Depois do almoço e da siesta, o mesmo rejuvenescimento físico por meio da música acontecia assim que ele tocava uma das suítes de Bach em seu violoncelo. Cada dia era reservado para uma suíte em particular – a segunda-feira começava com a primeira, a terça, com a segunda, e assim por diante, até que no sábado ele tocava a difícil sexta suíte, e de novo no domingo. A última suíte sempre lhe recordava uma imensa catedral numa clara manhã de domingo, com todos os sinos tocando.

Ele ainda possuía a cópia das *Suítes para Violoncelo* que tinha achado há tanto tempo em Barcelona. Ela estava rasgada, desgastada, amarelada embaixo, presa com papel e fita durex, com a encadernação caindo aos pedaços. Ele às vezes a colocava no rosto e cheirava o papel, que guardaria, como ele gostava de insistir, os cheiros misturados do porto de Barcelona e da loja embolorada de música daquela tarde de 1890.

Em setembro de 1973, Casals estava em Israel, regendo uma sinfonia de Mozart com a Orquestra do Festival da Juventude. Apesar do calor intenso, e de uma viagem de carro desconfortavelmente longa, e do uso ocasional de uma cadeira de rodas, ele mostrou grande vitalidade. Nos ensaios com a orquestra, o maestro, aos 96 anos, repassou uma frase em particular cerca de 12 vezes, pedindo mais expressividade. "Isso não está na partitura – não importa", ensinava aos jovens músicos. "Tem mil coisas que não estão marcadas! Não me deem notas – me deem o sentido das notas!"

Suíte nº 6 — Ré Maior

Durante toda a sua vida profissional, Casals teve o hábito de ouvir jovens violoncelistas promissores que eram levados a seu quarto de hotel enquanto ele estava em turnê. Em Jerusalém, insistiram para que ele ouvisse um jovem russo chamado Mischa Maisky. O russo tocou a segunda suíte de Bach. Casals estava "extremamente animado e cheio de energia, e depois conversamos por muito tempo", recorda Maisky com afeto. Contudo, o maestro tinha opiniões fortes sobre a interpretação de Maisky. Entremeando as palavras com pausas, ele disse: "Naturalmente eu não acho que aquilo que você está fazendo tenha qualquer coisa a ver com Bach".

"Eu estava prestes a me matar", recordou Maisky. Numa nota mais positiva, Casals acrescentou: "Porém, você toca com uma convicção tão grande que o seu jeito é muito convincente".

Antes de deixar o país, Casals foi convidado para um almoço informal com a primeira-ministra Golda Meir, cujo filho já tinha sido seu aluno. Depois do almoço, ele anunciou que estava com vontade de tocar violoncelo. Pegou o instrumento e tocou a sarabanda da quinta suíte, aquele movimento sublime que se vale tanto de uma tela vazia quanto das cores para criar uma obra intemporal. Quando acabou, a primeira-ministra, com lágrimas nos olhos, abraçou-o, incapaz de falar. Foi a última vez que Casals tocou uma suíte para violoncelo em público.

Ainda naquele mês Casals estaria de volta a Porto Rico, aplicando seu espírito ferozmente competitivo a um jogo de dominó. Ele tinha adquirido esse hábito após se mudar para a ilha; este tinha se tornado um de seus relaxamentos favoritos, sempre na companhia dos amigos. Ele e os companheiros sempre brincavam entre si concedendo uns aos outros doutorados honorários em "estudos do dominó". Mas Casals levava o jogo a sério – era implacável e realmente preferia vencer a perder.

Casals estava na casa dos amigos Luis e Rosa Cueto Coll uma noite, quando, no meio de uma rodada de dominó depois do jantar, começou a se sentir mal. "Acho que não vou jogar outra rodada", disse. "Talvez eu tenha comido demais." Foi chamado um médico. A verdade é que Casals tinha sofrido um ataque do coração. Mas, em vez de ir para o hospital, ele passou diversos dias se recuperando na casa dos amigos. "Ele detestava hospitais", recordava Marta. "Não, de jeito nenhum – ele queria ficar em casa."

Quando ele voltou para casa, estava se sentindo bem o bastante para tocar violoncelo e dar suas caminhadas matinais na praia. Porém, não muito depois ele acordou no meio da noite com dificuldade para respirar, e Marta chamou uma ambulância. Foi uma jornada complicada, com o paciente de 96 anos sentado no banco da frente para poupar as costas e reclamando com Marta que o "maluco" no volante ia matar todo mundo.

No hospital, sua condição parecia estável; ele estava conversando com as visitas e acompanhando as notícias da guerra que começava no Oriente Médio. Mas depois de dez dias sofreu uma grave embolia pulmonar. A luz da consciência, aquela luz do sol que ele lembrava de ter-lhe tocado pela primeira vez em San Salvador, estava indo embora.

"Talvez eu não seja religioso do jeito que muita gente imaginaria", disse ele uma vez ao repórter de uma revista. "Mas acho que, se você tem consciência do que você é, você vai encontrar Deus. Eu o encontro quando acordo. Imediatamente vou para o mar, e por toda parte vejo Deus nas menores e nas maiores coisas. Vejo Deus nas cores, nos desenhos e nas formas."

Os amigos levaram um gravador e fones de ouvido para que ele pudesse ouvir um pouco de Bach, o primeiro concerto de Brandenburgo. Não muito depois de perder a consciência, enquanto Egito e Israel aceitavam uma trégua convocada pela ONU, ele morreu.

Suíte nº 6 — Ré Maior

O corpo de Casals foi velado publicamente no prédio do congresso de Porto Rico, e seu caixão de chumbo e bronze foi enfeitado com as bandeiras da Catalunha e de Porto Rico. Milhares fizeram fila para render suas últimas homenagens ao violoncelista mundialmente famoso que fizera da ilha seu último lar. A Orquestra Sinfônica de Porto Rico tocou a marcha fúnebre da *Eroica* de Beethoven enquanto o caixão era carregado pelos grandes degraus do congresso até o carro fúnebre, que o levou à Igreja de Nuestra Señora de la Piedad, onde Casals e Marta haviam se casado dezesseis anos antes. As multidões cercaram o caminho do cortejo fúnebre, as bandeiras foram descidas a meio mastro, os policiais fizeram sua saudação, os trabalhadores tiraram suas boinas, e os carros pararam espontaneamente, seus ocupantes saindo em silencioso luto.

Na igreja, um simples réquiem foi seguido pelo som do violoncelo de Casals. Era sua gravação do "Canto dos Pássaros", o arranjo daquela ancestral cantiga catalã que em suas mãos se tornara um pedido de paz. Ele foi enterrado ali perto, no Cemitério Memorial de Porto Rico, não muito longe do mar.

Mas aquela tumba seria temporária. Casals sempre quis ser enterrado em sua terra natal, assim que a política permitisse seu retorno. Isso dependia da morte de Franco e da restauração da democracia na Catalunha. A morte de Franco veio em 1975, mas demoraram quatro anos até as novas eleições e até que um referendo fizesse da Catalunha um território autônomo. Quando essas condições foram atendidas, o cônsul espanhol selou o caixão numa cerimônia em Porto Rico, e Marta acompanhou os restos de Casals de volta à Espanha.

Quarenta anos após ter sido forçado a sair da Espanha, Casals foi enterrado no pequeno cemitério nos arredores de Vendrell. Não muito longe, depois das oliveiras que levam ao Mediterrâneo, um elegante museu foi criado para abrigar sua memória e seus objetos em sua casa em San Salvador.

No centenário de seu nascimento em 1976, Mstislav Rostropovich, que conheceu ele mesmo a angústia do exílio político, tocou três suítes para violoncelo na Villa Casals com a rainha da Espanha na plateia. Àquela altura havia um selo espanhol, uma rua de Barcelona, uma rodovia costeira, um busto de bronze na ONU e festivais de música de Prades a Porto Rico que levavam seu nome. O túmulo de Casals no cemitério de Vendrell poderia exibir a inscrição de inúmeras grandes realizações. Mas seu legado mais duradouro, caso houvesse espaço para ele no monumento simples de pedra, mostraria cada uma das notas das seis suítes para violoncelo solo.

Giga

> *Tocar as seis suítes em sequência é uma experiência hipnotizante tanto para o músico quanto para a plateia. Lembro que anos atrás eu as estava tocando e fui sentindo um negócio esquisito quando cheguei perto do fim – como se eu estivesse profundamente grato, e nada tivesse peso.*
>
> Pieter Wispelwey

Eu tinha tomado o cartão de visitas numa loja de música durante minha estada em Bruxelas. Peguei o cartão porque era de uma loja chamada Prelúdio, que vendia partituras. Prelúdio, é claro, me fez pensar nas *Suítes para Violoncelo*. Parecia um bom lugar para se visitar, e uma tarde saí para tentar encontrar a loja.

Acabei dando uma longa caminhada por ruas com belas casas centenárias em *art nouveau* antes de conseguir chegar à loja, que era simplíssima e desorganizada, com um velho fumando cachimbo no fundo e um cachorro preto roncando ao lado. Havia caixas de vinis usados, algumas prateleiras de livros, um mostruário com alguns afinadores, metrônomos e alguns violões clássicos pendurados na parede.

As Suítes para Violoncelo ♪ Eric Siblin

Era difícil imaginar que a caixa registradora da Prelúdio algum dia tilintasse. Uma das prateleiras de metal era dedicada a pilhas envelhecidas e bolorentas de partituras. As pilhas eram categorizadas por instrumento, como indicado por fitas escritas à mão. Eram principalmente para piano e para violino, e só havia duas pilhas pequeninas para violoncelo. Comecei a vasculhá-las: Duport, Dotzauer, etc., todos antigos pedagogos do instrumento, cujas publicações, inscritas com imaginativas folhas de rosto, teriam formado o pano de fundo da formação inicial de Casals.

De repente apareceu um volume encadernado com um monograma dourado no canto de cima – L. W. – e uma etiqueta branca com um "Exercises de Duport & Suites de Bach" rabiscado. Virei as páginas grossas e senti um choque: a edição Grützmacher! A mesma edição que Casals descobrira em 1890 em Barcelona, num sebo musical embolorado não muito diferente daquele mesmo, a edição baseada no manuscrito de Anna Magdalena. Admirei sua elegante folha de rosto, impressa em Leipzig, com sua moldura em vermelho claro repleta de ninfas, de donzelas e de harpas.

A caixa registradora tilintou com uma compra: seis euros. Aquela era a cena de prelúdio que sempre imaginei para Casals. Eu tinha esbarrado no meu próprio prelúdio.

Encontrar a edição Grützmacher foi um episódio arrepiante de minha busca pessoal pelas *Suítes para Violoncelo*, mas não uma grande descoberta que fosse abalar o mundo dos estudos de Bach. O único mistério que absolutamente me escapava – aquele que inicialmente me fizera pensar que havia uma história por trás das suítes – continuava a ser o manuscrito perdido de Bach. Os manuscritos autógrafos do compositor da *Paixão segundo São Mateus*, dos *Concertos de Brandenburgo*, da *Arte da Fuga*, do *Cravo Bem Temperado*, das *Variações Goldberg*, partituras de

Suíte nº 6 — Ré Maior

cantatas, as obras para violino solo e muito mais sobreviveram todos. Como é possível que o manuscrito das *Suítes para Violoncelo* tenha desaparecido nas frestas da história? Nunca deixei de presumir que a resposta fosse aparecer, ou que o manuscrito apareceria antes de eu terminar o livro. Eu me imaginava correndo para um disputadíssimo leilão na Sotheby's em Londres, a elegante *raison d'être* da história das *Suítes para Violoncelo* desnudada com todo o drama que se poderia desejar.

Apenas um sonho, talvez. Mas basta dar uma olhada na história das descobertas bachianas para achar que ele é perfeitamente possível. Uma das primeiras descobertas foi noticiada em 1879, quando saiu um artigo no *Telegraph* de Londres intitulado "Obras Manuscritas de Bach Encontradas em Caixote Velho e Usadas para Aparar Árvores Frutíferas". Aparentemente um compositor chamado Robert Franz estava visitando uma mansão campestre na Saxônia quando reparou que as estacas usadas para juntar árvores frutíferas e ornamentais estavam sendo amarradas com papel manuscrito.

"Qual não foi sua alegria, e qual não foi seu horror", dizia o jornal, "ao reconhecer a bela e famosa notação musical de Bach aparando as árvores!" O jardineiro informou-lhe de que havia um caixote velho cheio de papel manuscrito que estava dando sua contribuição para a horticultura. Por isso, noticiava o jornal, muitas das "preciosas melodias" há muito perdidas de Bach estavam em processo de descoberta. Infelizmente, também havia perdas, porque "a chuva e a neve expurgaram desse 'aparo' inestimável algumas das obras mais nobres que já saíram do cérebro de um grande mestre". Contudo, não houve novas menções da descoberta na imprensa, o que sugere que ela provavelmente não passou de um falso alarme.

Mas os tesouros de Bach têm o hábito de surgir do nada, às vezes em lugares inesperados. Uma antiga anedota diz que Carl

Friedrich Zelter, professor de Felix Mendelssohn, achou a partitura da *Paixão segundo São Mateus* numa loja de queijos, onde estava sendo usada como papel de embrulho. Essa história é curiosamente similar a outra contada por Georg Poelchau, caçador de manuscritos de Bach, que disse ter encontrado em 1814 o manuscrito autógrafo das sonatas e partitas para violino numa loja de manteiga de São Petersburgo, outra vez na forma de papel de embrulho.

Esses relatos parecem torcer a verdade. Mas não são menos improváveis do que a história da descoberta de uma parte original de flauta de uma das cantatas de Bach em uma construção perto de Water Street na cidade de Nova York. A descoberta ao sul de Manhattan aconteceu na verdade quando um pedestre amante de música notou uma folha de papel saindo de uma pilha de detritos de construção. O atento transeunte, conta o biógrafo Martin Geck, recebeu "permissão do trabalhador mais próximo para não apenas levar a partitura, como também os detritos junto!".

Outros tesouros essenciais de Bach surgiram em lugares inesperados. Spitta, o biógrafo do século XIX, encontrou aquela personalíssima carta de Bach a Erdmann nos arquivos estatais de Moscou. A cópia pessoal de Bach da Bíblia, a edição Calov em três volumes, com anotações de próprio punho, apareceu num seminário de Saint Louis após ter seguido por rota desconhecida. E o melhor retrato autêntico de Bach, o retrato Hausmann que atualmente está em Nova Jersey, só apareceu publicamente depois da Segunda Guerra Mundial.

Durante a guerra, muitos manuscritos de Bach se perderam, e em alguns casos tiveram de ser redescobertos. Um grande número de manuscritos tinha sido guardado na Biblioteca Estatal Prussiana, um prédio barroco localizado em Berlim, na imponente Unter den Linden. A biblioteca sofreu com um ataque britânico surpresa em 1941. Os danos foram mínimos (ela viria a ser destroçada mais tarde na guerra), mas motivaram as autoridades da biblioteca a tomar uma atitude. Eles desenvolveram um plano sofisticado para guardar preciosidades da biblioteca em castelos, em mosteiros, em minas e em outras áreas de armazenagem heterodoxas.

Nem sempre as coisas iam bem. O manuscrito original dos *Concertos de Brandenburgo*, por exemplo, sofreu um bombardeio aéreo enquanto um bibliotecário de Berlim transportava-o de trem para um castelo russo. Ele escondeu a partitura debaixo do casaco e pulou na floresta, jogando-se ao chão para se proteger quando os bombardeiros retomaram o ataque. A história seria mais comovente se tanta gente não tivesse sido liquidada pelos nazistas com igual dedicação. (O mesmo bibliotecário de Berlim posteriormente apaziguaria zangados soldados russos tocando fugas de Bach num órgão de aldeia. A música não tinha "nada a ver com Hitler", disse ele aos soldados.)

O manuscrito de Anna Magdalena também foi pego pela guerra. Dos 29 locais de evacuação usados pela Biblioteca Estatal Prussiana para os manuscritos musicais, um era o mosteiro beneditino de Beuron, perto de Württemberg. Duzentas e cinquenta caixas foram enviadas ao mosteiro, incluindo o manuscrito de Anna Magdalena. As *Suítes para Violoncelo* estavam em companhia ilustre: o carregamento incluía cerca de 50 partituras de Beethoven, 83 de Mozart, 20 de Schubert, e o livro mais caro do mundo – uma cópia em pergaminho da Bíblia de Gutenberg. As suítes também dividiam espaço com as mais impressionantes composições de Bach, entre as quais a *Paixão segundo São Mateus*, a *Missa em Si Menor*, as sonatas e as partitas para violino solo, o *Pequeno Livro de Teclado de Anna Magdalena Bach*, e diversas cantatas.

O mosteiro de Beuron ficava na região que veio a ser a zona francesa da Alemanha ocupada do pós-guerra. Em 1947, os manuscritos de música foram transferidos para Tübingen, onde o manuscrito de Anna Magdalena foi colocado na biblioteca da universidade. Após a unificação da Alemanha, o manuscrito foi para a Biblioteca Estatal Alemã em Berlim, onde está cuidadosamente guardado num cofre de alta segurança, catalogado como "Mus. ms. Bach P269". Ele está em boa companhia: a biblioteca guarda cerca de oitenta por cento de todos os manuscritos autógrafos de Bach conhecidos.

Diversos manuscritos de Bach foram descobertos desde a guerra, incluindo aqueles que foram espalhados durante a década de 1940. O famoso estudioso bachiano Christoph Wolff rastreou o espólio musical de C. P. E. Bach, perdido durante a Segunda Guerra quando tropas do Exército Vermelho levaram como despojos a imensa coleção que havia sido protegida pelos nazistas. Wolff encontrou o espólio, que também inclui algumas obras de J. S. Bach, nos arquivos centrais da Ucrânia em 1999. Vinte e quatro anos antes, Wolff também desempenhou um papel-chave na verificação da cópia pessoal de Bach das *Variações Goldberg*, incluindo quatorze – eis novamente aquele número bachiano – cânones anteriormente desconhecidos da obra, que estavam nas mãos de um professor do Conservatório de Estrasburgo.

Recentemente, em 2005, estudiosos descobriram a "ária da caixa de sapatos", que Bach compôs como presente de aniversário para seu patrono de Weimar, o duque Wilhelm Ernst (o mesmo duque que depois jogaria Bach na cadeia). O manuscrito estava acumulando pó numa caixa de sapatos junto com outros poemas que celebravam o aniversário do duque em 1713. Por acaso, a caixa foi removida da biblioteca em Weimar onde havia sido guardada um ano antes de um incêndio destruir o prédio.

E outros manuscritos das *Suítes para Violoncelo* também viram a luz do dia. Na década de 1960, o estudioso e violoncelista russo Dimitry Markevitch descobriu dois manuscritos das suítes. "Após procurar por muito tempo os documentos mais confiáveis que eu pudesse achar", contou, "tive a grande sorte de localizar duas cópias em Marburg am Lahn, na Alemanha, feitas por dois entusiastas de Bach, que haviam fugido à atenção dos musicólogos por mais de um século".

Um dos manuscritos, preparado por um copista desconhecido, originalmente fazia parte da coleção de um organista e comerciante de música de Hamburgo do século XVII, chamado Westphal. O outro manuscrito era de algum momento perto de 1726, quando um jovem organista da cidadezinha alemã de Gräfenroda fez uma cópia, ainda que não integral, das *Suítes para Violoncelo*. O organista era Johann Peter Kellner, conhecido em sua época como virtuose do órgão, professor e compositor, mas recordado hoje apenas por sua coleção de manuscritos de Bach.[10]

O manuscrito de Anna Magdalena, contudo, ainda é a fonte mais autorizada das *Suítes para Violoncelo*, por ter sido copiado diretamente do manuscrito original de Bach. Quanto ao manuscrito original do próprio Bach – nem sinal. Não que a essa altura ele fosse mudar muita coisa. A ampla gama de interpretações das *Suítes para Violoncelo* – de *performances* de época a versões românticas, em jazz e africanas, além de transcrições para praticamente todos os instrumentos que existem – indica que muito já foi reimaginado.

Talvez apareça alguma prova de que Bach concebeu as suítes para outro instrumento, como talvez o violoncelo piccolo, ou o alaúde. Ou que haja uma sétima suíte – o que é improvável,

---

[10] Ainda não ficou claro como Kellner conseguiu chegar às *Suítes para Violoncelo*. Se era amigo de Bach, se foi seu aluno, ou até mesmo se eles chegaram a se conhecer é uma incógnita. Por que ele queria uma obra para um instrumento que ele aparentemente não tocava é algo também desconhecido. Um aspecto digno de nota desse manuscrito é que ele era para uma "Viola de Basso", o que poderia ser um instrumento parecido com uma viola segurada no braço, semelhante a um violoncelo piccolo.

considerando a inclinação de sua época pela publicação em conjuntos de seis. A obra pode ter sido alterada aqui e ali, mas, considerando as cópias do manuscrito que sobreviveram – nenhuma das quais difere tremendamente no que diz respeito às notas efetivas (há diferenças quanto ao manejo do arco, à dinâmica e aos ornamentos, mas não quanto às notas) –, isso também é improvável.

Assim, pode não haver nenhuma razão prática para se querer a redescoberta do manuscrito. Mas ainda haveria a emoção da caçada, a história detetivesca por trás, a possibilidade de que um manuscrito cheio de segredos para contar possa estar guardado numa mina de sal ou só esperando a hora certa nalgum castelo alemão dilapidado.

Há, porém, uma outra reviravolta. Grande parte dos manuscritos originais de Bach está se desintegrando lentamente por causa da tinta que ele usava – a tinta ferrogálica, que é extremamente ácida. E o ácido da tinta está corroendo o papel. As cabeças das notas caem, deixando buracos no papel e um manuscrito que mais parece um queijo suíço. Cerca de metade dos manuscritos de Bach na Biblioteca Estatal Alemã ficou seriamente danificada por causa disso. Foi desenvolvido um processo de reparo, em que as páginas danificadas são divididas e uma fina folha de material alcalino é inserida para neutralizar a tinta ácida. Só que esse processo é muito caro, e a biblioteca tem dificuldades para levantar os fundos necessários para fazê-lo.

Assim, se o manuscrito de Bach das *Suítes para Violoncelo* está em algum lugar esperando para ser descoberto, também é mais do que provável que ele esteja se desintegrando, e que seus segredos estejam se dissolvendo, forçando os violoncelistas ou alaudistas ou instrumentistas do violoncelo piccolo e até os ouvintes a achar seu próprio caminho na obra.

A história destilada a partir das *Suítes para Violoncelo* vai mudar radicalmente com o tempo, à medida que mais material for surgindo a respeito dos muitos mistérios de Bach e que forem criadas novas versões da obra. Musicalmente, o sucesso futuro das *Suítes para Violoncelo* depende de suas capacidades de sobrevivência. E se o passado serve de guia, as chances estão fortemente a favor delas; a permanência e a relevância intemporal fazem parte da tessitura mesma da obra.

Essa última giga, o 36º movimento, é na versão de Casals uma dança de fazer girar o teto cheia de divertimentos desconcertantes, como uma música telúrica tangida por um violinista numa taberna medieval – um pouco irregular nos pés, mas com o som de uma orquestra em miniatura na ponta dos dedos, espalhando as sementes de muitas harmonias semiconscientes, ficando sem fôlego exatamente ao chegar à última nota da última melodia, de maneira limpa, simples, sem nenhum grande floreio – e de repente, não mais que de repente, terminando ali mesmo.

Notas

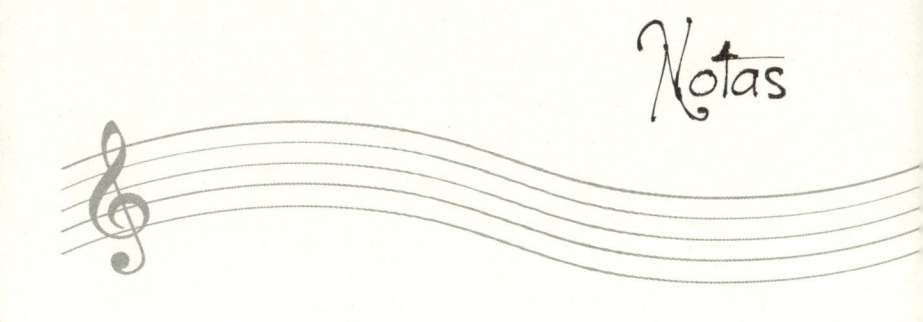

Suíte nº 1

Prelúdio

A epígrafe vem das notas redigidas por Laurence Lesser para o programa de seus recitais em 26 e 27 de outubro de 2000 em Toronto. O nome de Lesser pode não evocar nada para os não iniciados, mas ele já foi presidente do Conservatório da Nova Inglaterra e um importante violoncelista, que já solou com diversas orquestras de primeira linha. Sem saber, Lesser inspirou este livro com sua encantadora apresentação das suítes em seu violoncelo Amati de 1622.

O perfil do violoncelista das elevadas altitudes foi publicado em 18 de junho de 2007 no *site* Earthtimes.org com o título de "Cellist Takes Bach to Summit of Mount Fuji" ["Violoncelista Leva Bach ao Topo do Monte Fuji"].

As Suítes nº 1 e nº 6, a segunda das três gravações de Casals no selo Victor, foram lançadas em 1941. A resenha do *The New York Times* foi assinada pelo crítico Howard Taubman (16 de março de 1941, X6). Uma resenha do concerto, assinada por John Rockwell, sugeria que as suítes possuem uma intensidade próxima à do japonês mas que representam "o ápice da criatividade musical ocidental" (7 de maio de 1979, C16).

Alemanda

Bach não surpreendeu ao demonstrar uma habilidade para a simetria e para o entrelaçamento, e desenhou ele mesmo seu selo pessoal.

Para vê-lo, basta visitar o admirável *website* Bach Bibliography em http://qub.ac.uk/~tomita/bachbib/ (acesso em 12/02/2014).

O que não falta são biografias de Bach, ainda que o não especialista tenha de vencer um terreno musicológico pedregosíssimo. Os melhores textos contemporâneos, que foram minhas principais fontes, são: Christoph Wolff, *Johann Sebastian Bach: The Learned Musician* (Nova York, W. W. Norton, 2000); Malcolm Boyd, *Bach* (Nova York, Oxford University Press, 2000); Martin Geck, *Johann Sebastian Bach: Life and Work*, trad. John Hargraves (Nova York, Harcourt, 2006); e Peter Williams, *The Life of Bach* (Cambridge, Cambridge University Press, 2004).

Para a história por trás da posse e da venda do retrato de Bach, falei ao telefone com o afável filho de Walter Jenke, Nicholas Jenke, que mora na Inglaterra. Informações detalhadas sobre a proveniência do retrato podem ser encontradas em Werner Neumann, *Pictorial Documents of the Life of Johann Sebastian Bach* (Londres, Basel Tours, 1979). Ver também Stanley Goodman, "A Newley Discovered Bach Portrait", *Musical Times* (julho de 1950).

Miles Hoffman, comentarista de música clássica, fez um perfil de Bach num segmento de *Morning Edition*, da National Public Radio, marcando o 317º aniversário de Bach em 21 de março de 2002.

Corrente

A epígrafe de Pierre Rameau é citada em Meredith Little e Natalie Jenne, *Dance and the Music of J. S. Bach* (Bloomington, Indiana University Press, 2001, p. 115).

A citação de um diplomata francês do século XVIII de que cachorro nenhum late na Europa sem permissão de Luís XIV pode ser encontrada no excelente livro de história de Tim Blanning, *The Pursuit of Glory: Europe 1648-1815* (Londres, Penguin, 2008, p. 543).

A descrição do caráter municipal de Eisenach recebe uma crônica colorida nas mãos de Percy M. Young em *The Bachs: 1500-1850* (Londres, J. M. Dent & Sons, 1970, p. 63-64).

Os trechos do contrato de trabalho de Bach em Anstadt podem ser encontrados, junto com todos os demais documentos primários de Bach, em Hans T. David e Arthur Mendel (eds.), *The New Bach Reader: A Life of Johann Sebastian Bach in Letters and Documents*, edição revista e ampliada por Christoph Wollf (Nova York, W. W. Norton, 1998, p. 41).

Uma discussão sobre a briga de Bach com o "papalvo fagotista" e as diversas maneiras de traduzir o insulto alemão pode ser encontrada em Sara Botwinick, "From Ohrdruf to Mühlhausen: A Subversive Reading of Bach's Relationship to Authority", *Bach (Journal of the Riemenschneider Bach Institute)*, vol. 35, n. 2, 2004, p. 1-59. A tradução das mesmas palavras alemãs não como "pentelho fagotista" mas como "fagotista que peida depois de comer cebolinha" aparece em Geck, p. 53. A mesma obra contém a citação de Bach a respeito de querer "compreender diversas coisas de sua arte", p. 49.

A referência ao fato de que a cidade de Mühlhausen "se agarrava a suas velhas modas e a seus velhos costumes" é do grande biógrafo oitocentista de Bach, Philipp Spitta, em *Johann Sebastian Bach: His Work and Influence on the Music of Germany*, trad. Clara Bell e J. A. Fuller-Maitland (Nova York, Dover, 1951, vol. 1, p. 357).

A sugestão de que Bach poderia ter tido a ideia de música para violoncelo solo de Westhoff em Weimar me foi feita por Christoph Wolff, estudioso de Bach, numa entrevista que ele gentilmente concedeu quando apareci, sem marcar hora, no Bach-Archiv em Leipzig.

A descrição do duelo musical de Bach com Marchand, escrita por Johann Abraham Birnbaum em 1739 (e, na ausência de qualquer registro independente do acontecimento, julga-se que ela vem da versão contada pelo próprio Bach), é citada em David e Mendel, *New Bach Reader*, p. 79-80.

A antiga versão de que Bach começou a escrever *O Cravo Bem Temperado* no xilindró vem de Ernst Ludwig Gerber, lexicógrafo musical cujo pai, Heinrich Nicolaus, foi aluno de Bach na década de 1720. Ver Geck, p. 96, e David e Mendel, p. 372.

A citação de 1739 de Johann Mattheson sobre a alemanda aparece no volume de texto da edição Bärenreiter das suítes: Bettina Schwemer e Douglas Woodfull-Harris (eds.), *J. S. Bach: 6 Suites a Violoncello Solo Senza Basso* (Kassel, Bärenreiter, 2000). Essa abrangente obra me serviu de fonte para a proveniência das suítes e para seus movimentos individuais. Peter Eliot Stone descreve maravilhosamente a sarabanda no texto do encarte de Anner Bylsma, *The Cello Suites*, Sony Essential Classics, 1999.

As brevíssimas linhas sobre a prisão e sobre a libertação de Bach estão no relatório do secretário da corte de Weimar, reproduzido em David e Mendel, p. 80.

A afirmação de Bach de que o príncipe Leopoldo "conhecia e amava música" (de uma cara carta que escreveu a seu amigo Georg Erdmann em 1730) está traduzida em Wolff, p. 202.

Sarabanda

Qualquer pessoa que escreva sobre Casals tem uma dívida com H. L. Kirk, *Pablo Casals: A Biography* (Nova York, Holt, Rinehart e Winston, 1974). Outro relato soberbo do violoncelista está em Robert Baldock, *Pablo Casals* (Boston, Northeastern University Press, 1992). Casals foi generoso com seu tempo para diversos biógrafos. Usei as seguintes obras:

Albert E. Kahn, *Joys and Sorrows: Reflections by Pablo Casals, as told to Albert E. Kahn*. Nova York, Simon and Schuster, 1970.

Bernard Taper, *Cellist in Exile*. Nova York, McGraw-Hill, 1962.

David Blum, *Casals and the Art of Interpretation*. Califórnia, University of California Press, 1980.

J. Ma. Corredor, *Conversations with Casals*. Trad. Andre Mangeot. Londres, Hutchison, 1956.

Lillian Littlehales, *Pablo Casals*. 2. ed. Nova York, W. W. Norton, 1948 (originalmente publicada em 1929).

A parte sobre história espanhola fundamenta-se em Gerald Brenan, *The Spanish Labyrinth: An Account of the Social and Political Background of the Civil War* (Cambridge, Cambridge University Press, 1969). A citação de Casals após seu primeiro encontro com um violoncelo vem de Lillian Littlehales, p. 24.

Minueto

A história da descoberta das *Suítes para Violoncelo* por Pablo Casals foi construída a partir de diversas fontes, entre as quais suas lembranças em *Joys and Sorrows* e "The Story of My Youth", *Windsor Magazine* (1930). Pude ver o Santo Graal da história, as páginas envelhecidas das *Suítes para Violoncelo* que ele encontrou em 1890, entre os documentos do Arxiv Nacional de Catalunya (Arquivos Nacionais Catalães), localizado em Cugat, subúrbio ao norte de Barcelona. Passeios pelo antigo distrito portuário deram a arquitetura. A história da capital catalã é contada com maestria em Robert Hughes, *Barcelona* (Nova York, Vintage, 1993).

As fontes no que diz respeito a Casals entre 1893, quando ele se mudou para Madri, até 1900, quando ele iniciou uma carreira internacional em Paris, vêm sobretudo da biografia de Kirk, com informações adicionais tiradas de Baldock, Corredor, Kahn e Littlehales. Trechos de duas resenhas de jornal na Espanha durante 1893-1894 e a resenha do *Le Temps* de Paris estão em Kirk. O jornal espanhol que saúda Casals como "glória nacional" é citado em Baldock. A anedota a respeito do rei da Espanha mais interessado em armas do que em música na infância está em J. Corredor.

Um vislumbre de Barcelona no fim do século XIX foi dado por *Baedeker's Spain and Portugal*, 1901. As estatísticas relacionadas às condições sociais e econômicas ao fim da Guerra Hispano-Americana foram tiradas de Antony Beevor, *The Battle for Spain: The Spanish Civil War 1936-1939* (Londres, Phoenix, 2007).

Giga

O trecho da resenha do autor do concerto do U2 em Montreal apareceu em "U2 Lost in Pop Mart", *The Gazette* (Montreal), 3 de novembro de 1997, E1.

Alex Ross – um guia para qualquer pessoa que queira desbravar a música clássica –, da revista *The New Yorker*, discutiu longamente a pompa desnecessária dos concertos clássicos. Ver, por exemplo, seu ensaio "Listen to This: A Classical Kid Learns to Love Pop – and Wonders Why He Has to Make a Choice", *The New Yorker*, 16/23 de fevereiro de 2004, p. 146-55.

Suíte nº 2

Prelúdio

A epígrafe vem de um livro encantadoramente idiossincrático do famoso violoncelista holandês Anner Bylsma, *Bach, the Fencing Master: Reading Aloud from the First Three Cello Suites* (Amsterdã, 2001).

As observações sobre "harmonia subentendida" são informadas por diversas fontes, incluindo as notas escritas por Peter Eliot Stone para o encarte do disco de Anner Bylsma, o volume de texto da edição Bärenreiter de 2000 das suítes, e por respostas de violoncelistas. A citação de Bylsma foi ouvida numa *master class* dada pelo violoncelista em Domaine Forget, uma academia de música na belíssima região de Charlevoix, próxima a Quebec.

A teoria de que Bach compôs a *Partita em Ré Menor* para violino solo como epitáfio para sua falecida esposa foi defendida pela pedagoga do violino Helga Thoene. Ela apresenta seus argumentos no encarte de um disco de muito sucesso do Hilliard Ensemble, *Morimur*, ECM Records, 2001.

A sugestão de que a sarabanda e o minueto de Bach emprestam algo de "La Sultane", de Couperin, é feita por Mark M. Smith num texto persuasivo: "The Drama of Bach's Life in the Court of Cöthen, as Reflected in His Cello Suites", *Stringendo*, vol. 22, n. 1, p. 32-35.

Alemanda

A epígrafe de Johann Mattheson, originalmente publicada em seu *Der Vollkommene Capellmeister*, 1739, é citada na edição Bärenreiter de 2000 das suítes.

No que diz respeito à ascensão da Prússia de reino dos cafundós a potência arrivista e a líder da Alemanha, foram usadas diversas fontes: *Faust's Metropolis: A History of Berlin* (Nova York, Carroll & Graf, 1998); Hajo Holbron, *A History of Modern Germany: 1648-1840* (Nova York, Alfred A. Knopf, 1971); R. R. Palmer e Joel Colton, *A History of the Modern World* (Nova York, Alfred A. Knopf, 1978); e o livro de Blanning, mencionado anteriormente.

Para a dedicatória de Bach de seus *Concertos de Brandenburgo* ao margrave de Brandenburgo, usei a tradução dada por Malcolm Boyd em *Bach: The Brandenburg Concertos* (Cambridge, Cambridge University Press, 2003). Em sua biografia de Bach, Boyd afirma que o compositor escreveu partes fáceis de viola da gamba baixo para o príncipe Leopoldo no sexto concerto de Brandenburgo (*Bach*, p. 90), ideia que tomei emprestada para lançar alguma luz nas *Suítes para Violoncelo*.

Corrente

A epígrafe vem de *The Bachs: 1500-1850* (p. 155), ótimo livro de Percy Young.

Para a história da fama de Bach, o livro *New Bach Reader*, de David e Mendel, contém dois ensaios fundamentais: "Johann Sebastian Bach: A Portrait in Outline" e "Bach in the Romantic Era", que inclui a citação de Mozart e descreve a conexão entre Beethoven e Bach (p. 488-91). O mesmo livro dedica muito espaço a Johann Nikolaus Forkel, biógrafo pioneiro de Bach, observando que as chapas de impressão das partituras de música antiga de Forkel foram derretidas para fazer balas durante as Guerras Napoleônicas. As duas citações da biografia do próprio Forkel são recicladas em David e Mendel, p. 419 e p. 479.

A afirmação sobre o silêncio em torno das composições de Bach vem de Friederich Blume, *Two Centuries of Bach: An Account of Changing Taste*, trad. Stanley Godman (Londres, Oxford University Press, 1950, p. 19-20).

Pode-se ler um relato impecável da famosa *performance* de 1829 da *Paixão segundo São Mateus* em Berlim em Celia Applegate, *Bach in Berlin: Nation and Culture in Mendelssohn's Revival of the St. Matthew Passion* (Ithaca, Nova York, Cornell University Oress, 2005). As reações pouco entusiasmadas de Heine e de Hegel foram tiradas do livro de Applegate, assim como a citação sobre a simbiose "germano-judaico-cristã" de Mendelssohn (p. 247).

A teoria de que os cortes de Mendelssohn da *Paixão segundo São Mateus* refletiam sua sensibilidade ao conteúdo antissemita é defendida de modo convincente por Michael Marissen no artigo "Religious Aims in Mendelssohn's 1829 Berlin–Singakademie Performances of Bach's St. Matthew Passion", *Musical Quarterly*, n. 77, 1993, p. 718-26.

Os elos geracionais que mostram que Mendelssohn era aluno-tataraneto de Bach aparecem em Eric Werner, *Mendelssohn: A New Image of the Composer and His Age* (Nova York, Free Press of Glencoe, 1963, p. 98). Werner também cita a observação atribuída a Mendelssohn de que foi preciso um judeu (trabalhando junto com um ator – Devrient, amigo de Mendelssohn) para reavivar a maior música cristã do mundo (p. 99). Para as conexões entre os filhos de Bach e Sara Levy, tia-avó de Mendelssohn, ver Peter Wollny, "Sara Levy and the Making of Musical Taste in Berlin", *Musical Quarterly*, n. 77, 1993, p. 651-726.

A citação da carta de Mendelssohn de que Bach era considerado "um velho empolado cheio de firulas" aparece em Barbara David Wright, "Johann Sebastian Bach's 'Matthews Passion': A Performance History, 1829-1854", tese de doutorado, Universidade de Michigan, 1983, p. 155. Algumas informações sobre a apresentação de 1829 também foram tiradas de Henry Haskell, *The Early Music Revival: A History* (Nova York, Dover, 1996, p. 13-25).

Sarabanda

A epígrafe solene de Rostropovich foi retirada de suas reflexões em *J. S. Bach: Cello Suites*, VHS, EMI Classics, 1995.

A citação sobre o zumbir das abelhas, de George Bernard Shaw, aparece em Taper, p. 37.

A maneira como Casals revolucionou a técnica do violoncelo é resumida por Tully Potter no encarte de um álbum duplo do selo Pearl chamado *The Recorded Cello: The History of the Cello on Record* (feito a partir da incomparável coleção de Keith Harvey). Casals discute sua técnica em Corredor, p. 24, e Baldock a explica na p. 30. No que diz respeito ao novo tipo de estrela do violoncelo que Casals se tornou quando iniciou sua carreira, minha dívida é com Baldock, p. 56-57.

A curiosa observação de Casals após ter machucado a mão vem de Kirk, p. 163. Que um produtor de Nova York prometeu cachês mais altos para Casals se ele começasse a usar peruca, também está em Kirk, p. 178.

A resenha da Filadélfia de 1904 e a resenha de Liverpool de 27 de outubro de 1905 foram encontradas nos Arquivos Nacionais Catalães (caixa 40). A resenha de *The Strad* de 1908-1909 é de Daniel Philip Nauman, "Survey of the History and Reception of Johann Sebastian Bach's Six Suites for Violoncello solo senza basso", Boston University, setembro de 2003. *Clippings* de outubro de 1901 dos jornais espanhóis *Diario de Barcelona* e *El Liberal* madrilenho foram encontrados nos Arquivos Nacionais Catalães.

Sabe-se que Casals tocou suítes inteiras em mais de meia dúzia de cidades em 1903 e em 1904 primariamente por programas de concertos da Coleção Harold Bauer na Biblioteca do Congresso, Divisão de Música, Washington, D. C. Casals disse a seu biógrafo Kirk que a primeira suíte que tocou em público foi a de nº 3, em Barcelona.

Essa informação consta das notas de pesquisa de Kirk na Coleção Herbert L. Kirk, também na Biblioteca do Congresso, Divisão de Música.

A citação de Casals sobre o novo mundo aberto por sua descoberta das suítes de Bach está em Taper, p. 33.

A citação de Grieg após ele ter ouvido Casals está em Kirk, p. 247; a citação de Röntgen para Grieg está em Kirk, p. 243; e a citação de Edward Speyer sobre a apresentação de Casals da terceira suíte em Londres em 1905 é citada mais longamente em Kirk, p. 264.

A gravação de Klengel tocando a sarabanda da Suíte nº 5 pode ser ouvida em *The Recorded Cello*, vol. 2. A anedota da conversa de Harold Bauer com um assistente de palco comovido com a *performance* de Casals foi contada em sua autobiografia, *Harold Bauer: His Book* (Nova York, Greenwood Press, 1969, p. 93).

A carta de Pilar Casals é citada em Kirk, p. 114. Que Suggia só tocava as Suítes nºs 2 e 3, o resto pertencendo a Casals "até que os anjos assumissem" aparece em Baldock, p. 86. A descrição do pressentimento que Casals teve no momento da morte de seu pai está em *Joys and Sorrows*, p. 132.

A caracterização do relacionamento de Casals com Suggia é dada por Anita Mercier, *Guilhermina Suggia: Cellist* (Burlington, VT, Ashgate, 2008). A citação está na p. 16.

A citação do biógrafo de Tovey sobre o verão quente com Suggia e com Casals vem de Mary Grierson, *Donald Francis Tovey: A Biography Based on Letters* (Londres, Oxford University Press, 1952, p. 161).

Minueto

A história exclusiva em *Musical America* é citada em Kirk, p. 293. O pano de fundo do relacionamento entre Casals e Metcalfe também vem de Kirk, p. 293-97, e de informações gentilmente dadas por George Moore, de Los Angeles, que há duas décadas descobriu diversas cartas pessoais por intermédio de um negociante musical de Hollywood.

A carta de maio de 1915 que Metcalfe escreveu para Casals está na Coleção de Cartas de Susan Metcalfe e Pablo Casals, 1915-1918,

Arquivos de Arte Americana, Smithsonian Institution, Washington, D.C. A carta escrita pela mãe de Susan Metcalfe para Pilar Casals está na mesma coleção, assim como o rascunho da carta que Casals escreveu a Metcalfe em 1917. A citação de que Casals achava que "a Alemanha cobiça a terra" está nos Documentos da Família Emmet, 1729-1989, Arquivos de Arte Americana, Smithsonian Institution.

A descrição da casa de Casals em San Salvador vem sobretudo de Kirk, e também de uma visita pessoal ao local, hoje o encantador Museu Pau Casals.

A situação política da Espanha depois da Primeira Guerra Mundial foi construída a partir dos seguintes livros: Hugh Thomas, *The Spanish Civil War* (Nova York, Penguin, 1977); Beevor, *Battle for Spain*; e Raymond Carr, *Spain: 1808-1939* (Londres, Oxford University Press, 1966). A colorida descrição de Primo de Rivera está em Thomas, p. 27.

Que a rainha espanhola era para Casals uma "segunda mãe" vem de suas próprias palavras em *Joys and Sorrows*, p. 217.

Giga

A calorosa resenha de Maisky em *The Times* está no perfil do artista no *website* do selo Deutsche Grammophon. A resenha negativa – se dostoievskiano pode ser considerado ruim – é de Benjamin Ivry, *International Record Review* (reproduzida em Andante.com).

SUÍTE Nº 3

Prelúdio

A epígrafe feliz vem de Hans Vogt, *Johann Sebastian's Chamber Music: Background Analyses, Individual Works*, trad. Kenn Johnson (Portland, Oregon, Amadeus Press, 1988, p. 181).

O (escasso) registro histórico de Bach e de Anna Magdalena anterior a seu casamento vem primariamente de Wolff, p. 216-18. Wolff levanta a possibilidade de que Bach pode ter pedido a mão de Anna Magdalena a seu pai quando passou por Schleiz.

A letra dessa misteriosa ária de amor secreto, atribuída a Giovannini, foi tirada do encarte do CD *The Notebook of Anna Magdalena Bach*, Nonesuch, 1981. A citação de Bach de que sua esposa "é uma soprano que canta bem e claramente" está na carta em que ele conta tudo a Georg Erdmann, escrita em 1730 e reproduzida em David e Mendel, p. 151-52. A citação que mostra a alegria de Anna Magdalena com o presente dos cravos vem do sobrinho de Bach, que trabalhou como secretário do compositor por dois anos; ela aparece em Wolff, p. 394. E vejam as reflexões de Percy M. Young sobre o amor entre Bach e Anna Magdalena, p. 136.

Alemanda

A epígrafe vem de Bylsma, p. 132. A descrição de Bach da *amusa* está na carta mencionada anteriormente, escrita para Erdmann. Geck, porém, lança dúvidas sobre a acusação de *amusa*, p. 113. Os fatos relacionados a cortes de orçamento na corte são apresentados em Wolff, p. 218-19. A probabilidade de que Bach desejava melhores escolas para seus filhos é apresentada em Wolff, p. 219; Geck, p. 114; e no delicioso, ainda que datado, Charles Sanford Terry, *Bach: A Biography* (Londres, Oxford University Press, 1950). Sobre a morte de Jacob, irmão de Bach, na Suécia, e sobre como seus pensamentos provavelmente se voltaram para o futuro dos filhos, ver Davitt Moroney, *Bach: An Extraordinary Life* (Londres, Royal School of Music, 2000, p. 53). A carta de Bach reclamando de Leipzig está em (onde mais?) sua carta para Erdmann, amplamente citada, em David e Mendel.

Corrente

A epígrafe do prolífico Johann Mattheson, compositor e teórico da música que foi contemporâneo de Bach, é citada no volume de texto da edição Bärenreiter de 2000 das suítes.

Para a nada cerimoniosa partida do rei da Espanha, ver Carr, p. 601, e Brian Crozier, *Franco: A Bibliographical History* (Londres, Eyre & Sottiswoode, 1967). A citação de polo, e também a de Alfonso sentindo-se "fora de moda" vêm de Carr, p. 601. O entusiasmo de Casals pelo governo republicano é resumido em Kirk, p. 377-79, e em Baldock, p. 141-44. A prisão de Luis Casals é mencionada em Baldock, p. 153.

A história do ensaio de Casals em Barcelona no fatídico 18 de julho de 1936 é contada em Kirk, p. 398. A citação de Casals está em Littlehales, p. 165. Os fatos relacionados à irrupção da guerra civil foram tirados principalmente de Beevor e de Thomas. A citação de Beevor está na p. 89. A observação de Casals sobre a ameaça a sua casa e a sua segurança vinda tanto da direita quanto da esquerda foi encontrada na Coleção Herbert L. Kirk (caixa 35), Biblioteca do Congresso, Divisão de Música.

Sarabanda

A epígrafe é de Rostropovich, falada em russo, mas com legendas em inglês, numa combinação de entrevista e apresentação das *Suítes para Violoncelo. J. S. Bach: Cello Suites*, VHS, EMI Classics, 1995.

A citação de Baldock sobre Casals precisar tocar apesar do perigo e das agitações está na p. 157. Que Casals detestava o "monstro de aço" da gravação é afirmado por seu amigo Maurice Eisenberg, "Casals and the Bach Suites", *The New York Times*, 10 de outubro de 1943.

O pano de fundo histórico da guerra civil é tirado primariamente de Thomas e de Beevor.

A citação de Casals de que o embargo de armas das democracias ocidentais era injusto porque Franco tinha grande poder de fogo está em Littlehales, p. 167. A citação da transmissão de rádio em que Casals alertava sobre Hitler está em *Joys and Sorrows*, p. 227. As circunstâncias da vida de Casals após a guerra civil em 1939 se baseiam principalmente em Kirk e em Baldock.

As citações de Casals sobre a ameaça do general Queipo de Llano e sobre sua depressão em Paris após a derrota republicana vêm de *Joys and Sorrows*, p. 226 e 231, respectivamente.

Bourrée

A epígrafe de Casals está em Blum, p. 101.

Duas cartas, datadas de 5 de junho e 5 de julho de 1939, falando de como Casals achava difícil e exaustivo gravar as suítes, estão localizadas no Fundo dos Arquivos do Grupo EMI em Londres. Os discos foram lançados na Inglaterra antes de serem lançados na América do Norte. As duas primeiras partes saíram em 1938 e a terceira em 1948.

O elogio de Norman Lebrecht está em *The Life and Death of Classical Music: Featuring the 100 Best and 20 Worst Recordings Ever Made* (Nova York, Anchor Books, 2007, p. 173).

A citação de Rostropovich sobre quanto tempo ele levou para gravar as suítes está na gravação em VHS *J. S. Bach: Cello Suites*. Matt Haimovitz é citado no encarte do CD *6 Suites for Solo Cello*, Oxingale Records, 2000. O comentário de Janos Starker está na edição que publicou da obra, *Six Suites for Unaccompanied Violoncello*, edição revista (Peer International, 1988).

Pieter Wispelwey fez sua observação do "barômetro" comigo numa entrevista após um recital em Montreal. Mischa Maisky explicou como se sentiu motivado a regravar numa entrevista em sua casa na Bélgica. A resenha do recital de Wispelwey é de Jeremy Eichler, *The New York Times*, 8 de abril de 2003, E3. A anedota sobre Piatigorsky foi contada por Maisky.

Giga

Hannah Addario-Berry, minha ex-professora de violoncelo, hoje faz parte do quarteto de cordas Del Sol, de São Francisco. O obituário de Walter Joachim, escrito por Arthur Kaptainis, foi publicado na *Gazette de Montreal* em 22 de dezembro de 2001, D11.

Notas

Suíte nº 4

Prelúdio

A epígrafe do obscuro compositor Sorabji aparece em Jeremy Nicholas, *Godowsky: The Pianists's Pianist* (Southwater, Sussex, Corydon Press, 1989, p. 117).

Wispelwey fez seus empolgantes comentários sobre o prelúdio enquanto dava uma *master class* de violoncelo na McGill University. As impressões de Tortelier estão no encarte de sua gravação *Bach: Cello suites*, EMI, 1983.

A breve mas estranhamente precisa notícia da chegada de Bach a Leipzig foi publicada num jornal de Hamburgo e está em David e Mendel, p. 106.

Duas obras reveladoras que falam de Leipzig à época de Bach são Carol K. Baron (ed.), *Bach's Changing World: Voices in the Community* (Rochester University Press, 2006), e Tanya Kevorkian, *Baroque Piety: Religion, Society and Music in Leipzig, 1650-1750* (Burlington, Vermont, Ashgate, 2007). As descrições de Leipzig, incluindo suas lâmpadas a óleo e seus vigias noturnos, foram tiradas de Terry, p. 151-75; Wolff, p. 237-40; e de Peter Washington, *Bach* (Nova York, Knopf, 1997, p. 83-89).

A abatida citação de Schweitzer sobre as condições de trabalho de Bach está em sua biografia em dois volumes: Albert Schweitzer, *J. S. Bach*, trad. Ernest Newman (Boston, Bruce Humphries, 1962, vol. 1, p. 112).

As ideias a respeito de as *Suítes para Violoncelo* terem sido planejadas como ciclo unificado vêm em parte do volume de texto da edição Bärenreiter de 2000 das suítes, p. 9, e do volume das suítes editado por Egon Voss, *Sechs Suiten. Violoncello Solo* (Munique, G. Henle Verlag, 2000), BWV 1007-12.

Alemanda

No que diz respeito à história das execuções públicas em Leipzig, sou integralmente devedor do excelente, ainda que arrepiante, ensaio de Peter Williams, "Public Executions and the Bach Passions", em *Bach Notes*, o nobre boletim da American Bach Society, nº 2 (outono de 2004). Minha descrição da espada de aço também vem do artigo. O assunto é igualmente discutido na soberba (e impressionantemente fina) biografia de Peter Williams, *The Life of Bach* (Cambridge, Cambridge University Press, 2004, p. 118). O mesmo livro contém a citação com as especulações sobre como os congregantes teriam reagido à *Paixão segundo São João* quando ela foi apresentada pela primeira vez em 1724, p. 116.

A principal obra citada sobre a questão do antissemitismo e a *Paixão segundo São João* é Michael Marissen, *Lutheranism, Anti-Judaism, and Bach's St. John Passion* (Nova York, Oxford University Press, 1988). A sugestão de Marissen de que Bach não conhecia bem ninguém que fosse judeu está na p. 22. Uma conversa por telefone em 2008 com Raymond Erickson, professor de música do Queen's College, City University of New York, acrescentou mais detalhes à parte sobre a presença judaica em Leipzig durante a vida de Bach. Outras informações foram pescadas por Baron e Kevorkian. As opiniões de Richard Taruskin sobre a *Paixão segundo São João* estão em seu exaustivo *The Oxford History of Western Music* (Nova York, Oxford University Press, 2005, vol. 2, p. 389-90).

Corrente

A epígrafe, que descreve a difícil tonalidade de Mi bemol, está na brilhante obra de Daniel Heartz: *Music in European Capitals: The Galant Style, 1720-1780* (Nova York, W. W. Norton, 2003, p. 317).

A famosa citação de Bach sobre "aborrecimentos, inveja e perseguição" vem de sua carta a Erdmann, citada em David e Mendel, p. 151-52.

Que Bach foi contratado em Leipzig como candidato absolutista representante de Augusto, o Forte, em oposição à facção dos Estados, é apresentado por Ulrich Siegele, "Bach and the Domestic

Policies of Electoral Saxony", trad. Kay LaRae Henschel, em John Butt (ed.), *The Cambridge Companion to Bach* (Cambridge, Cambridge University Press, 2000, p. 17-34). Siegele continua a discussão em "Bach's Situation in the Cultural Politics of Contemporary Leipzig", trad. Susan H. Gillespie e Robin Weltsch, em Carol K. Baron (ed.), *Bach's Changing World*.

O concerto de Bach em Dresden em setembro de 1725 recebeu uma resenha de duas frases no *Relationscourier* de Hamburgo, reproduzida em David e Mendel, p. 117. A descrição do funeral do príncipe Leopoldo vem de Wolff, p. 206.

A sensibilidade de Bach quanto a não possuir formação universitária é apontada por Moroney, p. 66-67.

Um livro útil, que faz o perfil tanto dos antepassados de Bach quanto de seus filhos, é *The New Grove Bach Family* (Nova York, W. W. Norton, 1983). O fato de Bach apresentar a Friedemann um certificado que marca sua matrícula na universidade é mencionado num capítulo de Eugene Helm, p. 239. A citação sobre o relacionamento entre pai e filho que se entrevê no *Pequeno Livro de Teclado de Wilhelm Friedemann Bach* está em Williams, p. 85. As viagens de Bach a Dresden para ir à ópera com seu filho mais velho foram descritas pela primeira vez na antiga biografia de Forkel; a citação é dada por Wolff, p. 363. O fato de C. P. E. tocar precocemente a música do pai é descrito por Helm, p. 251.

A possibilidade de que Bach estivesse sofrendo de alguma espécie de crise da meia-idade aos 42 anos e estivesse à beira de um "ponto de ruptura" em suas disputas de trabalho é sugerida por Moroney, p. 73-76. Boyd, p. 118, afirma que, por temperamento, Bach não servia para o trabalho de chantre.

Sarabanda

A epígrafe de 1690 de James Talbot, compositor inglês, é citada em Little e Jenne, p. 94-95.

A atmosfera de Prades baseia-se no material de "Letter from Prades", texto encantador publicado pela *The New Yorker* cujo crédito simplesmente dizia: "Genêt", 17 de junho de 1950, p. 81-88, e também informações de Baldock, p. 166-67, e Kirk, p. 418.

A visita nazista a Casals é contada em Littlehales, p. 192-95; em *Joys and Sorrows*, p. 244-47; e em Kirk, p. 419. A notícia do *The New York Times* de que Casals "vivia isolado" na França é citada em Baldock, p. 168; o cheque em branco é descrito em Bernard Taper, "A Cellist in Exile", *The New Yorker*, 24 de fevereiro de 1962, p. 69. O período do imediato pós-guerra para Casals, incluindo os concertos que marcaram seu retorno à Inglaterra e, enfim, sua decisão de calar o violoncelo, é detalhado em Kirk, p. 425-41. A citação da correspondência de Casals, na qual ele descreve seus progressos no violoncelo após os alemães saírem da cidade, aparece em Littlehales, p. 167.

Bourrée

Para falar sobre a maneira como uma corda soava melhor quando estava prestes a arrebentar Casals utilizava uma expressão em francês: "*le chant du cygne*" – o canto do cisne. A citação aparece em Taper, "Cellist in Exile", p. 76. Taper depois ampliou esse perfil em seu livro *Cellist in Exile: A Portrait of Pablo Casals*.

A descrição do violoncelo de Casals, um Bergonzi-Gofriller feito em Veneza em algum momento em torno de 1700, que ele comprou em 1908, está em "Letter from Prades", p. 87. O mesmo artigo faz uma descrição do Festival de Prades. A revista *Life* também publicou um longo artigo de Lael Wertenbacker, "Casals: At Last He Is Preparing to Play in Public Again", com fotografias de Gjon Mili, em 15 de maio de 1950. O artigo da Life contém a citação de Casals sobre ter ficado decepcionado politicamente com a Inglaterra e com os Estados Unidos. A frase sobre "empresários, autoridades e admiradores" pedindo que Casals voltasse à sala de concertos é de Howard Taubman, "The Best Who Draws a Bow", *The New York Times Magazine*, 28 de maio de 1950, p. 118. O som de "seda pesada" do violoncelo de Casals vem de "Letter from Prades", p. 82. Também baseei-me em Kirk no que diz respeito ao festival, p. 453-61, e em Baldock, p. 182-93.

Giga

Para o *website* da Canadian Amateur Musicians e para notícias sobre seus cursos e retiros em ambientes bucólicos, ver http://www.cammac.ca.

A gravação da cantata *Brich dem Hungrigen dein Brott* (BWV 39) foi feita ao vivo de maneira impressionante pelo Monteverdi Choir e pelos English Baroque Soloists regidos por John Eliot Gardiner: John Eliot Gardiner, *Bach Cantata Pilgrimage*, vol. 1, SDG. Entre as profundas conexões de Gardiner com Bach está o fato de que o retrato de Hausmann do grande compositor ficou na parede da casa de seu pai algum tempo depois de seu proprietário alemão, Walter Kenke, tê-lo guardado ali, por segurança, após tê-lo resgatado da Alemanha nazista em 1937.

Suíte nº 5

Prelúdio

A epígrafe é do prefácio de Godowsky a sua transcrição para piano de três suítes para violoncelo, reproduzida em Jeremy Nicholas, *Godowsky: The Pianists' Pianist* (Southwater, Sussec, Corydon Press, 1989, p. 116). Para as cativantes transcrições, considere a gravação de Carlos Grante, *Music and Arts*, 1999.

Alguma informação sobre a proveniência do manuscrito para alaúde é apresentada nas notas a uma reprodução do manuscrito publicada por Godelieve Spiessens. Sou o orgulhoso (e legítimo) proprietário do manuscrito, um fac-símile que contém os genuínos volteios e floreios de Bach, comprado na Biblioteca Real da Bélgica; *Suite Pour Luth en Sol Mineur*, BWV 995, Coleção Fontes Musicae Bibliothecae Regiae Belgicae, Bibliothèque Royale Albert 1er, Bruxelas, 1981.

Alemanda

A epígrafe é de Vogt, p. 184.

A história da Saxônia governada por Augusto, o Forte, foi reunida a partir de diversas fontes. Um livro que é tão esplêndido quanto o assunto de que trata é Daniel Heartz, *Music in European Capitals: The Galant Style, 1720-1780* (Nova York, W. W. Norton, 2003). Para a música em Dresden, ver p. 295-349. Bach não aparece na história, mas Heartz dedica capítulos fascinantes a dois de seus filhos, e também ao déspota semiesclarecido Frederico, o Grande. A citação sobre as brigas internas na Capelle de Dresden está nas p. 304-05.

Pode-se encontrar mais materiais sobre a música e sobre os músicos relacionados à corte saxã na revista de música antiga *Goldberg*: Brian Robbins, "Dresden in the Time of Zelenka and Hasse", *Goldberg*, n. 40 (junho/agosto de 2006, p. 69-78). Sobre a história do absolutismo saxão, pode-se aprender muito com Blanning.

Bach foi acusado de "não fazer nada" e de ser "incorrigível" na ata da reunião de 2 de agosto de 1730 do conselho municipal de Leipzig. Os trechos das atas estão em David e Mendel, p. 144-45. O longo memorando de Bach ao conselho, em que ele inveja a condição da música em Dresden, está em David e Mendel, p. 130. A sincera carta de Bach a Erdmann em 1730 aparece na mesma fonte, p. 151-52.

Boyd, p. 165-67, afirma que Bach "fez o que podia e o que não podia" durante esse período para estabelecer laços mais próximos com Dresden, talvez na esperança de obter um cargo permanente, e que mesmo após a morte de Augusto, o Forte, as novas composições de Bach tinham como objetivo lisonjear a corte de Dresden.

Após tanta seriedade em Bach, é agradável encontrar uma obra tão divertida quanto a *Cantata do Café*. Sobre os controversos estabelecimentos cafeinados de Leipzig, ver Katherine R. Goodman, "From Salon to Kaffeekranz: Gender Wars and the Coffee Cantata in Bach's Leipzig", em Baron, p. 190-218. Outra discussão estimulante aparece em Hans-Joachim Schulze, "Ey! How Sweet the Coffee

Tastes: Johann Sebastian Bach's Coffee Cantata in Its Time", *Bach*, vol. 43, n. 2, 2001, p. 2-35.

A folha de rosto do libreto de Cleofide é citada em Heartz, p. 322.

A breve resenha de um jornal de Dresden sobre o recital de órgão de Bach está em David e Mendel, p. 311. O poema que acompanhava a resenha começa com um jogo de palavras com o nome de Bach: "Um agradável riacho...". Em alemão, *Bach* significa "riacho".

A petição de Bach por um título real é reproduzida em David e Mendel, p. 158.

A descrição dos concertos na praça do mercado, na presença do casal real, e também a morte do trompetista, aparecem em Wolff, p. 360-61, numa seção que trata dos concertos especiais que Bach estava produzindo (e pelos quais ganhava um dinheiro razoável) em honra da dinastia saxã durante a década de 1730.

Para saber mais sobre o tecladista Goldberg (que deu seu nome não apenas a uma composição imortal, mas também a uma revista de música antiga), ver Peter Wollny, "Johann Gottlieb Goldberg", *Goldberg*, vol. 50, fevereiro de 2008, p. 28-38.

Que Bach enfim foi nomeado compositor da corte real "por causa de sua capacidade" foi tirado de Geck, p. 182.

A nota de rodapé descrevendo a ênfase de Bach em novas "melodias que pegassem" em meados de 1730 cita William, p. 132.

Corrente

A epígrafe de Fétis – "uma personalidade balzaquiana, em ebulição, que crescia na controvérsia" – aparece em Harry Haskell, *The Early Music Revival: A History* (Mineola, NY, Dover, 1996). Sua carreira é resumida nas p. 19-20.

A passagem sobre a nova posição de Wilhelm Friedemann em Dresden reflete as ideias de Helm, p. 239-40.

A comovente carta que Bach escreveu sobre o desaparecimento de seu filho Gottfried Bernhard é citada a partir de uma tradução que aparece em Boyd, p. 171-72.

Para ouvir as balsâmicas sonatas para alaúde de Weiss, procure os nove discos separados em que elas são tocadas por Robert Bato no econômico selo Naxos. A Sonata nº 37 em Dó Maior em alguns momentos recorda uma suíte de Bach para violoncelo: *Silvius Leopold Weiss: Sonatas para Alaúde*, vol. 4, Naxos, 2001. Para as pesquisas mais recentes sobre a vida de Weiss, ver Daniel Zuluage, "Sylvius Leopold Weiss", *Goldberg*, vol. 47, agosto de 2007, p. 21-29.

O mistério de "Monsieur Schouster" foi mais ou menos resolvido num artigo de Hans-Joachim Schulze, eminente musicólogo alemão e especialista em Bach, "'Monsieur Schouster': Ein vergessener Zeitgenosse Johann Sebastian Bachs", em *Bachiana et Alia Musicologica: Festschrift Alfred Dürr zum 65*, Wolfgang Rehm (ed.) (Cassel, 1983, p. 243-50). Tenho uma dívida com Ilke Braun por ter traduzido o artigo para mim. A carta de Weiss que ajudou a desvendar o mistério foi publicada por Schulze com o título "Ein unbekannter Brief von Silvius Leopold Weiss", *Die Musikforschung*, vol. 21, 1968, p. 204. A mesma carta aparece em inglês na *web* em *Classical Net*, trad. Douglas Alton Smith, http://www.classical.net/music/comp.lst/articles/weiss/bio.php (acesso em 12/02/2014).

As informações sobre o destinatário da carta de Weiss, Luise Adelgunde Gottsched, foram generosamente dadas numa entrevista por telefone com Katherine R. Goodman, professora de Estudos Alemães na Brown University. A afirmação de que Luise Gottsched era "a mulher mais culta" da nação alemã vem do artigo de Goodman em Baron sobre as guerras de gênero. Também há úteis informações de fundo sobre a cidade de Danzig no artigo de Goodman "Luis Kulmus' Danzig", *Diskurse der Aufklärung*, 2006, p. 13-35.

Boyd, à p. 95, levanta a possibilidade de que a afinação do alaúde (em quartas) pode estar conectada à afinação em *scordatura* da quinta suíte para violoncelo. Se a suíte para alaúde foi composta primeiro, escreve, "isso poderia explicar também por que a versão para violoncelo às vezes parece precisar ser completada por outro elemento".

O violoncelo solo de Domenico Gabrielli pode ser ouvido em *Italian Cello Music*, um sedutor CD do selo Accent. As informações sobre como Gabrielli afinou seu violoncelo aparecem no encarte do CD em texto de Marc Vanscheeuwijck, trad. Christopher S. Cartwright. O CD contém dezesseis faixas de Gabrielli, além de obras para violoncelo de Marcello, Bononcini, Alessandro Scarlatti e De Fesch. As obras para violoncelo de Gabrielli têm algo de sinuoso, de relaxado, e parecem a matéria-prima que Bach teria escavado para suas suítes altamente estruturadas.

Sarabanda

É fácil encontrar epígrafes para esse movimento singular. A frase de Rostropovich vem de seu comentário/*performance* no vídeo da EMI Classics.

A descrição de Capdevila como "uma agradável doméstica grisalha" foi reproduzida por Wertenbacker, *Life*, p. 161. Na verdade, Capdevila era filha de um rico produtor de móveis catalão; ela recebia lições de violoncelo de Casals em Barcelona quando tinha dezessete anos e ele, dezenove; Kirk, p. 102. A citação de Kirk sobre o casamento ser um gesto de cavalheirismo está na p. 473; a descrição do retorno à Espanha está nas p. 473-74. O pagamento ao governo de Franco por sua casa, como "resgate", nas palavras de Casals, é citado em Taper, "Cellist in Exile", p. 63.

Marta Casals Istomin recordou numa entrevista por telefone em 2008 suas primeiras impressões ao encontrar Casals em Prades. A descrição de como Marta tornou-se próxima de Casals vem de Kirk, p. 475-80. As informações sobre a viagem para Porto Rico foram tiradas de Kirk, p. 482-88, e de Baldock, p. 213-18. A carta de Casals a Schneider é citada em Baldock, p. 219. O ensaio para o festival de Porto Rico e o ataque do coração são descritos por Baldock, p. 222.

Posteriormente Casals atribuiu seu ataque do coração a pensamentos sobre sua orquestra em Barcelona no dia em que irrompeu a Guerra Civil Espanhola; *The New Yorker*, 19 de abril de 1969, p. 123. Que Casals veio a considerar o coração um prodígio capaz de curar-se a si mesmo está em Kirk, p. 497, ainda que sua cunhada estivesse preocupada que talvez não fosse "seguro" para um homem em sua condição ter moça bonita à sua volta, p. 495.

A citação de Marta explicando sua motivação para o casamento foi tirada de Anna Benson Gyles (dir.), *Song of the Birds: A Biography of Pablo Casals*, Kultur / BBC, VHS, 1991.

O comentário de Casals sobre o quanto Marta lhe recordava sua mãe apareceu em "An Interview with Pablo Casals", *McCall's*, maio de 1966.

Gavota

A epígrafe de Rousseau é citada em Boyd, p. 187.

A história de como Casals foi tocar na ONU é contada por Baldock, p. 234-36, e por Kirk, p. 505-10. Baldock disse que aquele foi o "o evento musical mais amplamente transmitido da história". Baldock também criou a memorável expressão "superastro geriátrico" para Casals naquele momento de sua carreira.

A relação do pós-guerra entre a Espanha de Franco e a coalizão ocidental é esboçada em H. Stuart Hughes, *Contemporary Europe: A History*, 5. ed. (Englewood Cliffs, Nova Jersey, Prentice-Hill, 1981, p. 505-09).

A descrição da aparição de Casals na ONU se baseia em Lindesay Parrot, "Throng at U. N. Hails Performance by Casals", *The New York Times*, 25 de outubro de 1958, p. 1. A matéria na seção de TV da mesma edição é de Jack Gould. Harold C. Schonberg, brilhante crítico de música, fez a resenha da apresentação na p. 2 com o título "Music of Casals Retains Its Vigor".

Trechos das declarações gravadas que Casals fez à ONU são reproduzidos em Kirk, p. 506-07.

Giga

A epígrafe foi tirada de Dimitry Markevitch, *Cello Story*, trad. Florence W. Seder (Miami, Summy-Birchard, 1984, p. 160). Markevitch era um distinto violoncelista e estudioso das suítes de Bach.

A história sobre o nefasto "suingue" inserido em Bach foi publicada com o título "Swinging' Bach's Music on Radio Protested", *The New York Times*, 27 de outubro de 1938, p. 1.

A reação extática de Glenn Gould aos Swingle Singers foi tirada de Mike Zwerin, "Giving Fugues to the Man in the Street", *International Herald Tribune*, 28 de abril de 1999.

Entre os observadores do processo do Procol Harum estava Rod Liddle, "J. S. Bach Should Claim the Royalties", *The Spectator*, 15 de novembro de 2006. (http://www.spectator.co.uk/the-magazine/cartoons/26422/js-bach-should-claim-the-royalties.thtml).

A citação de Harold C. Schonberg a respeito de sofrer um "profundo choque cultural" causado por *Switched-On Bach* foi publicado sob o título "A Merry Time with the Moog?". *The New York Times*, 16 de fevereiro de 1969, D17. A revista *Time* comparou as muitas versões de Bach a traduções de Homero: "Swing, Swung, Swingled", 6 de novembro de 1964, D17.

A história em torno do trabalho de Robert Schumann nas *Suítes para Violoncelo* é apresentada em linhas gerais por Joachim Draheim na Breitkopf edition; *Suite 3 for Violoncello and Piano*, arr. Robert Schumann, ed. Joachim Draheim (Wiesbaden, Breitkopf & Härtel, 1985, p. 7-9).

A experiência de Leopold Godowsky transcrevendo as suítes é contada em Nicholas, p. 115-19.

A citação de Casals sobre amarrar as notas está em Blum, p. 19.

Allen Winold, numa desconstrução musicológica das *Suítes para Violoncelo*, identificou o tema B-A-C-H na terceira suíte. Ver Allen Winold, *Bach's Cello Suites: Analyses & Explorations* (Bloomington, Indiana University Press, 2007, vol. 1, Text, p. 62).

Sobre Danny "DV8" Stratton, ver "Bach Fugue Gets the DJ Treatment", npr.org, 18 de maio de 2006 (http://www.npr.org/templates/story/story.php?storyid=5402905) (acesso em 12/02/2014).

Suíte Nº 6

Prelúdio

A epígrafe sobre o instrumento ideal de Bach está em Schweitzer, p. 385.

O trecho de Forkel sobre Frederico, o Grande, convocar Bach a seu palácio é reproduzido em David e Mendel, p. 429. O artigo do jornal de Berlim sobre a visita de Bach está na mesma fonte na p. 224; a dedicatória de Bach ao rei consta na p. 226.

As maneiras como Bach e Frederico, o Grande, enfrentaram-se como "encarnações de valores guerreiros" é descrita com exuberância por James R. Gaines, *Evenings in the Palace of Reason: Bach Meets Frederick the Great in the Age of Enlightenment* (Nova York, Fourth Estate, 2005, p. 68). Gaines fala do quanto o compositor Hasse se sentia confortável com Frederico, o Grande, ocupante inimigo, p. 208-09. O fato de que Bach nunca abdicou de sua cidadania de Eisenach é discutido em Wolff, p. 310.

A nota de rodapé que compara o desafio de Frederick a sessenta jogos de xadrez de olhos vendados é tirada de Douglas R. Hofstadter, *Gödel, Escher, Bach: An Eternal Golden Braid* (Nova York, Vintage, 1989, p. 7).

Boyd, p. 201, resume bem a fase final esotérica da carreira de Bach, "a sós com os mistérios impenetráveis de sua arte". A citação do primeiro-ministro saxão adiantando-se à morte de Bach foi tirada de Wolff, p. 442. A descrição da comitiva do Dr. Taylor está em Gaines, p. 250.

Os comentários de C. P. E. Bach foram tirados daquilo que é conhecido como "o obituário" na literatura bachiana. Escrito por C. P. E. junto com J. F. Agricola em 1750 e publicado em 1754, foi reproduzido em David e Mendel; as citações usadas estão na p. 303.

Os detalhes dos bens de Bach, incluindo a ideia de valor "ideal", são resumidos sucintamente em Wolff, p. 454-58.

Alemanda

A epígrafe de C. P. E. sobre os manuscritos de Bach indo e vindo é de uma carta que ele escreveu ao biógrafo Forkel em 1774, reproduzida em David e Mendel, p. 388.

A citação de C. P. E. caracterizando seu irmão Gottfried Heinrich está em Wolff, p. 398.

O retrato de John Bach, filho mais novo de Bach, vem primariamente de Charles Sanford Terry, *John Christian Bach* (Londres, Oxford University Press, 1967); Heartz, p. 883-929; e Ernest Warburton em *The New Grove Bach Family*. Para retratos vívidos tanto de John Bach quanto de Abel, ver os retratos feitos por seu amigo íntimo Thomas Gainsborough.

A pequena biografia de C. P. E. baseia-se em Hans-Günter Ottenberg, *C. P. E. Bach* (Oxford, Oxford University Press, 1967); Young, p. 167-81, 207-22; Heartz, p. 389-424; e Helm. O senso irregular de ritmo de Frederico, o Grande, é citado em Young, p. 169.

A seção sobre Friedemann Bach, filho mais velho de Bach, baseou-se em Young, p. 183-206; Helm, p. 238-50; e Gerhard Herz, "The Human Side of the American Bach Sources", *Bach Studies I* (1989), p. 323-50. Para a relação de Friedemann com seu pai, ver as ruminações psicológicas de Williams, p. 198-202. A parte póstuma da história vem por cortesia de Christoph Wolff, "Descendants of Wilhelm Friedemann Bach in the United States", *Bach Perspectives*, Stephen Crist (ed.) (Chicago, University of Illinois Press, 2002, vol. 5).

A biografia do relativamente obscuro "Bach de Bückeburg" baseia-se em Young, p. 223-35, e em Helm, p. 309-12. Sua parte do espólio de Bach é descrita em linhas gerais em Wolff, p. 458-60. Detalhes da proveniência do manuscrito autógrafo das obras para violino solo estão em Vogt, p. 21-22.

W. F. E. (neto de Bach) é classificado como compositor menor por "um excesso de cortesia" nas palavras de Young, que mesmo assim concede a cortesia nas p. 275-76.

Corrente

A epígrafe dos divertimentos é de Little e Jenne, p. 114.

A citação atribuída à segunda esposa de Bach aparece em Esther Meynell, *The Little Chronicle of Anna Magdalena Bach* (Londres, Chapman e Hall, 1954). O nome da autora não foi colocado na folha de rosto quando o livro foi publicado em 1925, fazendo que ele parecesse um legítimo diário. Até hoje ele engana as pessoas. Em abril de 2008, uma edição da revista francesa *Guitar Acoustic Classic* publicou um artigo que trazia uma única recomendação de leitura para quem quisesse saber mais sobre a vida de Bach: *The Little Chronicle of Anna Magdalena Bach*.

O artigo do *Telegraph* é de Barbie Dutter e Roya Nikkhah: "Bach's Works Were Written by His Second Wife, Claims Academic", 22 de abril de 2006. Isserlis foi citado no mesmo artigo.

Os detalhes em torno da cópia feita para Schwanenberger estão resumidos na edição Bärenreiter de 2000 das suítes, com mais informações em Geck, p. 164, e em Wolff, p. 375. A proveniência do manuscrito de Anna Magdalena Bach é mais elucidada na edição da música feita por Egon Voss, *Six Suites for Violoncello Solo* (G. Henle Verlag). Ver também a edição de Kirsten Beisswenger (Leipzig, Breitkopf & Hartel, 2000).

Peças-chave do quebra-cabeça foram dadas por uma dissertação desmistificadora de Bradley James Knobel, "Bach Cello Suites with Piano Accompaniment and Nineteenth-Century Bach Discovery: A Stemmic Study of Sources", tratado apresentado ao College of Music, Florida State University, 2006. Knobel observa que em 1841 a Biblioteca Real de Berlim (posteriormente renomeada Biblioteca Estatal Prussiana) adquiriu o manuscrito de Anna Magdalena Bach, que ainda era "considerado do próprio Bach". Knobel também revela que a edição Grützmacher baseou-se no manuscrito de Anna Magdalena. A citação de Knobel aparece nas p. 33-34 de seu tratado.

Os detalhes da carreira de Grützmacher foram tirados de Lev Ginsburg, *History of the Violoncello*, trad. Tanya Tchistyakova (Montreal,

Paganiniana Publications, 1983, p. 65-69). A carta irada que Grützmacher escreveu a seu editor é citada em Markevitch, p. 61-62.

Sarabanda

A epígrafe falsamente atribuída a Anna Magdalena Bach é na verdade de Meynell, p. 82.

A "charada não resolvida" relacionada à sexta suíte é citada a partir da edição Bärenreiter de 2000 das suítes, volume de texto, p. 16. Para uma discussão aprofundada do violoncelo à época de Bach e o mistério da sexta suíte, ver p. 14-18.

Desde então, Dmitry Badiarov mudou-se para Tóquio. Seu *website* é http://www.violadabraccio.com.

Mark M. Smith oferece informações excelentes sobre o violoncelo piccolo em "Bach's Violoncello Piccolo", *Australian String Teacher*, vol. 7, 1985, p. 93-96.

A citação do pai de Mozart sobre o violoncelo está em Leopold A. Mozart, *Treatise on the Fundamental Principles of Violin Playing*, trad. Editha Knocker, 2. ed. (Nova York, Oxford University Press, 1985, p. 11).

Gavota

A epígrafe está em Wilfrid Mellers, *Bach and the Dance of God* (Nova York, Oxford University Press, 1981, p. 31).

A *performance* na Casa Branca, durante o mandato de Kennedy, é detalhada em Baldock, p. 329-42, e em Kirk, p. 519-22, e noticiada por Harold C. Schonberg, "Casals Plays at White House", *The New York Times*, 14 de novembro de 1961, p. 1.

A matéria jornalística que fala que Casals tinha uma "figura deslumbrante" aos noventa anos é de Henry Raymont e foi publicada no *The New York Times* em 16 de abril de 1966, p. 57. O fato de que o tanque de oxigênio portátil de Casals fosse mais usado por "senhoras idosas tomadas de emoção" em seus concertos é relatado por Kirk, p. 538. A citação sobre "adular a orquestra" está em outro artigo de Raymont no *The New York Times*, publicado em 31 de maio de 1967, p. 51.

A visita de Norman Cousin a Casals é descrita de maneira pungente em seu livro *Anatomy of an Illness as Perceived by the Patient* (Nova York, W. W. Norton, 1979, p. 72-79).

A rotina diária de Casals para tocar as suítes de Bach, assim como sua visualização da sexta suíte como uma ampla catedral, foi relatada numa entrevista de Marta Casals Istomin.

As informações sobre a viagem de Casals a Israel estão em Baldock, p. 256, e em Kirk, p. ix, e vêm das lembranças de Marta Casals Istomin. A citação de Casals a respeito de dar "o sentido das notas" consta em Blum, p. 49. Mischa Maisky recorda ter tocado para o maestro numa entrevista.

A doença de Casals foi descrita numa entrevista de Marta Casals Istomin e está em Baldock, p. 256-57; Kirk, p. ix-x; e San Juan Star, 22 de outubro de 1973, p. 11. A citação de Casals sobre divindade foi publicada em *McCall's*, maio de 1966. Os detalhes sobre seu funeral se baseiam em Baldock, p. 259-62; Kirk, p. x-xi; Marta Casals Istomin; e San Juan Star, 24 de outubro de 1973, p. 1.

Giga

A arrebatada citação de Wispelwey vem de Peter Goddard, "Dutch Cellist Has Suite Dreams on His Mind", *Toronto Star*, 15 de outubro de 1998, G5.

O artigo do *Telegraph* sobre os manuscritos de Bach encontrados aparando árvores frutíferas foi noticiado no *The New York Times* em 9 de fevereiro de 1879. A bizarra descoberta de um manuscrito de Bach numa construção em Manhattan é mencionada em Geck, p. 31.

A história dos manuscritos de Bach, particularmente daqueles guardados na Biblioteca Estatal Prussiana e que foram afetados pela Segunda Guerra Mundial, é habilmente contada em Nigel Lewis, *Paperchase: Mozart, Beethoven, Bach... The Search for Their Lost Music* (Londres,

Hamish Hamilton). A citação do bibliotecário de Berlim está na p. 54. Para compreender o destino do manuscrito das *Suítes para Violoncelo* no pós-guerra, foram tiradas informações de Richard S. Hill, "The Former Prussian State Library", *Notes (Journal of the American Music Library Association)*, vol. 3, n. 4, setembro de 1946, p. 327-50, 404-10; e também de P. J. P. Whitehead, "The Lost Berlin Manuscripts", *Notes*, vol. 33, n. 1, setembro de 1976, p. 7-15.

Para o trabalho de detetive de Christoph Wolff em rastrear o espólio musical perdido de C. P. E. Bach, ver Sarah Boxer, "International Sleuthing Adds Insight about Bach", *The New York Times*, 16 de abril de 1999; Joseph P. Kahn, "A Bach Score", *Boston Globe*, 30 de setembro de 1999; e Michael Ellison, "Search Uncovers Lost Bach Treasures", *The Guardian*, 6 de agosto de 1999.

A história da "ária da caixa de sapatos" foi relatada em Luke Harding e Charlotte Higgins, "Forgotten Bach Aria Turns Up in Shoebox", *The Guardian*, 8 de junho de 2005, p. 3; e nas notas de encarte de Michael Maul (o descobridor) na primeira gravação, *Bach Alles mit Gott*, John Eliot Gardiner regendo o Monteverdi Choir e os English Baroque Soloists, SDG, 2005.

A citação de Markevitch a respeito de sua descoberta dos manuscritos de Westphal e de Kellner faz parte de seu livro *Cello Story*, p. 157-58. Os detalhes a respeito de Kellner são apresentados em Russell Stinson, *The Bach Manuscripts of Johann Peter Kellner and His Circle: A Case Study in Reception History* (Durham, North Carolina, Duke University Press, 1989).

A ameaça mortal à música imortal de Bach me foi explicada por Peter Wollny, estudioso do Bach-Archiv, em Leipzig. A história foi noticiada por John Hooper, "Fund Shortage Blocks Efforts to Repair Deteriorating Scores", *Sun-Times* (Chicago), 23 de janeiro de 2000.

Bibliografia

"An Interview with Pablo Casals". *McCall's*, maio de 1966.

Applegate, Celia. *Bach in Berlin: Nation and Culture in Mendelssohn's Revival of the St. Matthew Passion*. Ithaca: Cornell University Press, 2005.

"Bach Fugue Gets the DJ Treatment". National Public Radio. NPR.org. 18 de maio de 2006. Disponível em: http://www.npr.org/templates/story/story.php?storyId=5402905 (acesso em 13/02/2014).

Baedeker's Spain and Portugal. 2. ed., 1901.

Baldock, Robert. *Pablo Casals*. Boston: Northeastern University Press, 1992.

Baron, Carol K. (ed.). *Bach's Changing World: Voices in the Community*. Rochester: Rochester University Press, 2006.

Bauer, Harold. *Harold Bauer: His Book*. Nova York: Greenwood Press, 1969.

Beevor, Antony. *The Battle for Spain: The Spanish Civil War 1936-1939*. Londres: Phoenix, 2007.

Blanning, Tim. *The Pursuit of Glory: Europe 1648-1815*. Londres: Penguin, 2008.

Blum, David. *Casals and the Art of Interpretation*. Berkeley: University of California Press, 1980.

Blume, Friedrich. *Two Centuries of Bach: An Account of Changing Taste*. Trad. Stanley Godman. Londres: Oxford University Press, 1950.

Botwinick, Sara. "From Ohrdruf to Mühlhausen: A Subversive Reading of Bach's Relationship to Authority". *Bach*, vol. 35, n. 2, 2004, p. 1-59.

Boxer, Sarah. "International Sleuthing Adds Insight about Bach". *The New York Times*, 16 de abril de 1999.

Boyd, Malcolm (ed.). *Oxford Composer Companions: J. S. Bach*. Nova York: Oxford University Press, 1999.

_____. *Bach*. Nova York: Oxford University Press, 2000.

_____. *Bach: The Brandenburg Concertos*. Cambridge: Cambridge University Press, 2003.

Brenan, Gerald. *The Spanish Labyrinth: An Account of the Social and Political Background of the Civil War*. Cambridge: Cambridge University Press, 1969.

Butt, John (ed.). *The Cambridge Companion to Bach*. Cambridge: Cambridge University Press, 2000.

Bylsma, Anner. *Bach, the Fencing Master: Reading Aloud from the First Three Cello Suites*. 2. ed. Amsterdã, 2001.

Carr, Raymond. *Spain: 1808-1939*. Londres: Oxford University Press, 1966.

Casals, Pablo. "The Story of My Youth". *Windsor Magazine*, 1930.

"Casals Buried near Isla Verda Home". *San Juan Star*, 24 de outubro de 1973, p. 1.

"Cellist Takes Bach to Summit of Mount Fuji". *Earthtimes.org*. 18 de junho de 2007.

Corredor, J. Ma. *Conversations with Casals*. Trad. Andre Mangeot. Londres: Hutchison, 1956.

Cousins, Norman. *Anatomy of an Illness as Perceived by the Patient*. Nova York: W. W. Norton, 1979.

Crozier, Brian. *Franco: A Bibliographical History*. Londres: Eyre & Spottiswoode, 1967.

David, Hans T. e Mendel, Arthur (eds.). *The New Bach Reader: A Life of Johann Sebastian Bach in Letters and Documents*. Edição revista e ampliada por Christoph Wolff. Nova York: W. W. Norton, 1998.

"Discovery of Missing Music: Manuscript Works of Bach Found in an Old Trunk and Used for Padding Fruit Trees". *London Telegraph*, 25 de janeiro de 1879. Reproduzido em *The New York Times*, 9 de fevereiro de 1879, p. 8.

EICHLER, Jeremy. "A Cellist Tethered Lightly to Bach and Britten Solos". *The New York Times*, 8 de abril de 2003, E3.

EISENBERG, Maurice. "Casals and the Bach Suites". *The New York Times*, 10 de outubro de 1943.

ELLISON, Michael. "Search Uncovers Lost Bach Treasures". *The Guardian*, 6 de agosto de 1999.

GAINES, James R. *Evenings in the Palace of Reason: Bach Meets Frederick the Great in the Age of Enlightenment*. Nova York: Fourth Estate, 2005.

GAY, Peter e WEBB, R. K. *Modern Europe to 1815*. Nova York: Harper and Row, 1973.

GECK, Martin. *Johann Sebastian Bach: Life and Work*. Trad. John Hargraves. Nova York: Harcourt, 2006.

GINSBURG, Lev. *History of the Violoncello*. Trad. Tanya Tchistyakova. Montreal: Paganiniana Publications, 1983.

GODDARD, Peter. "Dutch Cellist Has Suite Dreams on His Mind". *Toronto Star*, 15 de outubro de 1998, G5.

GOODMAN, Katherine R. "Luis Kulmus' Danzig". *Diskurse der Aufklärung* (2006).

HARDING, Luke e HIGGINS, Charlotte. "Forgotten Bach Aria Turns Up in Shoebox". *The Guardian*, 8 de junho de 2005, p. 3.

HASKELL, Henry. *The Early Music Revival: A History*. Nova York: Dover, 1996.

HEARTZ, Daniel. *Music in European Capitals: The Galant Style, 1720-1780*. Nova York: W. W. Norton, 2003.

HILL, Richard S. "The Former Prussian State Library". *Notes [Journal of the American Music Library Association]*, vol. 3, n. 4, setembro de 1946, p. 327-410.

HOFSTADTER, Douglas R. *Gödel, Escher, Bach: An Eternal Golden Braid*. Nova York: Vintage, 1989.

HOLBRON, Hajo. *A History of Modern Germany: 1648-1840*. Nova York: Alfred A. Knopf, 1971.

HOOPER, John. "Fund Shortage Blocks Efforts to Repair Deteriorating Scores". *Sun-Times* (Chicago), 23 de janeiro de 2000.

HUGHES, H. Stuart. *Contemporary Europe: A History*. 5. ed. Englewood Cliffs, Nova Jersey: Prentice-Hill, 1981.

HUGHES, Robert. *Barcelona*. Nova York: Vintage, 1993.

KAHN, Albert E. *Joys and Sorrows: Reflections by Pablo Casals*. Nova York: Simon & Schuster, 1970.

KAHN, Joseph P. "A Bach Score". *Boston Globe*, 30 de setembro de 1999.

KAPTAINIS, Arthur. "Walter Joachim Was MSO Cellist". *Gazette* (Montreal), 22 de dezembro de 2001, D11.

KEVORKIAN, Tanya. *Baroque Piety: Religion, Society, and Music in Leipzig, 1650-1750*. Burlington, VT: Ashgate, 2007.

KIRK, H. L. *Pablo Casals: A Biography*. Nova York: Holt, Rinehart and Winston, 1974.

KNOBEL, Bradley James. "Bach Cello Suites with Piano Accompaniment and Nineteenth-Century Bach Discovery: A Stemmic Study of Sources". Tratado apresentado à Faculdade de Música, Florida State University, 2006.

LEBRECHT, Norman. *The Life and Death of Classical Music: Featuring the 100 Best and 20 Worst Recordings Ever Made*. Nova York: Anchor Books, 2007.

"LETTER from Prades", *The New Yorker*, 17 de junho de 1950, p. 81-88.

LEWIS, Nigel. *Paperchase: Mozart, Beethoven, Bach... The Search for Their Lost Music*. Londres: Hamish Hamilton, 1981.

LIDDLE, Rod. "J. S. Bach Should Claim the Royalties". *The Spectator*, 15 de novembro de 2006.

LITTLE, Meredith e JENNE, Natalie. *Dance and the Music of J. S. Bach*. Bloomington: Indiana University Press, 2001.

LITTLEHALES, Lillian. *Pablo Casals*. 2. ed. Nova York: W. W. Norton, 1948.

MARISSEN, Michael. "Religious Aims in Mendelssohn's 1829 Berlin-Singakademie Performances of Bach's St. Matthew Passion". *Musical Quarterly*, vol. 77, 1993, p. 718-26.

_____. *Lutheranism, Anti Judaism, and Bach's St. John Passion.* Nova York: Oxford University Press, 1998.

MARKEVITCH, Dimitry. *Cello Story.* Trad. Florence W. Seder. Miami: Summy-Birchard, 1984.

MARSHALL, Robert L. "Toward a Twenty-First Century Bach Bibliography". *Musical Quarterly,* vol. 84, p. 497-525.

MELLERS, Wilfrid. *Bach and the Dance of God.* Nova York: Oxford University Press, 1981.

MERCIER, Anita. *Guilhermina Suggia: Cellist.* Burlington, Vermont: Ashgate, 2008.

MEYNELL, Esther. *The Little Chronicle of Anna Magdalena Bach.* Londres: Chapman and Hall, 1954.

MORONEY, Davitt. *Bach: An Extraordinary Life.* Londres: Royal School of Music, 2000.

NAUMAN, Daniel Philip. "Survey of the History and Reception of Johann Sebastian Bach's Six Suites for Violoncello Solo Senza Basso". Artigo inédito apresentado como parte das exigências do doutorado. Boston University, setembro de 2003.

THE NEW Grove Bach Family. Nova York: W. W. Norton, 1983.

NICHOLAS, Jeremy. *Godowsky: The Pianists' Pianist.* Southwater, Sussex: Corydon Press, 1989.

OTTENBERG, Hans-Gunter. *C. P. E. Bach.* Oxford: Oxford University Press, 1967.

"PABLO Casals, as Told to Albert E. Kahn". *McCall's,* abril de 1970.

"PABLO Casals' Condition Stabilizes". *San Juan Star,* 22 de outubro de 1973, p. 11.

PALMER, R. R. e COLTON, Joel. *A History of the Modern World.* Nova York: Alfred A. Knopf, 1978.

PARROTT, Lindesay. "Throng at U.N. Hails Performance by Casals". *The New York Times,* 25 de outubro de 1958, A1.

RAYMONT, Henry. "Casals, 89, Is a Dashing Figure with 2-Continent Schedule". *The New York Times,* 16 de abril de 1966, p. 57.

_____. "Casals Prepares Puerto Rico Fête". *The New York Times*, 31 de maio de 1967, p. 51.

RICHIE, Alexandra. *Faust's Metropolis: A History of Berlin*. Nova York: Carroll & Graf, 1998.

ROBINS, Brian. "Dresden in the Time of Zelenka and Hasse". *Goldberg*, vol. 40, junho/agosto de 2006, p. 69-78.

ROCKWELL, John. "Bach Cello Suites by Neikrug". *The New York Times*, 7 de maio de 1979, C16.

ROSS, Alex. "Escaping the Museum". *The New Yorker*, 3 de novembro de 2003.

"LISTEN to This". *The New Yorker*, 16 & 23 fevereiro de 2004, p. 146-55.

SADIE, Julie Anne (ed.). *Companion to Baroque Music*. Berkeley: University of California Press, 1990.

SCHONBERG, Harold C. "Music of Casals Retains Its Vigor". *The New York Times*, 25 outubro de 1958, A2.

_____. "Casals Plays at White House". *The New York Times*, 14 de novembro de 1961, A1.

_____. "A Merry Time with the Moog?". *The New York Times*, 16 de fevereiro de 1969, D17.

SCHULZE, Hans-Joachim. "Ein unbekannter Brief von Silvius Leopold Weiss". *Die Musikforschung*, vol. 21, 1968, p. 204.

_____. "'Monsieur Schouster': Ein vergessener Zeitgenosse Johann Sebastian Bachs". In: *Bachiana et Alia Musicological: Festschrift Alfred Dürr zum 65*. Ed. Wolfgang Rehm, 243-50. Cassel, 1983.

_____. "Ey! How Sweet the Coffee Tastes: Johann Sebastian Bach's Coffee Cantata in Its Time". *Bach*, vol. 32, n. 2, 2001, p. 2-35.

SCHWEITZER, Albert. *J. S. Bach*. Trad. Ernest Newman. Boston: Bruce Humphries, 1962, 2 vol.

SCHWEMER, Bettina e WOODFULL-HARRIS, Douglas (eds.). *J. S. Bach: 6 Suites a Violoncello Solo Senza Basso*. Kassel: Barenreiter, 2000.

SMEND, Friedrich. *Bach in Köthen*. Trad. John Page. St. Louis, Missouri: Concordia, 1985.

SMITH, Dinitia. "Collector Assembles a Rare Quartet of Bibles". *The New York Times*, 10 de junho de 2002.

SMITH, Mark M. "Bach's Violoncello Piccolo". *Australian String Teacher*, vol. 7, 1985.

_____. "The Drama of Bach's Life in the Court of Cothen, as Reflected in His Cello Suites". *Stringendo*, vol. 22, n. 1, p. 32-35.

SPITTA, Philipp. *Johann Sebastian Bach: His Work and Influence on the Music of Germany*. Trad. Clara Bell e J. A. Fuller-Maitland. Nova York: Dover, 1951, vol. 1.

STINSON, Russell. *The Bach Manuscripts of Johann Peter Kellner and His Circle: A Case Study in Reception History*. Durham, NC: Duke University Press, 1989.

"SWING, Swung, Swingled". *Time*, 6 de novembro de 1964.

TAPER, Bernard. "A Cellist in Exile". *The New Yorker*, 24 de fevereiro de 1962a.

_____. *Cellist in Exile: A Portrait of Pablo Casals*. Nova York: McGraw-Hill, 1962b.

TAUBMAN, Harold. "Pablo Casals: He Is Heard in Bach Suites Nos. 1 and 6 for 'Cello Alone'". *The New York Times*, 16 de março de 1941, x6.

_____. "The Best Who Draws a Bow". *The New York Times Magazine*, 28 de maio de 1950.

TERRY, Charles Sanford. *Bach: A Biography*. Londres: Oxford University Press, 1950.

THOMAS, Hugh. *The Spanish Civil War*. 3. ed. Nova York: Penguin, 1977.

TINGAUD, Jean-Luc. *Cortot-Thibaud-Casals: Un Trio, Trois Soloistes*. Paris: Editions Josette Lyon, 2000.

VOGT, Hans. *Johann Sebastian's Chamber Music: Background, Analyses, Individual Works*. Trad. Kenn Johnson. Portland, Oregon: Amadeus Press, 1988.

WASHINGTON, Peter. *Bach*. Nova York: Knopf, 1997.

WERNER, Eric. *Mendelssohn: A New Image of the Composer and His Age*. Nova York: Free Press of Glencoe, 1963.

WERTENBACKER, Lael. "Casals: At Last He Is Preparing to Play in Public Again". *Life*, 15 de maio de 1950.

WHITEHEAD, P. J. P. "The Lost Berlin Manuscripts". *Notes*, vol. 33, n. 1, setembro de 1976, p. 7-15.

WILLIAMS, Peter. *The Life of Bach*. Cambridge: Cambridge University Press. 2004a.

_____. "Public Executions and the Bach Passions". *Bach Notes*, vol. 2, outono de 2004b.

WINOLD, Allen. *Bach's Cello Suites: Analyses and Explorations*. Bloomington: Indiana University Press, 2007, 2 vol.

WOLFF, Christoph. *Johann Sebastian Bach: The Learned Musician*. Nova York: W.W. Norton, 2000.

WOLLNY, Peter. "Sara Levy and the Making of Musical Taste in Berlin". *Musical Quarterly*, vol. 77, 1993, p. 651-726.

_____. "Johann Gottlieb Goldberg". *Goldberg*, vol. 50, fevereiro de 2008, p. 28-38.

WRIGHT, Barbara David. "Johann Sebastian Bach's 'Matthew's Passion': A Performance History, 1829-1854". Tese (Doutorado). Michigan: University of Michigan, 1983.

YOUNG, Percy M. *The Bachs: 1500-1850*. Londres: J. M. Dent & Sons, 1970.

ZULUAGE, Daniel, "Sylvius Leopold Weiss". *Goldberg*, vol. 47, agosto de 2007, p. 21-29.

ZWERIN, Mike. "Giving Fugues to the Man in the Street". *International Herald Tribune*, 28 de abril de 1999.

Para ouvir

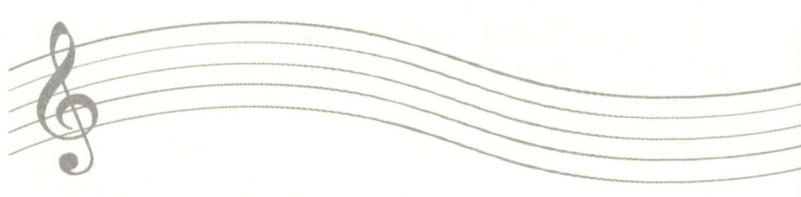

Gravações das *Suítes para Violoncelo*
  Pablo Casals, *Cello Suites* (EMI)
  Pieter Wispelwey, *6 Suites for Violoncello Solo* (Channel Classics)
  Steven Isserlis, *The Cello Suites* (Hyperion)
  Pierre Fournier, *6 Suites for Solo Cello* (Deutsche Grammophon)
  Matt Haimovitz, *6 Suites for Cello Solo* (Oxingale Records)

Transcrições e arranjos das *Suítes para Violoncelo*
  Three Suites for Solo Violoncello, Transcribed and Adapted for Piano by Leopold Godowsky, Carlo Grante (Music and Arts)
  Suiten BWV 1007–1009 (marimba), Christian Roderburg (Cybele)
  Six Suites for Violoncello Solo (violão), Andreas von Wagenheim (Arte Nova)
  Bach on the Lute, Nigel North (Linn Records)
  Works for Cello and Piano (arranjo de Robert Schumman da Suíte nº 3 para violoncelo e piano), Peter Bruns e Roglit Ishay (Hänssler Classic)
  Bach Bachianas (obras de Heitor Villa-Lobos e Bach), The Yale Cellos of Aldo Parisot (Delos)

Outras obras da história das *Suítes para Violoncelo*
  Italian Cello Music (incluindo Domenico Gabrielli), Roel Dieltens (Accent)
  Anna Magdalena Notebook, Nicholas McGegan / Lorraine Hunt Lieberson (Harmonia Mundi)

Para ouvir

Cantatas with Violoncello Piccolo, Christophe Coin / Concerto Vocale de Leipzig / Ensemble Baroque de Limoges (Naïve)

Bach Cantatas, vol. 1 (incluindo Brich dem Hungrigen dein Brot, BWV 39), John Eliot Gardiner / Monteverdi Choir / English Baroque Soloists (SDG).

Sylvius Leopold Weiss: Sonatas for Lute, vol. 4, Robert Barto (Naxos)

Carl Philipp Emanuel Bach: Viola da Gamba Sonatas, Dmitry Kouzov / Peter Laul (Naxos)

Gamba Sonatas, Riddle Preludes, Baroque Perpetua, Pieter Wispelwey / Richard Egarr / Daniel Yeadon (Channel Classics)

Cello Sonatas, Mischa Maisky / Martha Argerich (Deutsche Grammophon)

Music of Bach's Sons, Bernard Labadie / Les Violons du Roy (Dorian)

Bach Transcriptions, Esa-Pekka Salonen / Los Angeles Philarmonic (Sony Classical)

Jacques Loussier Plays Bach (Telarc)

Lambarena: Bach to Africa (fusão de Bach com música do Gabão, incluindo a giga de uma suíte para violoncelo) (Sony Classical)

O sistema de catalogação das obras de Bach identifica as *Suítes para Violoncelo* como BWV 1007–1012 (1007 é a Suíte nº 1 e assim por diante, até a Suíte nº 6). BWV é a abreviação de *Bach Werke Verzeichnis*, que por sua vez é a abreviação do complicado *Thematisch-systematisches Verzeichnis der musikalischen Werke von Johann Sebastian Bach*.

Agradecimentos

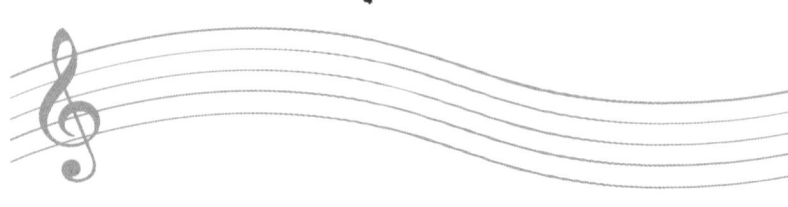

Este livro se beneficiou do melhor conjunto de críticos que um autor poderia desejar. Daniel Sanger, Aaron Derfel, Norm Ravvin, Mark Abley, Noah Richler e Francesca Lodico leram trechos do manuscrito em diversos estágios. Na minha maravilhosa editora, a House of Anansi Press, agradeço a Sarah MacLachlan, Lynn Henry, Matt Williams e especialmente a minha incansável editora Janie Yoon, que me pressionou para completar o manuscrito. Também agradeço ao primeiro leitor que foi do prelúdio de abertura à giga de encerramento – Christy Fletcher, meu agente.

Todo violoncelista que consegui abordar após concertos, nos cafés ou por *e-mail* foi invariavelmente generoso com seu tempo, particularmente Mischa Maisky, Pieter Wispelwey, Anner Bylsma, Tim Janof e Matt Haimovitz, que sofreu uma emboscada, de violoncelo na mão, nos degraus de uma faculdade de música. Ainda preciso conhecer pessoalmente o violoncelista Laurence Lesser, cuja *performance* das suítes me deu a ideia do livro, mas ele gentilmente respondeu muitas perguntas por *e-mail*. O falecido Walter Joachim deu à música um rosto humano inesquecível e me incentivou a continuar.

Dos mundos dos estudos de Bach e dos estudos alemães, Christoph Wolff, Raymond Erickson, Katherine R. Goodman, Teri Noel Towe e Peter Wollny foram todos extremamente prestativos e tolerantes com minhas perguntas de amador.

Pela ajuda em fazer a crônica da carreira de Pablo Casals, agradeço a Marta Casals Istomin em Washington, D.C., ao biógrafo Robert

Agradecimentos

Baldock em Londres, e a George Moore em Los Angeles, que me deram sábios conselhos. Núria Ballester, do Museu Pau Casals, guiou-me pelos jornais desbotados dos Arquivos Nacionais Catalães em Sant Cugat. Em Londres, Jennifer Pearson procurou pistas nos arquivos da EMI e ajudou a decodificar a origem do retrato de 1748 de Bach.

O misterioso "Senhor Schouster" ainda seria misterioso para mim sem Ilke Braun, que traduziu um artigo fundamental do alemão. Minha boa amiga Nathalie Lecoq ajudou a traduzir e a decifrar a correspondência, quase toda em francês, entre Casals, Susan Metcalfe, suas respectivas mães, e a pintora Lydia Field Emmet.

A possibilidade de encontrar uma história numa obra de música foi engrandecida por todas as palavras a que tive acesso nos Arquivos Nacionais Catalães, nos Arquivos de Arte Americana da Smithsonian Institution, no Fundo dos Arquivos do Grupo EMI, na Divisão de Música da Biblioteca do Congresso Americano, e na Biblioteca Musical Marvin Duchow da Universidade McGill.

Índice

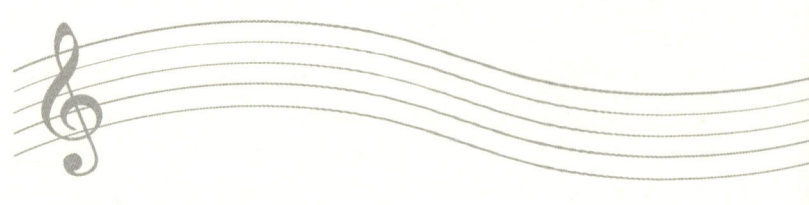

"6 x Bach", 217-20
11 de setembro, 14-15

Abel, Carl Friedrich, 260-63
Abel, Christian Ferdinand, 66-67, 74-75, 77, 261-62
Abel, Sophia Charlotta, 261-62
Abertura em Si Menor, 209n4
Absolutismo
  alemão, 27-28
  versus estados, 164-65
Academia de Berlim, 73
Addario-Berry, Hannah, 146
Afinação alternativa, 195-96, 219-20
Agricola, J. F., 263-64
Alaúde, 214-18
Alavareda, Joan, 130-32
Albéniz, Isaac, 49-50
Alemanda, descrição, 38
Alemanha nazista, 24-25, 123-24, 142-43, 173, 175-76
Alfonso (futuro rei), 50-51
Alfonso XII, 44-45
Alfonso XIII, 97-98, 120
Aliados invadem Normandia, 176-77
"Alles mit Gott", 60-61
Altnikol, Christoph, 259-60

American Bach Society, 19-21
Amusa (Friederica Henrietta), 115-19
Analfabetismo (Espanha), 54-55
Análise da marca d'água, suíte para alaúde, 215-16
Anarquistas, Espanha, 53-54, 121
"Ano Bach", 12-13
Antigo Arquivo Bachiano, 254-55
Antissemitismo, *Paixão segundo São João*, 157-60
Applegate, Celia, 82n6
Arco e flecha (e instrumentos), 145-46
"Ária da caixa de sapatos", 57, 60-62, 296-97
"Ária na Corda Sol", 57, 233-36
Armas nucleares, 228-30
Arnstadt, 30-31
Arpejos, 68-69
Arquivos Centrais Ucranianos, 295-96
Arquivos Estatais Ucranianos, 265-66
Arquivos Nacionais Catalães, 87-88, 100-01
Arte da Fuga, A, 79n3, 254-58, 265-66
Árvores frutíferas, e manuscritos, 293-94
Augusto, o Forte, 35-36, 164-67, 198-210, 244-45

Índice

"Autenticidade", 135-36
"Ave Maria", 233-34
"A Whiter Shade of Pale", 235-36
Azaña, Manuel, 121

Bach, Ambrosius, 26-30
Bach, Anna Magdalena
    casa-se, 112-14
    como cantora da corte, 115, 165-66
    como compositora, 271-73
    como copista, 170-71
    e a família, 168-69
    e a morte de Leopold, 167-68, 170-71
    e as suítes, 272-73
    filhos, 154-55, 254-55, 259-60
    primeiro filho, 152n1
    viúva, 256-58
Bach, Balthasar, 28-29, 117
Bach, Bernhard. *Ver* Bach, Gottfried Bernhard
Bach, Carl Philipp Emanuel (C. P. E.)
    coleção de música, 265-66, 295-96
    como filho da primeira esposa, 152n1
    como guardião de música, 262-66
    como guardião do legado, 262-64
    e as chapas de cobre, 263-64
    e as obras publicadas, 79n3
    e Forkel, 24-25
    e Johann Christian, 260-61, 266-67
    e Levy, 81
    e pai, 170-71
    e W. F. E., 270-71
    em Leipzig, 153-54
    esperanças do pai para, 116
    espólio musical de, 295-96
    fama, 264-65
    formação, 169-70
    forma-se, 212-13
    morte, 264-65
    morte do pai, 255-57
    na *Capelle* de Frederico, 250, 252
    reputação, 254-55
    transformando Bach, 233-34
Bach, Catharina Dorothea, 67-68, 113-14, 152n1, 153-54
Bach, Christiana Sophia Henrietta, 152n1
Bach, Christoph, 28-30, 117
Bach, Elisabetha, 28-29
Bach, Frederica Sofia, 267-69
Bach, Gottfried Bernhard
    como filho da primeira esposa, 152n1
    em Leipzig, 153-54
    esperanças do pai para, 116
    morte, 213-15
    quando criança, 112-14
    sai de casa, 211-12
Bach, Gottfried Heinrich, 257-60
Bach, Jacob
    em Constantinopla, 201-02, 211-12
    mãe morre, 28-29
    morte, 117
    no exército sueco, 200n1, 252
Bach, Johann Christian (Christel, John, o Bach de Londres), 254-55, 257-63, 266-67
Bach, Johann Christoph Friedrich (J. C. F., o Bach de Bückeburg), 254-55, 268-71
Bach, Johann Sebastian
    apresentado, 12-14
    ascendência, 80
    ausente do trabalho, 203-04
    bicentenário 1950, 180-81
    biografia, 79-80
    briga, 30-32
    caligrafia, 255-56
    cantatas para violoncelo piccolo, 278n8
    carta a Erdmann, 163-64, 203-06
    casado, 32-34
    censurado pelo conselho municipal, 32-33
    como absolutista, 164-65

como chantre de São Tomás, 163-64
como chantre em Leipzig, 117-19
como homem apaixonado, 23-24
como inspetor escolar, 153-55
como maestro, 35
como organista em Weimar, 35
conhece Frederico, o Grande, 261-62
conhecido por Sebastian, infância, 28-30
conhecido por Sebastian, primeiro emprego, 30-33
de mestre de capela a chantre, 153-54
dedica os Concertos de Brandenburgo ao margrave, 75-77
despedido sem honras, 39
e a lealdade política, 252
e Anna Magdalena, 111-14, 168-70
e as boas coisas da vida, 24-25
e o judaísmo e o povo judeu, 160-61
e o status oficial, 163-65
e obras para violoncelo solo, 35
em Carlsbad como mestre de capela, 66-67
em Leipzig, 202-06
enterrado, 256-57
fama em vida, 78-83
filhos, 24-25, 40-41, 169-71, 254n2, 259-71
inscreve seu nome na música, 242-43
instruções secretas, 274-75
inventário, 256-57
justapondo instrumentos, 76-77
legado musical, 254-55
libertado da prisão, 39
mantém a genealogia e a árvore da família, 254-55
manuscrito perdido, 292-93
manuscrito, sonatas para violino, partitas, 270-71
manuscritos, 264-65, 267-68
mestre de capela do Duque de Weissenfels, 171-72
mestre de capela em Cöthen, 40-41
morre a 28 de julho de 1750, 256-57
muda-se para Cöthen, 39-41
muda-se para Leipzig, 152-53
música vocal, 184-92
na ópera, 1730, 206-07
na prisão, 37
nascimento, 26-27
nomeado compositor da corte real, 210
nunca compõe ópera, 200n2
obras publicadas, 78-79, 79n3
obras tocadas mecanicamente, 87-88
passa por cirurgia de olho, 255-56
poema à honra, 1730, 206-07
primeira biografia, 79-80
primeiro monumento, 1843, 270-71
promoções, 35
rearranjo de composições, 232-34
recital de órgão, 1725, 166-67
reclama do primeiro emprego, 32-33
retrato, 20-24
retrato a óleo, 264-65
saúde, 1749, 254-56
selo pessoal, 164-65
testamento, 256-57
título de mestre de capela expira, 168-69
versus autoridades universitárias, 166-67
vista, 255-56
Bach, Johann Sebastian, o jovem, 265n5
Bach, Jonas, 117
Bach, Leopold, 40-41
Bach, Lieschen, 254n2, 259-60
Bach, Maria Barbara
casa-se, 32-34
e a Suíte nº 2, 69n1
filhos de, 254n2
morte, 66-68
sétimo filho, 40-41
Bach, Maria Salome (Marie), 28-29, 171-72

Índice

Bach, Regina Johanna (Regina Susanna), 254-55, 273-74
Bach, Veit, 26-27, 80, 154-55
Bach, Wilhelm Friedemann
  como filho da primeira esposa, 152n1
  como organista, 170-71
  decadência, 266-68
  e Abel, 261-62
  e Keyserlingk, 209-10
  e Mendelssohn, 81, 82n6
  e os manuscritos do pai, 267-68
  em Berlim, 250
  em Cöthen, 167-68
  em Dresden, 206-08, 211-12
  em Hale, 252
  em Leipzig, 153-54
  esperanças do pai para, 116
  formação, 169-70
  memorabilia, 268-69
  morte da mãe, 67-68
  objetos e prendas de família, 268-69
  quando criança, 112-13
  reputação, 29-30
  transformando Bach, 233-34
  visita pai, 214-15
Bach, Wilhelm Friederich Ernst (W. F. E.), 270-71
"Bach-Carlos", 236-37
Bach de Bückeburg, 254, 270
Bach de Londres, 259-61
Bach for Babies, 15-16
Bach for Barbecue, 15-16
"Bach Goes to Town", 234-35
"Bachiana", projeto (Schumann), 236-37
Bach in Berlin, 82n6
Bach para Violoncelo: Dez Obras na Primeira Posição, 146-47
"Bach-Stokowski", 236-37
Bach to Africa, 240
Bach's Greatest Hits, 234-35

Badiarov, Dmitry, 278-80
Baedeker's, 53-54
Baldock, Robert, 125, 225, 231
Barcelona
  bombardeada, 128
  capitulação, 128-29
  descrição, 53-54
  e a violência política, 53-54
  rebelião, 123-24
Baryshnikov, Mikhail, 15-16
Batalha de Madri, 125-26
Battle for Spain, The, 123-24
Bauer, Harold, 85-90, 95-96
Beck, 59-60
Beethoven, Ludwig van
  cadernos, 25-26
  como sensação na Europa, 78
  fama em vida, 81
  máscara mortuária (Museu Casals), 43
  Nona Sinfonia, 121
  partituras, 295-96
Beevor, Antony, 123-24
Bergman, Ingmar, 15-16
Berlim, 72-75
Bíblia de Gutenberg, 295-96
Biblioteca de Weimar, 60-62
Biblioteca Estadual de Berlim, 28-29
Biblioteca Estatal Alemã, 295-98
Biblioteca Estatal Prussiana, 294-96
Biblioteca John Foster Dulles de História Diplomática, 21-22
Biblioteca Real da Bélgica, 196-97, 214-15
Biblioteca Real Prussiana, 265-66, 273-74
Bicorde, 68-69
Birnbaum, Johann Abraham, 36, 161-62
Bismarck, Otto von, 72
Björk, 59-60
Boêmia, 65
Bombardeio de Madri, 127

Bono, 59-60
Bordoni, Faustina, 205-07, 211-12
Boult, Sir Adrian, 176-77
Bourrée, descrição, 39
Boyd, Malcolm, 77, 254-55
Brahms, 43, 55n5
"Breve mas Absolutamente Necessário Rascunho...", 203-04
Brigadas Internacionais, 126
"Brilha, Brilha, Estrelinha", 145-46
Brühl, Heinrich von, 254-55
Brunello, Mario, 14-15
Bruns, Peter, 237n5
Buffardin, Pierre-Gabriel, 201-02, 211-12
Buxtehude, Dietrich, 32-33
Bylsma, Anner, 16-17, 68-69, 137-38

Caderninho de Anna Magdalena Bach, 147
Café Suez, 85-86
Café Tost, 48
Café Zimmerman, 58-59, 171-72, 205-06
"Cala-te, Razão Cambaleante", 187
Caligrafia, suíte para alaúde, 196-98
Camisas Negras italianos, 127
"Canção dos Pássaros", 177-78, 230-31, 284-85
"Cânon quebra-cabeças", 23-24
"Cânon tríplice", 23-24
Cantata de aniversário, 166-68
Cantata do Café, 205-06
Cantatas, 66, 209n4, 278n8, 292-93
Capdevila, Franchisca (Vidal de Frasquita), 173, 221-23
Capelle de Berlim, 74-76
Capelle de Cöthen, 40-41, 66-67, 74-77
Capelle de Dresden, 200-04
Capelle, definição, 40-41
Carlos VI, 65, 199-200
Carlos XII, 117
Carlos, Walter, 235-36

Carlos, Wendy, 235-36
Carlsbad, 65
Carrai, Phoebe, 59-62
Carrer Ample, 48
Carta a Erdmann, 203-06, 216-18, 294-96
Casa Branca, 283-85
Casals, Carlos, 44-45, 47-50, 90-91
Casals, Doña Pilar
  e a família, 223-24
  e a pressão para o sucesso, 45-46
  e Albéniz, 49-50
  e Metcalfe, 95-96
  e sua casa, 90-92
  em Bruxelas, 51-53
  em Paris, 52-53
  morte de, 98-99
Casals, Enrique, 51-52
Casals, Luis, 51-52, 124, 222-23
Casals, Pablo
  acrescenta o fator humano às suítes, 282
  adapta-se à vida no exílio, 173-75
  apresentado, 11-12
  ataque do coração, 1957, 225-26
  ataque do coração, 1973, 287-88
  calendário das turnês, 89-90
  carta de introdução, 49-50
  casa, descrição, 96-98
  casa-se com Martita, 225-27
  casa-se com Metcalfe, 94-97
  começa a gravar as *Suítes para Violoncelo*, 125, 127-28
  como "glória nacional", 53-54
  como astro improvável, 86-87
  como Pau, 47
  como pilar do mundo contemporâneo, 223-24
  como regente, 1960, 284-85
  como superestrela geriátrica, 231, 284-85
  compra propriedade em San Salvador, 90-91

Índice

condição do violoncelo, 179-81
correspondência com Suggia, 92-93
críticas das suítes, 87-88
críticas das turnês, 86-87
críticas, 50-52
de volta à Espanha, 221-23
deixa a corte (Madri), 51-52
documentos nos Arquivos
　Nacionais Catalães, 100-01
e a política do pós-guerra, 177-78
e Capdevila, 221-23
e Montañez, 222-27
e o manuscrito, 274-76
e trio de câmara, 89-90
em Barcelona, 1938, 127-28
em Bruxelas, 51-53
em Israel, 286-88
em Paris, 52-56
em Porto Rico, 222-27
em Prades, na França, 128-29
em San Salvador, 95-96, 124
em turnê, 1938, 128-29
estreia em Londres (Palácio de
　Cristal), 54-55
estreia em Paris, 55-56
fim do casamento, 96-97
grava as *Suítes para Violoncelo*
　completas, 133
gravação em Paris, 131-32
gravações pioneiras, 15-16
jogando dominós, 287-88
machuca a mão, 85-86
memórias, 130-31
morte, 288-89
museu, 42-43
na Casa Branca, 283-85
na Catalunha, 96-97
na Rússia, 89-90
nascimento, 43-45
no exílio autoimposto, 177-79
nos Estados Unidos, 1901, 85-86
nos Estados Unidos, 1914, 92-93
ofertas de concertos, 1944, 154-55
oficialmente divorciado, 98-99
pede auxílio, 128-31
primeiro cargo de professor, 52-53
primeiro professor de música, 44-46
primeiro violoncelo, 45-46
primeiro violoncelo de tamanho
　para adultos, 48
primeiro voto, 1931, 120
protesto, 177-78, 181-82, 223-24, 283
recebe "medalha do Estado", 120
recital na Casa Branca, 86-87
recital real, Londres, 54-55
reinventa o violoncelo, 84-88
rumores sobre sua saúde, 285-86
suítes como plataforma política,
　277-85
tocando as suítes em público, 86-90
tocando no Royal Albert Hall, 1945,
　176-78
turnê mundial, 87-89
turnê pela Espanha, 87-88
visita, oficiais nazistas, 174-76
Catalunha
　abolição da autonomia, 44-45
　após a rendição de Hitler, 177-78
　autonomia, 44-45, 289-90
　democracia, 289-90
　e a nova república, 120
　e as eleições, 121-123
　e as potências ocidentais, 177-78
　e Franco, 124
　na década de 1890, 53-54
　política, 53-54
　resistência, 127-29
Centenário de Casals, 1976, 289-90
Centro Bell, 57
Centro Canadense de Música Amadora,
　188-89
Chantre, Leipzig, 177-19
Charlotte (professora de voz), 187
Charutos Hamlet, 235-36

Château, Lydia Paul du, 268-69
Christiane Eberhardine, 167-68
Cidade, como empregadora, 34
Cistro, 26-27, 154-55
Classic FM Music for Studying, 15-16
Clavier-Übung, 79n3
Cleofide, 206-07
Cloud Gate Dance Theatre, 15-16
Collegium Musicum, 171-72, 205-06, 208-09
Columbia Records, Festival de Bach, 182-83
Comitê Político da Assembleia Geral, 229-30
Companys, Lluis, 121-23
Competição de DJs, 240
Competição de Remixes de Bach, 240
Competição Internacional Tchaikovsky, 104-05
Concerto do Dia da ONU, 229-30
Concerto Italiano, 209n4, 224-25
Concerto para violoncelo de Saint-Saëns, 55-56
Concerto para Violoncelo em Ré Menor (Lalo), 55-56
Concertos de Brandenburgo, 41, 74-77, 284-85, 292-93, 296-97
Concertos de música clássica, 58-60
Conde Anton Günther II, 30-31
Conde Fleming, 36
Conde Guilhermo de Morphy, 49-54
Conferências, American Bach Society, 20-21
Conservatório de Bruxelas, 51-52
Conservatório de Moscou, 104-06
Conservatório Real de Música, Toronto, 12-14
Coro Monteverdi, 185
Corrente, descrição, 38
Correntes, 38
Corte aristocrática, como empregadora, 34

Corte ducal de Weimar, 34-35
Corte musical, Dresden, 200-03
Cortot, Alfred, 89-90, 175-77
Costa Dorada, 42
Cöthen, 40-41, 116, 153-54
Couperin, François, 69n1
Cousins, Norman, 285-86
Cravo Bem Temperado, O, 37, 96-97, 179, 233-34, 285-86, 292-93
Crianças refugiadas, 1938, 127-28
Cristóvão Colombo, 53-54
Cuba, 53-54
Cueto Coll, Luis, 287-88
Cueto Coll, Rosa, 287-88

Dá aos Famintos Teu Pão, 185-92
Da gamba, 278-79
Dança Nacional Catalã, 97-98, 120, 128-29
Danzig, 205-06
De Lanno, Queipo, 130-31
Dedicatória, *Concertos de Brandenburgo*, 75-77
Delfim da França, 69n1
Devrient, Edward, 82
Dinastia Bourbon, 44-45, 199-200
Dinastia Habsburgo, 199-200
Dinastia Hohenzollern, 72
Dinastias, século XVIII, 199-200
"Disciplina da indisciplina", política da, 126-27
Disney, 233-34
Disputa de teclado, 35-36
"Dominic do Violoncelo" (Gabrielli), 219-20
Dotzauer, 274-75
Drahein, Joachim, 237n5
Dreschler, 274-75
Duque de Weimar, 118-19
Duque de Weissenfels, 171-72
Duque Wilhelm Ernst, 35, 37-38, 59-60, 296-97

Índice

Durruti, Buenaventura, 126
Dutoit, Charles, 158-59
DV8, 240-41

Eden, Anthony, 127
Edição Calov da Bíblia, 294-95
Edição Grützmacher, 292-93
Editora Breitkopf, 215-16
Eichler, Jeremy, 135-36
Eisenach, 26-28
El Alcance, 50-52
El Liberal, 87-88
Eleições de 1936, Espanha, 122-23
El-Krim, Abd, 97-98
Em desintegração, 297-98
EMI, 125
Emmet, Lydia Field, 95-97
Empregadores, escolha de, 34
Encyclopaedia Britannica, como barricada, 126
English Baroque Soloists, 185
Entonação, 145-46
"Entonação expressiva", 84
"Erbarme dich", 59-60
Erdmann, Georg, 29-30, 163-64, 203-04, 209-10, 216-18
Escassez, Espanha em 1938, 127-28
Escola de Latim São Jorge, 28-29
Escola Municipal de Música, 46, 49-50
Escola Municipal de Música de Barcelona, 46
Escola São Tomás, 153-58, 163-64
Espanha
  condições sociais, 53-55
  durante a Primeira Guerra Mundial, 97-99
  evacuação das forças alemãs e italianas, 131-32
  greve geral, 121
  Guerra Civil, 133
  história política, 44-45
Esquerda Republicana da Catalunha, 121

Estádio Olímpico, 59-61
Estúdios de Abbey Road, Londres, 127
Evangelho de João, 157-58
Exercises de Duport & Suites de Bach, 292-93

Falkenhagen, Adam, 216-17
Falsificação, 214-16
Família Alavedra, 173
Família Defilló, 222-23
Família Eisenberg, 130-31
Família Itzig, 263-64
Família Mendelssohn, 263-64
Fantasia, 233-34
Fascismo (1936), 123-24, 127-28
Febo e Pã, 205-06
Federal Communications Commission (EUA), 234-35
Festival Casals de Porto Rico, 284-85
Festival de Bach (Montreal), 57, 59-61
Festival de Bach de Oregon, 240
Festival de Bach de Prades, 1950, 180-83
Festival de Prades, 221, 224-25
Festival Porto-Riquenho, 224-26
Fétis, François-Joseph, 198, 214-16
Fidelidade histórica, 135-36
Filipe de Anjou, 44-45
Filipe V, 199-200
Filipinas, 53-54
Flandre, 223-24
Forkel, Johann Nikolaus, 24-25, 80-81
Fortepiano, 251
Fournier, Pierre, 137-38, 175-76
Franco, Francisco
  apoio alemão, 127
  aproximando-se da Catalunha, 124
  Batalha de Madri, 126
  e a casa de Casals, 222-23
  e as potências ocidentais, 177-78
  em 1938, 128-29
  fecha a fronteira, 182-83
  marcha em Barcelona, 127-28

reconhecimento do governo, 130-31
rescinde a autonomia catalã, 128-29
retorna à Espanha, 120
Franz, Robert, 293-94
Frederico Guilherme (o Rei Soldado), 73
Frederico Guilherme de Brandenburgo
 (o Grande Eleitor), 73
Frederico I (filho de Frederico
 Guilherme), 73
Frederico, o Grande, 79n3, 212-13, 250-52
Friedelena, 171-72
Friedemann, Gustav Wilhelm, 268-69
Friederica Henrietta, princesa de
 Anhalt-Bernburg, 115-16
Friedmann, Johann Gustav, 268-69
Front Popular, 122-23

Gabrielli, Domenico, 219-20
Gagliano (violoncelo), 53-54
Gaines, James R., 252
Gaisberg, Fred, 125
Gamba Sonatas, Riddle Preludes,
 Baroque Perpetua, 37n3
Gardiner, John Eliot, 185, 189-90
Gargarejo teutônico, 187-89
Gavota, descrição, 39
Gazette, 59-60
Geck, Martin, 294-95
Genocídio de Ruanda, 14-15
Geyersbach, Johann Heinrich, 30-33
Giga, descrição, 39
Giovannini (ária), 112-14
Gödel, Escher, Bach: An Eternal Golden
 Braid, 253n1
Godowsky, Leopold, 238, 241
Going Baroque, 234-35
Goldberg, Johann Gottlieb, 209-10
Goodman, Benny, 234-35
Gottsched, Johann Christoph, 167-68,
 216-17
Gottsched, Luise Adelgunde, 215-17,
 244-45

Gould, Glenn, 143-44, 235-36
Gounod, Charles, 233-34
Graff, Friedrich Heinrich, 257-58
Gramophone Company, 133
Grande Eleitor (Frederico Guilherme
 de Brandenburgo), 73-75
Grande Teatro Liceo, 127-38
Grappelli, Stephane, 234-35
Graupner, Christoph, 117-19
Greve dos mineiros, Espanha, 121
Gried, Edvard, 88-89
Grierson, Mary, 91-92
Grützmacher, Friedrich Wilhelm
 Ludwig, 274-76
Guerra Civil, Espanha, 125
Guerra da Sucessão Espanhola, 73
Guerra dos Sete Anos, 260-61, 263-67
Guerra Fria, 228-29
Guerra Hispano-Americana, 53-54
Guerras Napoleônicas, 80

Haimovitz, Matt, 16-17, 58-59, 134, 137-38
Händel, 78, 81, 170-71, 200-01, 206-07
Harmonia subentendida, 67-69
Haskil, Clara, 181-82
Hasse, Johann Adolph, 200-01, 205-08,
 209n4, 211-12
Hausmann, Elias Gottlob, 20-21
Heartz, Daniel, 202-03, 262-63
Hebenstreit, Pantaleon, 201-03, 207-08,
 211-12
Hegel, G. W. F., 82-83
Heine, Heinrich, 82-83
Heinichen, John David, 200-03
Helm, Eugene, 267-68
Hitler, 122-24, 127-28, 131-32, 143-44,
 175-76
Hoffman (amigo de Bach), 278-79
Hoffman, Miles, 22-23
Hofstadter, Douglas R., 253n1
Horszowski, Mieczyslaw, 103-04
Horta, Victor, 103

Índice

Igreja de Santa Catarina, 70-71
Igreja de Santo André e de São Paulo, 58-59
Igreja de São Tiago, Hamburgo, 69-71
Igreja, como empregadora, 34
Ilíada, 236-37
Iluminismo, 164-65
"Imagens de Bach", 23-24
Instrumento de cinco cordas, 16-17, 249, 277-79
Instrumentos de corda, história, 278-79
Ishay, Roglit, 237n5
Isserlis, Steven, 137-38, 272-73
"It's the End of the World as We Know It", 20-21

Jackson, Christopher, 189-90
Jacobs, Edouard, 51-53
Jarvis, Martin, 272-73
Jazz, transformando Bach, 234-35
Jenke, Walter, 22-23
Joachim, Walter, 139-48
Jogos Olímpicos de Berlim, 1936, 122-23
Johnson, Robert, 30-31
Judaísmo, 157-62
Judeus, 157-62

Kellner, Johann Peter, 296-97
Kennedy, John F., 283-84
Keyserlingk, conde Hermann Carl von, 209-13
KGB, 265-66
Kirk, H. L., 100-01
Kirnberger, J., 82n5
Kittel, Johann Christian, 274-75
Klengel, Julius, 88n7
Knobel, Bradley James, 275-76
Kropfgans, Johann, 214-15
Kuhnau, Johann, 169-70
Kuijken, Sigiswald, 279-80

La Pajarera, 49-50

Labelle, Dominique, 61-62
Lalo, Édouard, 55-56
Lambarena: Bach to Africa, 239
Lamoureux, Charles, 54-55
"La Sultane", 69n1
Le Temps, 55-56
Lebrecht, Norman, 133
Legendas, 158-59
Legião Condor da Luftwaffe, 131-32
Leipzig, 152-54, 159-61
Lesser, Laurence, 12-14, 16-17
Levy, Sara, 81, 82n5, 268n6
Liceo, Grande Teatro, 52-53, 54
Liddle, Rod, 235-36
Linigke, Christian Bernhard, 66-67, 74-75
Livro de hinos de Schemelli, 209n4
Louis (fim de Semana Bach), 189-90
Loussier, Jacques, 234-36, 240-41
Lübeck, 32-33
Luís XIV, 27-45, 201-02
Lutero, Martinho, 28-29
Lutheranism, Anti-Judaism and Bach's St. John's Passion, 160-61

Ma, Yo-Yo, 15-16
Maisky, Mischa, 101-07, 135-36, 286-87
Maisky, Valery, 103-04
Manuscrito de *A Arte da Fuga*, 292-93
Manuscrito de *A Paixão segundo São Mateus*, 292-96
Manuscrito de Anna Magdalena, 272-80, 295-97
"Manuscrito do luar", 29-30
Manuscrito do *Pequeno Livro de Teclado*, 295-96
Manuscrito, Nova York, 294-96
Manuscrito, suíte para alaúde, 196-98
Manuscritos
  e árvores frutíferas, 293-94
  em desintegração, 297-98
  encontrados, 292-99
Marchand, Louis, 35-36, 166-67

Margrave Christian Ludwig de
    Brandenburgo, 74-76
Marie Adelaide, 69n1
"MarimBach", 240
Marissen, Michael, 159-61, 161n2
Markevitch, Dimitry, 296-97
Marquês de Villavieja, 120
Marrocos, 97-98
Mattheson, Johann, 38, 202-03
Mayagüez, 223-24, 226-27
Meir, Golda, 286-87
Melodia, 67-69
Mendelssohn, Felix,
    cabelo, no Museu Casals, 43
    conhece o neto de Bach, 270-71
    e a rainha Vitória, 54-55
    e a simbiose germano-judaico-cristã, 82n6
    e o Renascimento de Bach, 81-83
    rearranjando Bach, 236-37
    transformando Bach, 233-34
Mendelssohn, Moses, 81, 168n4
Menuhin, Yehudi, 229-30
Mercier, Anita, 91-92
Mestre dos Mares, 15-16
Metcalfe, Helen, 95-96
Metcalfe, Susan, 94-95
Meynell, Esther, 271
Mickey Mouse, 233-34
Mietke, Michael, 74-75
Milícia republicana, 126
Minghain dal Viulunzel (Dominic do Violoncelo), 219-20
Minueto, descrição, 39
"Minueto em Dó", 146-47
"Minueto em Sol", 146-47
Monsieur Schouster, 196-98, 201-02, 214-16, 241, 244-45
Monsieur Schuster, 216-17
"Monstro de aço" (microfone), 125, 127
Missa em Si Menor, 208-09, 265-66, 295-96

Montañez, Marta (Martita), 222-27
Monte Fuji, 14-15
Montjuïc (palácio), 121
Morris, Mark, 15-16
Movimentos de galanteria, descrição, 39
Mozart
    cartas, 24-25
    como sensação na Europa, 78
    fama em vida, 81
    partituras, 295-96
    transformando Bach, 233-34
Mozart, Leopold, 278-79
Mühlhausen, 32-34, 79
Muro de Berlim, 14-15
Museu Pablo Casals, 43, 100-01
Música alemã, Primeira Guerra Mundial, 95-96
Musical America, 94-95
Músicos da corte, 34
Mussolini, 122-23, 131-32

Nacionalismo alemão, 80
Nagano, Kent, 158-59
National Public Radio, 22-23
Negrín, Juan, 182-83
Neumeister, Erdmann, 161n2
Nevada, Emma, 54-55, 85-86
New Yorker, The, 183
New York Times, The, 15-16, 135-36, 176-77, 180-81, 229-31, 236-37, 284-85
Newton, 164-65
Numerologia, 242-43
Nureyev, Rudolf, 15-16

"Ode à Alegria", 121-23
Obras para violino solo, manuscritos, 292-93
Oferenda Musical, 79n3, 251-52, 254-55
Oistrakh, David, 229-30
Olah, Kalman, 239
Olimpíadas de Barcelona, 1936, 122-23
ONU, 228-30

Índice

Ópera, 51-52
Ópera italiana, 201-03
Oratório de Natal, 210, 233-34
Orquestra da Corte de Dresden, 214-15
Orquestra da Filadélfia, 240
Orquestra do Orpheon, 90-91
Orquestra Pau Casals, 121
Orquestra Pau Casals (Barcelona), 96-97
Orquestra Sinfônica da BBC, 176-77
Orquestra Sinfônica de Boston, 229-30
Orquestra Sinfônica de Düsseldorf, 140-41
Orquestra Sinfônica de Montreal, 139, 158-59
"Ovelhas Podem Pastar Seguras, As", 233-34
Oxford History of Western Music, 157-58

Paixão segundo São João, A, 154-55, 265-66
Paixão segundo São Mateus, A, 57, 59-60, 81-83, 154-55, 157-60, 167-69, 244-45, 265-66
Palácio da Música Catalã, 122-23
Palácio de Cristal, 54-55
Pantaleão, 201-02
"Papalvo fagotista", 31-32
Partita em Ré Menor, 69n1
Partitura, Bruxelas, 291-93
Pâtisserie de Nancy, 139, 143-44, 147-48
Patrulha de época (autenticidade), 135-36
"Paz ou Guerra Atômica?", 229-30
Pequena Crônica de Magdalena Bach, A, 271
"Pequena Fuga" em Sol Menor, 240
"Pequena Paris" (Leipzig), 153-54
Pequeno Livro de Teclado de Wilhelm Friedmann Bach, O, 169-70
Pequeno Livro de Teclado de Anna Magdalena Bach, 146-47
Pfeifferin, Susanna, 156

Pianista, O, 15-16
Piatigorsky, Gregor, 137-38
Pilatos, 159-60
Pisendel, Johann Georg, 201-03
Play Bach, 234-35
Poelchau, Georg, 265-66, 273-74, 293-94
Poema em honra de Bach, 206-07
Polifonia, 67-69, 78
"Polifonia macarrônica", 187
Polônia, 199-201
Porto Rico, 53-54, 222-27
Potter, Tully, 92
Praeludium (Seis Partitas), 165n3
Pravda, 104-05
Prelúdio, descrição, 38
Primeira Guerra Mundial, 92-93, 95-97
Primeira República, 44-45
Primo de Rivera, Miguel, 97-99
Princesa Amália, 268n6
Princesa de Anhalt-Bernburg, 115-16
Príncipe de Cöthen, 36
Príncipe Leopoldo
    banda da corte, 40-41
    casamento, 115
    como músico, 76-77
    dispensa Bach, 118-19
    e música, 73-75
    e o cravo de dois teclados, 74-75
    e título honorário, 165-66
    em Carlsbad, 65-67
    funeral, 170-71
    morte, 167-69
    música funeral, 233-34
    orçamento da corte, 116
Processo de reparo, manuscritos, 297-98
Procol Harum, 235-36
Proveniência, manuscrito da suíte para alaúde, 197-98

"Quando uma Ária Não É uma Ária", 23-24
Quebra da Bolsa de Nova York, 121

R.E.M., 20-21
Rainha Charlotte, 260-61
Rainha da Espanha, 98
Rainha María Cristina, 50-51
Rainha regente (Cöthen), 74-75
Rainha regente (Espanha), 49-50, 50-51, 53-54
Rainha Vitória, 54-55
Rambla, 47
Raymont, Henry, 284-85
Rearranjando composições, 232-34
Rebelião de Barcelona, 123-24
Refugiados, 127-31, 174-75, 180-81, 221
Refugiados republicanos, na França, 128-29
Rei Sol, 27-28
Rei Soldado (Frederico Guilherme), 73, 75-76
Reiche, Gottfried, 209-10
"Re-Imaginando Bach para o Século XXI", 239
Reinken, Johann Adam, 29-30, 70-71
Renascimento de Bach, 82-83
Republicanismo (Espanha), 44-45
Rescisão da autonomia catalã, 128-29
Retrato de Hausmann, 294-95
Revista *Life*, 181-82
Revista *McCall's*, 226-27
Revista *Time*, 236-37, 284-85
Rheinhardt, Django, 234-35
Ricercar nº 7 (Gabrielli), 219-20
Riemschneider, Johann Gottfried, 41
Roberts, Cynthia, 61-62
Rolling Stone, 235-36
Röntgen, Julius, 88-89
Roosevelt, Theodore, 86-87, 283
Rostropovich, Mstislav, 14-17, 104-05, 134, 289-90
Royal Albert Hall, 176-77
Rutgers University, 20-21
Ruttinger, 274-75

Sacro Império Romano, 26-28, 34, 65, 72, 199-200
Sala de concertos da Singakademie de Berlim, 82
San Salvador, 42-43
Santiago de Compostela, 50-51
Sarabanda, descrição, 38-39
Sardana criminalizada, 128-29
Scheide, William H., 21-23
Schmidt, Johann, 267-69
Schneider, Alexander, 180-83, 224-26, 283
Schonberg, Harold C., 229-30, 236-37
Schouster, Joseph, 215-16
Schubert, Franz, 295-96
Schulz, Mini, 239
Schumann, Clara, 236-37
Schumann, Robert, 55n5, 233-34, 236-37, 239
Schuster, Jacob, 216-17
Schwanenberger, George Heinrich Ludwig, 272-74
Schwartzschulz, Karoline, 268-69
Schwarzburg-Arnstadt, 30-31
Schweitzer, Albert, 153-54, 228-30
Scordatura (afinação alternativa), 195-96
Segunda Guerra Mundial, 131-32, 144, 221, 265-66
Segunda República Espanhola, 98-99, 120, 123-24
Seis Concertos para Diversos Instrumentos, 76-77
Seis Partitas, 165-66
Seis Sonatas ou Suítes para Violoncelo Solo por Johann Sebastian Bach, 48
Selo pessoal, 164-65
Serkin, Rudolf, 181-82
Sete Ricercares para Violoncelo Solo, 219-20
Shakespeare, 24-25
Shankar, Ravi, 229-30

Índice

Shaw, George Bernard, 84
Shulze, Hans-Joachim, 216-17
Silbermann (construtor de órgãos), 207-08
Sinfonia Inacabada de Schubert, 224-26
Sinfônica de Shanghai, 143-44
Sintetizador Moog, 235-36
"Sobre os rios da Babilônia", 70-71
Sociedade Bach de Nova Jersey, 234-35
Sociedade Bachiana de Israel, 104n8
Sociedade Bachiana de Nova Jersey, 234-35, 239
Sociedade Beethoven, 95-96
Sociedade de Auxílio às Crianças, 127-28
Solzhenitsyn, Aleksandr, 104-05
Sonata em Dó Maior, 264-65
Sonata em Sol Menor, 264-65
Sonata nº 2 em Ré Menor, 69n1
"Sou Obrigado a Viver em Meio a...", 23-24
South, Eddie, 234-35
"Souvenir de Spa", 52-53
"Spa imperial", 66-67
Spectator, The, 235-36
Speyer, Edward, 88-89
Spitta, Philipp, 34, 294-95
St. John, Lara, 240
Starker, Janos, 134
Stern, Isaac, 103-04, 134, 181-82
Sting, 15-16
Stokowski, Leopold, 234-36, 239-41
Stone, Peter Eliot, 38
"Stopped" (tocar uma nota), 145-46
Straton, Danny (DV8), 240-41
Suggia, Guilhermina, 89-92
"Suingue" de Bach, 234-35
Suíte para alaúde, manuscrito, 196-98, 214-18
Suite pour la Luth par J. S. Bach, 196-97
Suítes para Violoncelo
    apresentação, 11-12
    capa, manuscrito de Anna Magdalena, 280n9
    capa, Schwanenberger, 273-74
    como exercícios técnicos, 13-14
    como exercícios, 87-88, 140-41
    como plataforma política, 283-85
    coreografadas, 15-16
    desejo de regravar, 135-36
    e a militarização da Prússia, 74-77
    e o 11 de setembro, 14-15
    e o genocídio de Ruanda, 14-15
    e o instrumento de cinco cordas, 277-81
    e os *Concertos de Brandenburgo*, 76-77
    em funerais, 14-15
    esquema simétrico das, 37-38
    estrutura, 17-18
    gravações, 16-18
    histórico das gravações, 238-39
    interpretações, 297-98
    manuscrito de Casals, 286-87
    manuscrito encontrado, 48-50, 271-78
    manuscrito nos documentos de Casals, 100-02
    manuscrito perdido, 37, 259-60, 292-93
    manuscrito, Anna Magdalena, 272-74
    manuscritos, 296-97
    prelúdio, Suíte nº 4, 154-55
    primeira gravação completa, 133
    primeira gravação, 15-16
    primeira resenha, 87-88
    raízes, 15-16
    resenhas, Casals, 87-88
    tocadas em público, 86-90
    transcritas para outros instrumentos, 14-15
"Sunday, Bloody Sunday", 59-60
Swingle Singers, 234-36, 239
Switched-On Bach, 235-36

Taruskin, Richard, 157-58, 187
Taylor, Daniel, 59-60
Taylor, John, 255-56

Teatro Principal, 87-88
Telegraph, The, 272-73, 293-94
Telemann, Georg Philipp, 117-19, 212-13, 264-65
Thibaud, Jacques, 89-90, 176-77
Times (Londres), 105-06
Tinta ferrogálica, 297-98
Tiorba, 239
Tocar à primeira vista, 185-86
Tocar violoncelo, 144-47, 151-52
Tocata e Fuga em Ré Menor, 233-234, 234-35
Tomar música emprestada (como tradição barroca), 232
Toques de celular, 15-16
Tortelier, Paul, 152
Tovey, Donald, 91-92
Towe, Teri Noel, 24-25
Transformando Bach, 232-41
Trastes, 145-46
"Três Bs", 200n2
"Três Hs", 200-01
Trio Cortot-Thibaud-Casals, 175-77
Tristan, 55-56
Tumulto antijudeu, 161n2
Tune Your Brain on Bach, 15-16
Turner, 142-43

U2, 57, 60-61
União Soviética, 127
Universidade de Princeton, 20-21

Variações Goldberg, 79n3, 209-10, 235-36, 292, 295-96
Vendrell, 43, 101-02
Veracini, Francesco, 201-03
Victor Amadeus II, 199-200
Villa Casals, 42
Viola pomposa, 76-77, 277-78
Violoncello piccolo, 277-78
Violoncelo, 84-88, 278-79
Virgin Megastore, 134

Vivaldi, Antonio, 34, 233
Voltaire, 27-28, 164-65
Volumier, Jean-Baptiste, 201-03
Voto feminino, Espanha, 121

Washington Post, 14-15
Weiss, Sylvius Leopold, 201-03, 214-17
West Wing, The, 15-16
Westhoff, Johann Paul, 35
Wettins da Saxônia, 199-200
Wiesmaier, Maria Magdalena, 217-18
Wilcken, Anna Magdalena, 111-14
Wilcken, Johann Caspar, 112-13
Williams, Peter, 157-58, 169-70, 209n4
Wispelwey, Pieter, 16-17, 37n3, 134-38, 151-52, 239-40, 241
Wolff, Christoph, 23-26, 265-66, 268-69, 295-96
Wu, She-e, 239

Young, Percy M., 113-14, 266-67

Zelenka, Jan Dismas, 201-02
Zelter, Carl Friedrich, 82, 293-94
"Zippel Fagottist" ("papalvo fagotista"), 31-32

Sobre o autor

Foto: Le Devoir Annik MH De Carufel

ERIC SIBLIN nasceu em 1960, no Canadá. Jornalista e cineasta premiado, foi crítico de música popular do *Montreal Gazette*. Fez a transição para a TV em 2002 com o documentário *Word Slingers*, que explora a curiosa subcultura dos torneios de Scrabble (jogo de palavras cruzadas de tabuleiro). O filme foi exibido no Canadá e nos Estados Unidos e venceu um Prêmio do Júri no Festival de Curtas-Metragens e Vídeos de Yorkton. Também codirigiu o documentário *In Search of Sleep: An Insomniac's Journey*, que foi exibido no Canadá e na Europa. *As Suítes para Violoncelo* é seu primeiro livro.

Sobre o livro

- Ganhador do Prêmio Mavis Gallant da Federação de Escritores de Quebec na categoria Não Ficção
- Ganhador do Prêmio McAuslan da Federação de Escritores de Quebec na categoria Livro de Estreia
- Finalista do Governor General's Literary Award
- Finalista do Prêmio do Writers' Trust of Canada na categoria Não Ficção
- Finalista do British Columbia's National Award for Canadian Non-fiction
- Escolhido como um dos melhores livros do ano de 2009 pelo caderno Afterword do jornal *National Post*

Dados Internacionais de Catalogação na Publicação (CIP)
(Câmara Brasileira do Livro, SP, Brasil)

Siblin, Eric, 1960-
  As suítes para violoncelo: J. S. Bach, Pablo Casals e a busca por uma obra-prima barroca / Eric Siblin; tradução Pedro Sette-Câmara. –
São Paulo: É Realizações, 2014.

  Título original: The cello suites: J.S.Bach, Pablo Casals, and the search for a Baroque masterpiece
  Bibliografia.
  ISBN 978-85-8033-157-8

  1. Bach, Johann Sebastian, 1685-1750. Suítes (Violoncelo), BWV 1007-1012 2. Casals, Pablo, 1876-1973 3. Siblin, Eric, 1960- I. Título.

14-00438   CDD-787.4

Índices para catálogo sistemático:
1. Suítes para violoncelo : Música : Apreciação   787.4

Este livro foi impresso pela Edições Loyola para É Realizações, em março de 2014. Os tipos usados são da família Adobe Devanagari, Adobe Garamond, Dill Sans MT e Jellyka. O papel do miolo é off white norbrite 66g, e o da capa, cartão supremo 250g.